上市公司会计政策与财务管理研究

王俊胜　著

中国原子能出版社

China Atomic Energy Press

图书在版编目（CIP）数据

上市公司会计政策与财务管理研究 / 王俊胜著 . ——
北京：中国原子能出版社，2020.7
ISBN 978-7-5221-0665-6

Ⅰ . ①上… Ⅱ . ①王… Ⅲ . ①上市公司—会计政策—
研究—中国②上市公司—财务管理—研究—中国 Ⅳ .
① F279.246

中国版本图书馆 CIP 数据核字（2020）第 114876 号

内容简介

本书属于财务会计方面的著作，由绪论、会计决策行为理论基础、企业会计政策及其选择的历史演变、我国上市公司会计政策行为研究、我国上市公司财务管理概述、上市公司财务报表分析、上市公司投资与融资、上市公司利润与股利分配、上市公司企业价值等部分组成，全书以上市公司的财务会计为研究对象，分析了上市公司的会计政策，并提出了上市公司的财务管理分析。本书对财务、会计、公司管理等方面的研究者和从业人员具有一定的学习和参考价值。

上市公司会计政策与财务管理研究

出版发行	中国原子能出版社（北京市海淀区阜成路 43 号　100048）
责任编辑	高树超
装帧设计	河北优盛文化传播有限公司
责任校对	冯莲凤
责任印制	潘玉玲
印　　刷	定州启航印刷有限公司
开　　本	710 mm×1000 mm　1/16
印　　张	14
字　　数	258 千字
版　　次	2020 年 7 月第 1 版　　2020 年 7 月第 1 次印刷
书　　号	ISBN 978-7-5221-0665-6
定　　价	58.00 元

发行电话：010-68452845

前言

　　上市公司是典型的公众公司，其周围存在着众多利益相关者。上市公司财务报告最为重要的作用是为投资者和商业活动提供信息，让众多投资者通过分析财务报告，了解目标公司值得他们以什么样的价格去投资或交易。财务管理是企业内部管理的重要组成部分，财务分析在企业财务管理中起着举足轻重的作用。重视和强化财务分析对提高企业财务管理水平具有重要意义。本书以会计准则体系和相关法律、法规为依据，理论与实务应用并重，全面阐述了中国上市公司会计政策与财务管理的原理、程序和方法。

　　本书首先对我国上市公司会计政策选择做了深入系统的研究。一是阐述会计政策选择的基础问题，包括在会计政策选择及相关范畴界定的基础上，分析会计政策选择产生的原因、会计政策选择的经济影响，并运用现代企业（组织）理论、公共选择理论、管制理论、博弈论和供给需求理论分析会计政策选择的客观必然性；二是对企业会计政策选择的行为进行理论分析，包括界定会计政策选择的行为主体、从理论上分析会计政策选择的动机和探讨会计政策选择的目标及影响因素；三是分析我国企业会计政策选择的行为，回顾了不同理论支持下的会计政策的选择方向。然后根据融资对价值影响的分析，逐步对上市公司融资相关概念、上市公司的融资方式一一进行阐述。其次，本书对中国掀起的数次并购重组及其相关的法律分析进行了详细论述，同时尝试从制度经济学角度，对投资者法律保护和企业股权结构之间的关系探寻解释思路，论述股权结构对企业绩效的重要性、现状和特征，等等。由此引出关于上市公司的财务分析、财务的三大报表的阐述，并详细地说明了财务报表的重要作用。按照上述关于财务分析的基础知识，本书继续阐述了财务分析的具体内容，其中包含对上市公司的偿债能力、盈利能力、成本费用和发展能力的分析。最后，本书将财务风险和防范进行了归纳总结。

希望本书能发挥应有的作用，为广大证券市场参与者、上市公司管理者、现代公司财务管理学生以及一切感兴趣的人们提供有益的帮助。本书在写作过程中参考了大量国内外学术专著和文献资料，这些专家学者的真知灼见让笔者受益匪浅，在此向他们表示诚挚的敬意。由于作者学识所限，本书难免有不足之处，还请各位读者多多赐教，提出宝贵意见和建议并予以批评指正。

王俊胜

2020 年 5 月

目录

第一章 企业会计政策的选择

在市场经济条件下，我国实现了多种所有制、多种经营方式共同发展的所有制结构。会计信息不仅要继续服务于国家所有者以及企业管理者，还要服务于其他投资者、债权人以及社会公众。这就要求改变会计核算单纯服务和服从宏观经济政策的会计模式，选择能够体现真实公允地反映企业财务状况、经营成果以及现金流量要求的会计政策。

第一节 会计政策选择相关范畴

一、英美国家和中国的会计政策

在国际上，会计政策是企业在编制和呈报财务报表时所采用的特定原则、基础、惯例、规则和实务。鉴于《国际会计准则》的广泛包容性，我们可以认为上述原则、基础、惯例、规则和实务并非分别特指不同的对象。

（一）美国

美国将会计政策定义为"那些被报告主体的管理当局认为在当前环境下最能恰当地表述公司的财务状况、经营成果及财务状况变动，从而被遵循的会计原则以及应用这些原则的方法"。在美国，会计原则与会计准则是同义词。

（二）英国

英国将会计政策解释为"企业所选定并一贯遵循的特定会计基础"。"会计基础"是指"出于财务报表的目的，将基本会计概念应用于财务交易和事项所采用的方法。这些方法对以下两项是必要的：确定收入和费用应计入哪些期间的损益表；确定哪些重要的金额应当列示于资产负债表"。"基本会计概念"是指"作为企业期间财务报表基础的主要基本假设"。"基本会计概念"包括持续经营、权责发生制、一致性原则和谨慎性原则。

（三）中国

在中国，会计政策是指企业在会计确认、计量和报告中所采用的原则、基础和会计处理方法。"实务中某项交易或者事项的会计处理，具体会计准则或应用指南尚未做规范的，应当根据《企业会计准则——基本准则》规定的原则、基础和方法进行处理；待做出具体规定时，从其规定。"

这里的"会计政策"指企业会计政策，即对企业编制财务报表所提出的规范意见。从这个意义上讲，企业会计政策实质上仅局限于财务会计政策，与企业内部的财务政策及其他有关经营政策是有区别的。企业会计政策的制定和执行主体都是企业，其会计政策的制定只是就现有的会计准则及有关法规给定的空间所做的选择。因此，企业会计政策的具体内容首先取决于会计准则及有关法规给定的空间。

二、会计政策选择的内涵

会计选择主要是指会计政策的选择，当然也包括对会计估计的选择和其他相关选择。"会计估计的选择"是指会计摊提时间长短以及类似的选择，如固定资产折旧年限、估计净残值，以及无形资产和长期待摊费用等项目摊（转）销年限的选择。"其他相关选择"是指既非会计政策的选择，也非会计估计的选择的一类会计选择。例如，会计年度是采用日历年度还是经营年度的选择和会计年度起讫期的选择。会计估计的选择和其他相关选择同会计政策选择一样，会导致会计信息揭示的差异。然而，会计估计的选择和其他相关选择的影响程度一般不及会计政策选择的影响深远，因此往往被置于次要地位。本书主要研究会计政策的选择。

会计政策的选择，即企业会计政策选择，是指企业在既定的可选择域内根据特定主体的经营管理目标，对可供选择的会计原则、方法和程序进行定性、定量的比较分析，从而拟定会计政策的过程。因此，会计政策选择的内涵是会计主体一种带有一定目的、动机的挑选行为，其选择范围是就企业一定时期的所有会计政策这一整体而言的。每次会计政策选择的结果对资产、负债、所有者权益及收入、费用、损益等会计要素的影响都反映在数额的指向上，可以分为激进、稳健、中庸三种。激进的会计政策选择会使会计收益最大，中庸的会计政策选择次之，稳健的会计政策选择则使会计收益最小。理论上要求在会计核算循环的每一个环节都应保持选择方向的一致性。

三、会计政策选择的特点及步骤

（一）会计政策选择的特点

第一，会计政策选择是在公认会计准则的约束下来满足企业高层人士追求个人效用最大化的。它是一定主体主观能力的表现。会计政策选择总是出于某种目的和需要而做出的，企业高层人士之所以选择甲而不选择乙，是因为受他们的目标的制约。

第二，会计政策选择的结果将会影响企业报告的财务状况、经营业绩和现金流量的数据。

第三，对会计政策选择合理性的判断缺乏可以量化的客观性依据。

第四，在选择之前，必须存在两个或两个以上的机会，即存在选择空间。否则，就不会有选择问题。

第五，会计政策选择是一种行为，属于行为会计的研究范畴。作为一种行为，它受多种因素的影响。

（二）会计政策选择的步骤

第一，确定会计政策选择的目标。会计政策选择的目标从属于企业的目标，是实现企业目标的一个重要环节。针对企业的具体情况，会计政策选择的目标可以有所侧重。

第二，进行会计政策的比较、分析。对会计准则中可供选择的各种会计政策进行定性和定量的比较、分析，评价其可能产生的后果，初步拟定可供选用的会计政策。

第三，进行会计政策的选择、协调。在单一会计方法选择评价的基础上，本着整体优化的原则，进一步权衡筛选，最终选择形成会计政策体系。特别需要注意的是，某一环节的政策要与其他环节选定的会计政策相协调，各环节的会计政策应有内在一致的目标，不能相互冲突。

第四，进行会计政策的调整、变更。会计政策选择本身是一个动态的发展过程，企业需要根据生产经营状况及有关理财环境的变化，适时调整、变更会计政策，以确保会计政策能很好地发挥作用，达到预期的目标。

四、会计政策与相关概念的比较

（一）会计政策与会计法规

为了更好地理解会计政策的内涵和外延，必须将它与相关概念的关系界定清楚，即需要将会计政策与相关概念进行比较。

会计法规与会计政策的目的都是规范企业的会计核算，确保企业向投资者、债权人、政府以及其他会计信息使用者提供基本统一的、可比的会计报表资料，但两者存在着一定的区别。

1. 法律性质不同

会计法规是会计领域的法律规范，其作用是规范和约束企业的会计行为。目的在于调节矛盾，做到公平竞争，最终实现社会经济活动的有序进行。会计法规具体包括两个层次：第一层规定企业必须遵照执行、无权变更的部分；第二层规定企业在哪些领域可以进行选择，以及在可选择的领域内选择范围有多大。企业会计政策是指企业在会计法规允许采用的会计政策中，根据社会经济环境的现状，从企业自身利益出发所采取的对策和策略。

2. 规范的主体不同

会计法规是对每一个会计主体的经济行为进行规范，要求其必须按照国家的统一规定进行会计核算和编制会计报表，以便各会计主体提供的会计信息横向可比。企业会计政策是在某一会计主体内部，会计主体根据需要在会计法规范围内所做的选择。每一会计主体具体情况不同，可以选择不同的会计政策。

3. 稳定性不同

会计法规作为国家的法律规范，在一定时期、一定经济环境条件下是相对稳定的，如若朝令夕改，势必带来混乱，甚至造成无章可循。企业会计政策虽然一经确定后不得随意变更，但具有一定的灵活性。

4. 目标重点不同

会计法规的制定或某些修订的目的主要是在最大限度地保证会计信息可比性的基础上，提高会计信息的有用性，使财务报告使用者更准确地理解企业的财务状况、经营成果和现金流量等会计信息。企业会计政策则是根据企业自身的特点去选择或对原来采用的原则、方法和程序加以修订，以达到对企业经营状况进行有力地反映的目的。

（二）会计政策与会计原则

我国会计政策是指企业在会计核算时所遵循的具体原则以及企业所采纳的具体会计处理方法。会计原则是指企业按照国家统一会计制度规定的原则制定的，适合企业会计制度所采用的会计原则。会计政策与会计原则的终极目标都是为了提高会计信息质量，两者所规范的都是有关会计核算方面的原则。同时，会计原则为会计政策提供可供选择的规范，会计政策是会计原则的具体化。两者之间的区别主要体现在以下三点。

1. 作用范围不同

会计原则的作用范围包括所有行业和所有经济性质的企业；会计政策的作用范围仅限于一个企业或一个企业集团。

2. 目标不同

会计原则强调提高所有企业的会计信息质量，强调不同企业之间会计信息的可比性。企业会计政策的目标重点是根据自身特点选择最能恰当反映财务状况和经营成果的原则、方法和程序。

3. 可选择性不同

会计原则对同一会计事项可提供多种供企业选择的会计处理方法，企业会计政策在一定时期，对某一业务事项只能选择一种程序和方法，即会计原则具有概括性、相对稳定性，会计政策则具有一定的灵活性。

（三）会计政策与财务政策

企业的财务政策是企业根据其财务目标和理财环境以及本身的财务实力制定的财务方针和策略，用以指导企业的理财工作。它主要涉及筹资方式、渠道、规模、结构的规划，投资方式、资金营运策略、内部利润分配等。会计政策与财务政策之间的差异体现在以下四点。

1. 目标不同

财务政策通过调整和约束财务行为，使其更有利于实现企业预定的财务目标。会计政策通过选择或变更会计原则、方法与程序，人为地、合法地变更财务报表的数据，在一定程度上改变财务揭示的状态，对使用者施加影响。

2. 所受约束不同

财务政策主要受制于外部市场环境及自身状况。会计政策主要受会计准则和公允揭示要求的约束。

3. 公开程度不同

财务政策大量涉及企业理财的规划和企业的商业秘密，一般不宜对外公开。重要的会计政策及其变化的原因、方向和对财务报表的影响程度应当对外公布。

4. 调整频率不同

财务政策的某些方面甚至近期目标可以随时因企业内外的突发事件而调整。会计政策不易频繁调整，应相对稳定。

会计政策与财务政策之间有相互影响作用。会计政策的调整变化往往会导致财务政策的改变，财务政策的改变往往会通过变更会计政策来实现。因此，也可以认为会计政策与财务政策之间有所重合，尤其在折旧、存货计价、无形资产和递延资产^①的摊销等方面。当两者发生冲突时，首先应当保证对外揭示的公允性。

（四）会计政策与税收政策

企业除了在财务会计处理中有对原则、方法等的选择问题，在纳税申报方面还有对有关应税项目税负的时间安排问题，可以称之为企业税收政策或税务计划。毫无疑问，企业税收政策在很大程度上受制于企业业务经营安排。尽管在一定程度上，企业税收政策可因应税利益的考虑对业务经营进行调整，但是企业税务政策的确定及调整在一定程度上受制于企业的会计政策。两者之间的区别体现在目标不同：税收政策的目标是统一税法、公平税赋、简化税制、合理分权，以便理顺分配关系，保障财政收入，建立符合社会主义市场经济要求的税制体系。会计政策是站在企业的角度，考虑的是如何向外界和企业内的经营管理当局提供真实、公允的高质量会计信息，以满足他们的不同需求。

（五）会计政策与会计制度

会计制度是对商业交易和财务往来在账簿中进行分类、登录、归总，并进行分析、核实和上报结果的制度，是进行会计工作应遵循的规则、方法和程序的总称，是经济管理制度的重要组成部分。会计政策是企业的会计原则以及企业所采取的具体会计处理方法。

会计制度与会计政策的区别如下。

1. 目标不同

会计制度制定的目的是为会计人员有条不紊地进行会计工作提供可靠的基础和良好的环境。会计政策选定所要达到的目的是使会计人员能够适应企业经营环境的变化，最恰当地反映企业的财务状况和经营成果。

2. 遵循的原则不同

会计制度的设计首先必须遵循《企业会计准则》，包括基本准则和具体准则。另外，它还要遵循合规性原则、效益性原则、控制性原则、实用性原则和稳定性原则。对于会计政策的选择，《国际会计准则》提议从三个方面加以考虑，即慎重性原则、实质重于形式性原则和重要性原则。

---

① 递延资产是指本身没有交换价值，不可转让，一经发生就已消耗，但能为企业创造未来收益，并能从未来收益的会计期间抵补的各项支出。递延资产又指不能全部计入当年损益，应在以后年度内较长时期摊销的除固定资产和无形资产以外的其他费用支出，包括开办费、租入固定资产改良支出，以及摊销期在一年以上的长期待摊费用等。

3. 构成内容不同

会计制度的内容可以说是由会计核算工作、会计机构设置和会计人员配置构成的。会计政策的内容主要是提供会计核算方法可选择的范围。

4. 制定依据不同

会计制度的制定依据主要是《中华人民共和国会计法》《企业会计准则》及其他会计法规。会计政策的形成并不一定要遵循会计法规；相反，会计政策的发展往往是超前的，是对同时期会计法规漏洞的弥补。

5. 影响面不同

会计制度设计的优劣直接影响企业会计全局的工作。会计政策的形成和影响更多是在某个局部范围内展开的，对于会计核算全局的影响没有会计制度那么直接。

6. 哲学意义不同

会计制度是对会计工作的一个连续过程进行整体的规范，实际工作中的会计制度设计相当于是对会计工作的一个纵截面的描述。相对于会计制度，会计政策相当于会计核算工作的横截面，这一截面为会计工作在这一环节上提供了多种方法，因此它是相对静止的，同时也具有多样性。

7. 会计制度与会计政策的联系

会计政策是会计制度设计的依据之一，往往要根据会计政策设计企业会计的核算制度。会计制度与会计政策在会计工作中相互配合。

（六）会计政策与会计准则

会计准则又称会计标准，是会计核算工作的基本规范。它就会计核算的原则和会计核算业务的处理方法做出规定，为会计制度的制定提供依据。会计政策与会计准则两者的区别如下。

1. 侧重点不同

会计准则由国家制定，其目的有两层：一是规定企业在哪些业务领域中具有会计处理方法的选择权；二是在允许选择的领域中，规范企业可以选择的会计核算方法。会计政策由企业制定，由企业在国家限定的会计方法中做出选择。

2. 作用范围不同

会计政策是企业根据国家制定的会计准则和有关法规，根据自身特点，对企业日常会计事项的处理和会计报表的编制所做的符合自身利益的会计选择。会计准则属于国家制定的法规。

3. 规范的客体不同

会计准则是对同一业务事项提供企业可供选择的会计处理方法。会计政策是强调在某一特定时期内，对某一业务事项选择单一的程序和方法。两者的联系：会计政策依存于会计准则并且会计政策的选择必须在会计准则的许可范围内，会计准则统领所有的会计政策。会计准则固定了企业会计政策，又为企业会计政策的选择留有余地。

第二节　会计政策选择的行为主体

一、对于行为主体的观点

行为科学中所讲的主体指的是行为的发出者和实施者，即具有行为目的、行为意识和行为能力的人和以人为单位的社会组织。

从中外有关理论的发展来看，对于会计政策选择行为主体，过去理论有以下五个方面的观点：

第一，委托人权益观（投资者立场）。企业会计政策的确定应当从委托人的利益出发，服务于委托人的需要。

第二，受托人权益观（经营者立场）。会计应站在受托者的立场，按照有利于经营者利益的规则去计量和报告其经济行为和结果。

第三，国家权益观（国家立场）。会计是国家行政机关（财政）的延伸，因而企业会计政策的选择应符合国家的利益（如税收要求等）。

第四，"双重"主体权益观（双重主体立场）。企业选择会计政策时，既要考虑外部委托人（债权人和股东）的利益，又要考虑受托人（经营者）的利益，要在全面平衡他们关系的基础上选择会计政策。

第五，"三重"主体权益观（复合立场）。企业会计政策的选择必须同时考虑委托人、受托人和国家的利益，在权衡三者成本和效益的基础上，选择具体的会计政策。

本书认为，会计政策选择的行为主体应该是企业的大股东和管理当局。理由是会计政策选择的行为主体是由现代企业制度下，企业的"委托—代理"关系决定的。现代企业所有权和经营权广泛分离，从而导致代理关系出现。现代企业被认为是生产要素之间一系列契约的联结，每种要素为自身利益所驱使。"委托—代理"关系是一方同意代表另一方行动的关系。所以，有些企业管理当局之所以愿意受雇于企业，在很大程度上是为了获取自身的利益（有形的和无形的、经济利益和政治利益、丰厚的报酬和高额的在职消费等）。在这种情况下，经营管理企业只是企业管理当局获取自身利益的手段。会计信息的重要作用之一就是反映企业管理当局的经营业绩，用于消除管理当局的受托责任。但由于管理人员的努力程度的不可观测性，会计信息反映的相关指标就常成为委托方评价受托方经营业绩的主要尺度。这促使管理当局利用自身在企业中的地位，在会计准则允许的范围内（甚至违背会计准则），通过选择适当的会计政策左右会计信息的生成，以获取自己的利益。但管理当局又不完全享有会计政策选择的权利，具体原因有以下几点：一是管理当局在会计选择过程中占主导地位的条件是所有权和经营权的广泛分离，由于所有权被完全稀释，没有任何股东能在实质上控制企业。实际上，几乎所有的企业契约都离不开大股东作为"中心缔约者"所起到的作用。既然会计政策选择会导致会计信息的重大差别，很难想象企业的大股东不会有参与会计政策选择的意愿。二是所有者对管理当局的会计政策选择进行监管将会导致高昂的订约成本。一方面，由于管理当局完全控制了会计信息的输出，用会计信息来对管理当局进行评价将丧失可贵的"独立性"，从而引发审计监督这样一些成本支出；另一方面，通过干预会计政策制定的过程对管理当局进行限制，就要负担"政治成本"。这样对于所有者和管理当局的契约关系而言，就显得很不经济了。三是从企业成长的过程来看，企业发展的初期是所有者拥有会计选择的权利（大多数中小企业是这样的）。在会计实践中可以发现，所有者对管理当局会计政策选择权的让渡是有限的，涉及合并报表、重估价、所得税等，一切对企业产生重大影响的会计政策选择仍离不开企业大股东的广泛参与。

二、宏观会计政策选择主体

宏观会计政策的核心是会计准则，所以宏观会计政策选择与会计准则制定具有同一内涵，宏观会计政策选择主体就是会计准则制定主体。

从横向来看，目前会计准则制定主体主要有两种模式：民间组织主导型和官方组织主导型。美国、英国、日本等国家的会计准则制定机构是较为典型的民间组织主导型，如美国财务会计准则委员会、英国会计准则委员会，以及日本财团法人财务会计准则基金会下设的准则制定机构——日本会计准则委员会，各国会计准则委员会都广泛地吸收了各界代表。我国的会计准则制定机构是较为典型的官方组织主导型，会计准则是由政府部门——财政部制定并发布实施的。财政部在制定会计准则的过程中，成立了由政府部门、学术界、注册会计师行业、证券监管部门以及企业界等方面的会计专家、学者和代表组成的会计准则委员会，广泛征集各个利益相关者对会计准则的意见。因此，从各国的会计准则制定机构来看，无论是民间组织主导型还是官方组织主导型，其制定机构中都广泛包含各方利益主体的代表。

三、微观会计政策选择主体

（一）企业的边界

一提到微观会计政策选择主体，我们自然而然会认为企业是微观会计政策选择主体。什么是企业？王竹泉[①]教授从利益相关者理论和集体选择理论的角度提出"企业"是利益相关者集体选择的结果。按照是否能够参与企业的集体选择，可将企业的利益相关者分为内部利益相关者和外部利益相关者，企业内部利益相关者决定了企业的边界。笔者赞同王竹泉教授的观点，企业可以被视为由利益相关者签订的一系列契约。契约可能是显性的，也可能是隐含的；可能是短期的，也可能是长期的。但是企业的边界不应该包括所有的利益相关者，只有那些参与集体选择的利益相关者才是企业的边界所在。参与集体选择的利益相关者（内部利益相关者）可以是股东、债权人、管理者、职工、政府等其中之一或是任意组合，他们通过集体选择确定他们的共同利益，追求内部利益相关者整体利益的最大化。

（二）价值创造中微观会计政策选择的影响

企业将内部利益相关者投入的资源转化为各种生产必备的资产，通过这些资产的经营和投资实现价值创造。价值创造过程追求的目标应是企业价值增值的最大化，即内部利益相关者价值增值最大化。内部利益相关者价值增值可以分解为企业内部各流程的价值增值，还可以进一步分解为各流程内不同作业的价值增值。作业价值增值等于作业价值产出减去作业价值投入，流程价值增值等于流程价值产出减去流程价值投入。作业价值产出、作业价值投入、流程价值产出和流程价值投入的确认和计量都离不开微观会计政策选择。不同的微观会计政策选择会影响流程价值投入、作业价值投入，以及流程价值产出、作业价值产出确认的时期和确认的金额。例如，收益的核算规则多种多样，如收付实现制和权责发生制的不同运用、谨慎性原则运用的不同程度和范围等，都将

---

① 王竹泉，男，1965 年 5 月出生，山东栖霞人，管理学（会计学）博士。现任中国海洋大学二级教授、博士生导师，兼任中国企业营运资金管理研究中心主任、中国混合所有制与资本管理研究院院长、《中国会计研究与教育》主编、中国会计学会教育分会会长、中国会计学会会计基础理论专业委员会副主任、山东省工商管理类本科教育教学指导委员会副主任等。

影响企业当期和未来价值产出的确定。不同的存货核算方法、不同的折旧方法等可以影响不同时期价值投入的金额。由于不同的微观会计政策选择会影响内部利益相关者价值增值，各个内部利益相关者在价值创造中会十分关注微观会计政策选择。

（三）价值分享中微观会计政策选择的影响

价值分享是指内部利益相关者在企业价值创造活动中周期性、阶段性地对企业价值增值的分享。各个内部利益相关者投入价值、创造价值，最终是为了分享价值。各个内部利益相关者绝对财富和相对财富的增长，其根本途径在于从企业中获取的报酬，而企业到底实现了多少收益以及各利益主体又能得到多少收益，都需要依靠会计对企业价值增值进行计量。各个利益主体能分享多少价值具有不确定性，受微观会计政策选择对确认、计量当期经营业绩的影响。各个内部利益相关者的经济利益是相互制约的，每一个内部利益相关者在追求自身利益最大化的同时，必然会与企业其他追求自身利益最大化的内部利益相关者发生矛盾和冲突。

不同的会计政策选择会生成不同的会计信息，进而影响不同内部利益相关者分享价值的大小，因此各个内部利益相关者在价值分享中也会十分关注微观会计政策选择。

从上面的分析可以看出，微观会计政策选择贯穿企业价值投入、价值创造和价值分享的全过程。不同的微观会计政策选择会产生不同的会计信息，而不同的会计信息会影响各个内部利益相关者的利益。由于内部利益相关者构成了企业的边界，微观会计政策选择的主体应该属于内部利益相关者。同时，参与集体选择而构成企业边界的内部利益相关者与外部利益相关者处于动态的调整中，因此微观会计政策选择的主体也处于动态调整中。

（四）管理者和会计人员享有剩余微观会计政策选择权

由于人的有限理性、交易成本的存在和现实世界的复杂性，内部利益相关者通过集体选择达成的契约具有不完备性，即契约中既无法预料所有的情况，也无法详尽地规定在各种情况下，主体的权利和责任。基于契约的不完备性，产生了企业剩余控制权的归属问题。管理者在企业经营中占据着特殊的地位，绝大部分其他主体直接与管理者而不是与另外的主体打交道，无论是企业的供应商、顾客还是其他利益相关者，都是和管理者直接联系，而企业的生产经营也主要是由管理者负责的，因此管理者享有企业的剩余控制权。剩余微观会计政策选择权属于企业剩余控制权，因此管理者享有剩余微观会计政策选择权。

然而，管理者不可能对所有剩余的会计政策进行选择，其中必有一部分由会计人员来进行选择，所以笔者认为，剩余微观会计政策选择权应由管理者和会计人员共同享有。

第三节　会计政策选择动机的理论基础

一、动机的相关概念

研究会计政策选择的动机，应以管理当局和大股东的心理机制为切入点，研究上市公司会计政策选择行为。心理学研究表明，人的行为无不具有目的性。目的源于一定的动机，动机又产生于需要。需要引发动机，动机支配行动并指向预定的目标，这是人类行为的一般模式。

"需要"是指人对某种事物的渴求或欲望。当人们缺乏所需事物而引起生理或心理紧张时，就会产生"需要"，并为满足"需要"而采取行动。因此，"需要"是一切行为的最初原动力。但是，"需要"并非纯主观的现象，而是客观事物在人脑中的主观反映，同时人的"需要"又是具有多样性的。

"动机"是在"需要"的基础上产生的，引起和维持着人的行为，并将其导向一定目标的心理机制。在人的行为过程中，"需要"具有原动力作用。但是，"需要"作为一种潜在的心理状态，并不能直接引起行为。只有当"需要"指向特定目标，并与某种客观事物建立起具体的心理联系时，才能使潜在状态转变为激发状态，成为引发人们采取行为的内在力量。这种在"需要"与目标对象衔接基础上形成的，直接驱动行为的内在力量，即"动机"。

"目标"是行为所要实现的结果，人们采取的一切行动总是指向特定的"目标"。"目标"在行动过程中具有双重意义：一方面，"目标"表现为行动的结果；另一方面，"目标"表现为行动的诱因。

依据上述动机的心理机制，即"动机""需要"和"目标"之间的相互关系，可将选择会计政策的行为动机定义为会计政策选择的行为主体（大股东和管理当局）开展会计政策选择行为的内在驱动力，它是引发、指导、维持会计政策选择行为的力量源泉，是在一定外部环境刺激下，由大股东和管理当局的需要转化而来的。以下主要是西方对会计政策选择动机的理论认识。

二、会计政策选择动机的传统认识

（一）稳健主义

西方传统观点认为，企业管理当局和大股东选择会计政策时，奉行稳健主义原则，即宁可高估负债和损失，不高估资产和收益。例如，在某一经济业务或事项有多种可供选择的会计处理方法时，他们会选择一种对股东权益产生影响乐观程度最小的会计处理方法。各国在会计政策选择过程中，坚持稳健主义的"稳健"程度是有一定差异的。例如，荷兰的会计体系是建立在经济管理学基础之上的，在会计政策选择上表现得较为激进；德国、日本等国家的会计是建立在税法等法律基础上的，在会计政策选择问题上表现得十分稳健，即使在严重通货膨胀时期，政府仍然要求企业恪守原始成本会计；美国公司会计政策选择的稳健程度则介于上述两者之间。

传统的观点还认为，企业进行会计政策选择的目的是使企业会计报表反映的财务状况更为谨慎和稳健，以应对通货膨胀、市场竞争等因素给企业带来的系统和非系统风险，保护投资者和债权人的合法权益，维护市场的稳定和发展。

（二）均衡收益

1953年，一项由会计学家赫普霍恩以及后来由戈登等人进行的实证研究表明，企业管理当局追求的目标并非会计报表利润的最大化，而是使前后各期收益均衡化，即管理当局和大股东往往通过会计政策选择来平滑收益[1]。

为了验证企业管理当局和大股东选择会计政策行为的经济动机，戈登在1964年提出收益均衡化假设，并验证了以下由五个具体假设构成的收益均衡化假设，之后的许多研究也证明了这一假设的正确性：①其选择行动的准则是提高他们的福利；②其福利随职务升迁、个人收入和公司规模的增长而提高；③其职务升迁、个人收入以及公司规模部分取决于股东的满意程度；④股东的满意程度取决于会计报告利润增长率；⑤其会以确保会计报表利润增长率既高又稳定的方法采取行动。由此可见，企业管理当局和大股东选择会计政策的目标是收益均衡化。

戈登的分析受到其他会计学家的怀疑，因为它隐含着以下假设——投资者不能识别因会计政策不同而造成的盈余差异，也就是不能对各种备选会计政策计算的盈余做出调整。鲍尔（Ball）、桑德（Sunder）的实证研究指出，就整

---

[1] 平滑收益，指管理层为隐瞒公司的实际业绩表现，而利用应计项目等会计调整方式来平滑盈利。

个市场而言，对于因会计政策不同而造成的盈余差异，投资者是能做出调整的。这一结果与有效市场假说是一致的，这说明管理当局和大股东可能不是为了平滑盈余或使盈余呈现增长趋势而选择会计政策的。

三、会计政策选择动机的现代认识

会计政策选择动机的现代认识主要是过去 20 年罗切斯特学派对会计政策选择进行实证研究得出的相应结论。以下介绍实证会计研究关于会计政策选择动机的若干观点。

（一）契约观

企业与相关利益各方若干契约的约定制约着企业会计政策的选择情况，主要有两种观点：机会主义行为观和有效订约观。

1. 机会主义行为观

机会主义行为观即会计政策选择有利于管理当局和大股东采取机会主义行为以实现自身效用最大化。威廉姆森（Williamson）提出进行企业契约关系分析的两个基本行为假设之一是机会主义。它的提出源于人们自私自利的本性。威廉姆斯指出，当人们的利益和其对他人的承诺发生矛盾时，人们会寻找满足自己利益需要的结果，甚至侵害他人的利益也在所不惜，而其他人想探察这种行为时要付出成本。在机会主义的行为假设基础上，他进一步引入了"交易特别性"的概念。所谓"交易的特别性"是指涉及各企业契约的资源投入对不同企业组织的行为目的不具有可替代性。阿尔钦（Alchian）和伍德沃德（Woodward）在此基础上进一步分析了企业契约的机会主义表现：一是胁迫和特别性。由于存在交易的特别性而使各订约人处于不平等的地位，承担的风险也大不相同。二是道德风险和可塑性。道德风险就是在所订契约的执行过程中，要获得某个订约人行为的有关信息要付出成本，但它的产生很大程度取决于特定契约的"可塑性"，即该契约是否为道德风险的产生提供了良好的机会。从这个角度来看，企业享有会计政策选择权，为企业高层人士利用委托人与代理人之间信息的不对称分布，采取"逆向选择"活动提供了便利，这就加大了"委托—代理"关系下的代理成本，因而在经济上是低效率的。一般而言，这一方面的研究结论包括以下由企业契约类型引出的三个理论命题或假说。

（1）补偿契约和分红计划假说

大部分现代公司并不是由公司创建者的后裔经营的，而是由专业管理者控制的。所有者与经营者分离产生了两者利益的潜在冲突。减少冲突的方法是连接管理支出与增加企业价值的补偿。有两种方法：一种是将补偿与股票收益相联系；另一种是将补偿与财务绩效计量（如会计收益）相联系。两种方法都被广泛使用，但都不完善。考虑股票收益，从长期看，管理战略和决策显然影响股票价格。但是在短期，股票价格可能因一些管理无法控制因素的变动而升降，如利息率变动。同样的问题也可能发生在补偿与财务绩效计量的联系上。从积极的一面看，会计收益受临时因素和外部经济能力的影响可能较小；从另一方面看，使用会计收益由于受到应计会计、递延处理、分配、估价等涉及各种不同程度替代和判断的影响，而受到批评。

作为契约的一部分，企业的管理当局和股东之间都签订了一定的奖酬计划，主要包括管理报酬计划、分红计划和业绩计划。迄今为止，尚没有理论可解释管理报酬计划的构成。但是分红计划和业绩计划是通过会计数字（通常是盈利）来衡量管理业绩并对之进行奖励的。这样就使管理当局具有了利用会计政策追求自身效用最大化的动机。由于存在监督成本，经理人对会计程序的操纵就不可能根除。

调查表明，分红计划的参数经过精心制定，使多数年份均有红利可分，若有红利可供分派的话，其最高额往往等于报告收益的正值线性函数，即在这种情形下，管理当局的报酬将随报告收益的增加而增加，那么提高报告收益的现值便可提高管理当局报酬的现值，分红计划假设正是基于此实证会计理论提出的。企业如果在其他条件保持不变的情况下实施分红计划，其管理人员就更有可能把报告盈利由未来期间确认提前到本期确认。

关于分红计划的细节检验还提供了更为丰富的内涵，即至少在下列情形下，企业管理当局并不总是存在增加收益的动机：其一，如果企业发生亏损，管理当局会试图把未来所有可能的亏损提前至本期确认，以提高未来可能的收益分红，从而提高管理当局在未来所能得到的报酬。其二，如果管理人员的分红计划包括了认股权，那么它们更愿意选择能平滑收益的会计方法，以保持其股票价值的稳定增长。

总之，无论是提前确认收益，还是提前确认损失或者平滑收益，管理当局总是试图操纵能够纳入分红计划的收益的总值来提高他们的报酬现值。

（2）信贷契约和债务契约假说

大部分公司都有债务，而且管理者通常拥有其所管理公司的股份。贷款者和股东的利益经常是相异的，这种相异刺激管理者采取一些行动将公司价值从贷款人转移给管理者和其他股东。这种动机的产生是因为企业经营决策不仅影响企业价值，还影响价值属于所有者还是贷款者的份额。冲突的来源有两个。

第一，资产替代①。如果公司借款从事低风险投资项目，其利率支付与低风险相一致，那么企业对所有者的价值，通过替代高风险项目而增加，而这将使企业对贷款人的价值减少。第二，支付问题。如果公司为一个新项目借款，利息率是假定公司现有的股息政策不变，但当公司借入资金用于支付更多股息时，企业价值对贷款人的份额减少。特别是如果公司出售其所有资产，支付给所有者股息，贷款人只能得到剩下的无价值企业。为减少两者的利益冲突，方法有二。第一，贷款人要求高的利息率以补偿增加的资产替代与支付风险。高利息率取得了价格保护，以防止管理者与股东采取有利自己却损害贷款者的行为。价格保护增加了筹资成本，转移了投资成本，因此引起股东价值下降。第二，通过合同限制所有者与管理者损害贷款者，在贷款条款中明确有关资产替代和支付问题。这些契约降低了贷款者不能按期收回贷款的风险；反过来，低风险产生低的筹资成本，使债务契约有利于贷款人和所有者双方。

对债务契约条款的监督也通过会计数据进行。这样就使会计程序方法与违约的可能性大小直接相关，从而为管理当局的会计选择动机提供了可能的解释。

相关调查表明：首先，私募债务契约相比公募债务契约，对公认会计原则的背离更为常见，其原因可能是两种债务的重整成本不同。其次，企业越是与特定的、基于会计数据的限制性契约条款联系紧密，企业管理人员越可能采用可增加当期收益的会计政策。最后，为避免新准则可能导致的技术性违约行为，管理当局将通过各种手段进行游说，以减少新准则的不利影响。这部分又与政治成本假设有关。

（3）与政府的合约和政治成本假说

政府本身也是一个利益集团，通过制定各种管制性的规章，将社会资源的控制权转移到自己手中。在这个过程中，会计数据（如利润和成本）常被用于支持政府现有的法令或成为实施新法规的理由。西方政治活动理论提出了政治活动要用到会计数据的理论。若某个企业存在由于政治活动而引起的潜在的财富转移，那么可以假定它的管理当局将采取能减少其财富转移的会计政策。一般来说，较低的报告盈利会减少政府采取不利于企业的行为和增加政府对企业进行补贴的可能性。

政治成本对企业会计政策选择的影响主要包括以下几个方面：

---

① 资产替代是由资产收益率和风险结构失衡而产生的重新调整资产组合的行为，是代理问题的一种，指股东与债权人之间的潜在利益冲突。在负债率较高的企业中，股东有追求高风险投资项目的倾向，从而损害债权人利益。

一是税收。税收最终会增加企业的成本，减少其现金流量，因此管理层总是希望通过自身的努力，降低现实的和潜在的税负，包括对现行会计方法的选择和对可能出台准则的游说。

二是收费管制。政府机构会对某些企业的产品价格和收费标准加以限制（如公用事业部门、银行、石油、保险公司等），限定的依据是有关会计数据。因此，受管制行业通常希望对收费管制施加影响，以利于本企业或行业。

三是政府的特别关注。政治家们总是为各种危机寻找"替罪羊"，企业的报告盈利往往成为他们关注的焦点，被打上"暴利"和"不正当竞争"等标志。为避免这种关注，企业管理层将采用可减少报告盈利的会计政策。另外，采用不同的会计政策可能导致的与历史情况和行业情况相比的过分差距，也会引起各方的特别关注。

四是寻租成本。公共选择理论认为，现代社会的寻租行为主要是寻租者从政府手中寻求某种特权，如对现有政策的干预或变通，以此来获得较高的利润。寻租者对会计政策的影响主要是谋求会计准则的制定权和具体会计准则的选择权。一旦会计准则制定的权利分配完毕，寻租者只有在现有的会计准则格局内，通过某项具体会计准则的实施，选择有利于自己的规定。综上所述，企业会计政策的制定和选择可以视为寻租者的寻租过程，各方寻租的结果要么是一方取得绝对租金利润的控制权，要么是各方瓜分租金利润。在这一过程中，寻租者获得了租金利润，但对整个社会来说产生了寻租成本。所以，目前企业高层人士进行会计政策选择的动机主要是采取机会主义行为来实现自身利益的最大化。

2. 有效订约观

有效订约观即根据企业的性质和契约特点，会计政策选择能起到降低订约成本的作用，从而使企业的经营效率更高。

会计政策就像企业组织形式或者契约形式一样，将以降低契约各方之间的代理成本为目标进行选择，这种代理成本的最小化将获得企业价值的最大化，而不仅仅是代理人的效用最大化。从信息使用的角度考虑和从信号传递机制看，企业的会计政策选择通过信号机制可帮助信息使用者更有效地利用会计信息对企业质量进行甄别，并在一定程度上抵消因会计政策多样化而增加的信息处理成本。

3. 契约观中两种观点的关系

分红计划、债务契约和政治成本假设及有关经验数据显示经理人有很强的机会主义行为倾向，即通过增加经理人自身的财富而降低股东等外部人在企业总价值中所分享的份额。但如果从理论上分析，也不尽然。

经理人为了谋取私利而滥用会计政策选择权要受到相当多机制的约束：

第一，利用应计制来"虚拟"业绩从而提高薪金收入是很难奏效的。用应计制提高当期收益，意味着以后的会计期间将出现收益水平的逆转，这样经理人在以后期间的薪金收益也必然下降。故从整体上看，经理人靠此仅能因提早获得薪金而赚取货币时间价值的收益，无法为经理人带来大大超过正常水平的薪金收入。

第二，在长期的实践中，股东可以预料到经理人有可能为了自身的效用而损害其利益。为了防止出现这种情况，股东将设计激励兼容机制的报酬计划。在此机制下，经理人的效用不仅取决于账面的净收益，还取决于公司目前及未来的股价，这样经理人利用会计政策追求自身效用最大化的动机将大大减少。接管市场的存在对经理人会计政策选择行为也有类似的限制。

第三，在竞争性的经理人市场上，人们由于信息有限，不可能直接获取经理人的实际工作能力，只能以经理人过去的行为作为判断的标准。因而，从长期来看，经理人为了保证其价值与收入的提高必须对自己的行为负完全责任，这导致经理人必须与股东合作，以改进自己在经理人市场上的声誉，由此提高未来的收入。

第四，在资本市场有效的情形下，外部股东如果预期到经理人员会计政策选择的机会主义行为，就会降低他们因购买经理人管理才能而愿意支付给经理的报酬，因而经理人的这种机会主义会计政策选择所导致的剩余损失仍然由经理人承担。

假定经理因报酬契约的存在而成为企业的剩余索取者，经理人有动机采取那些增加企业总价值的会计政策。由于企业的总价值因这些会计政策的采用而得以增加，经理可以在不减少企业其他参与者财富的基础上实现自身财富的增加。因此，这种会计政策的选择是有效率的。这一效率性可以体现在以下几方面：

第一，企业的内部管理同样需要利用会计信息。为了使决策较优，以反映出使用相关资料的机会成本，采用恰当的会计政策可以帮助企业的管理人员做出较优的决策，也可有效地考核相关人员的绩效并起到激励作用。虽然在理论上，内部管理所用的会计信息与对外报告的会计信息不必强求一致，但由于信息系统的成本问题，在更多场合，两者往往是相同的。因此，恰当的会计政策可以改善企业的管理。

第二，会计政策选择可以起到降低税赋的作用。许多减少收益数的会计方法，如存货流动的后进先出法、固定资产的加速折旧法等，皆可实现这一结果。

　　第三，企业在经营过程中面临着重大的不确定性，但由于契约的不完备性和刚性，契约无法预计未来可能发生的各种意外情况，使契约双方很难就新情况重新修订契约。赋予企业经理人在会计政策选择方面某些灵活性，能够使企业对其环境和不可预见的契约后果做出灵活的反应。

　　第四，会计政策选择具有信号的性质。高素质的企业可以采用多种稳健的会计政策报告出较高的收益，如果低素质的企业采用类似的会计政策，在账面将会出现亏损。稳健的会计政策向市场传递了经理人对企业的前景充满信心的信号。因此，若给予经理人恰当的会计选择权，可通过信号机制向资本市场传递企业内部信息，从而降低企业的资本成本。

　　第五，成本效益原则。组织安排的形式由成本效益原则来决定，不同组织安排的成本因行业而不同，因此组织安排的形式，包括会计方法，亦因行业而有所差异。大多数行业收益在产品或服务销售时确认，而建筑、采矿等某些特殊行业收益在生产时确认，将会计收益作为考核指标更为及时，也更为有效。

　　如果将企业会计政策选择纳入大的环境加以考察：充分竞争的经理人市场、有效率的资本市场、激励兼容的经理报酬计划、有效运作的接管市场以及完善的法律体系等一系列约束条件的存在，使企业拥有会计政策选择权成为一种有效率的制度安排范式。但具体到我国目前的会计环境，因为市场机制尚不健全，保证这一制度安排范式之效率性的一系列有效约束条件远未形成，所以目前企业高层人士进行会计政策选择权的动机主要是采取机会主义行为来实现自身利益最大化。

（二）信息观

　　"信息观"是和"经济收益观"相对的观点。它认为，在市场不健全和充满不确定的现实经济世界中，任何会计方法都不可能得到企业的"真实收益"。财务报告中会计信息的作用或目标是向投资者传递某些有利于判断和估计经济收益的"信号"，即根据信息经济学中的信息不对称理论，财务报告应该针对外部投资者的信息需求提供对决策有用的信息，企业会计政策的选择要能够揭示企业管理人员对企业未来现金流量的预期。

　　由于在有效订约观下无法解决什么是代理成本最小的会计政策的问题，因而对于有效订约观的检验就变得模棱两可。要真正解决这个问题，从会计政策本身去找答案是不太可能的。根据信息经济学的观点，信息不对称在企业中亦有存在，经理人享有信息优势，其对外部发布的信息可以作为对企业状况评判的依据。会计政策选择同样是一种信息，而且这种信息所包含的含义比一般的直接信息更加微妙。会计政策选择的信息观由此产生。

霍特豪森（Holthause）和赖福威克（Leftwich）指出，如果管理人员在提供企业信息上有比较优势，我们就可期望他们以部分向外提供有关未来现金流的能力来得到报酬。这就是说，信息观告诉我们，会计政策的选择能够用来揭示企业管理人对企业未来现金流量的预期。

（三）契约观与信息观的关系

1. 契约观与信息观的冲突来源

从信息经济学的角度来看，这两种观点主要解决两类信息不对称问题。具体而言，契约观所涉及的是道德风险问题，以管理报酬契约为例。由于经理人努力工作程度的不可观察性，财务会计需要提供与经理人员努力程度最大相关的信息来满足签订契约的要求。信息观所涉及的是投资者所面临的逆向选择问题，即投资者与企业之间的信息不对称导致投资者不了解上市公司的质量或类型等内部信息。

信息观与契约观之间的冲突的实质就是投资者的信息需求和签订契约的信息需求之间的冲突。可以看出，契约观和信息观的主要冲突是对财务会计作用的不同定位或所站的立场不同引起的。契约观是站在企业管理当局的立场上，主要考虑管理当局的契约需求，侧重企业管理当局的利益。信息观是站在投资者的立场上，主要考虑投资者的利益。

2. 两者对财务会计的不同影响

信息观和契约观对财务会计的影响或作用基本上是相互排斥的。信息观侧重会计信息的决策相关性，不仅要求应用公允价值会计对企业会计政策的选择施加严格的限制，还要求充分披露所有有利于投资者决策的信息。契约观更侧重通过会计信息衡量经理人努力程度的相关性和可靠性，更加倾向于历史成本会计，要求留给企业管理当局较大的会计政策选择空间，在报告和披露上要充分考虑管理当局的合法利益，采取更灵活的披露形式。

3. 两者对现金流量和企业价值的不同认识

对比契约观和信息观，我们可以看到，两者都承认会计政策与企业现金流量和企业价值之间有联系，但两者对这种联系的认识迥异。契约基础上的有效订约观和机会主义行为观都认为会计政策选择会直接影响企业的现金流。不同的是，机会主义行为观认为企业高层人士通过转移财富减少其价值；有效订约观认为企业高层人士通过使代理成本最小化而增加企业价值。信息观认为会计政策选择只是提供了有关企业现金流量的预期信息，不直接影响现金流。

第四节　会计政策选择目标分析

我们说会计政策选择是一个系统的动态过程。一个完整的选择程序总是在会计目标的指导下进行的，离开会计目标的会计政策选择将是盲动的、没有意义的；正确地进行会计政策选择是实现会计目标的有力保证。

一、会计目标

会计目标的演变经历了三个发展阶段。

（一）配比观念

会计学家最初采用广泛的概念及方法来研究问题，其研究的第一个中心是1940年提出的配比观念：成就（以收入表示）应该与取得成就的努力（以费用表示）相比较。该观念有效地排斥了现金制，并为应计制提供了基础，然而它在资产计价基础、会计方法的选择等方面不能给予具体的指导。如历史成本原则和现时成本原则都与配比观念相容，各种折旧方法在配比观念下都是可接受的。另外，在这种观念下的研究都是以定性分析为基础进行的，对于解释由于采用不同的会计政策所导致的不同会计数据的重要性及其各种数据的差别的重要性却无能为力。

（二）真实收益观念

会计研究的第二个中心是以爱德华兹和贝尔为代表，在配比观念下发展起来的真实收益或经济收益观念。他们以此为核心，力图从各种方法中筛选出能通过确认、计量、报告，使会计收益与经济收益相一致的会计政策。然而，这种研究也未成功。首先，在信息不完全及不确定市场的条件下，企业的许多资产及负债找不到市场，因而没有公允的市价，这意味着经济收益缺乏操作性，没有太大的意义。其次，会计准则制定机构及其成员的偏好或利益与经济收益毫不相干。会计准则的制定过程实际上是一个社会选择过程，在多个主体做出决策时，若没有一个一致的评判标准，就不能说某一种选择优于其他各种可能的选择。

（三）决策有用性观念

会计研究的第三个中心是信息的决策有用性观念。在此观念的指导下，会计政策选择的标准是提供的信息是否有助于使用者评价企业未来现金流动的数量、时间及不确定性。此时，焦点不是会计收益是否等于经济收益，而是会计信息对投资者是否有用，即会计信息是否在股票价格中得到反映。如果有反映，可以认为会计信息有用；如果无反映，则没有用。此时的研究方法多是先提出假设，再建立模型，采集数据，最后分析和测试假设的正确性。

二、企业会计政策选择的目标

（一）规避市场管制动机

目前，我国的资本市场是一个受政府高度管制的市场，政府对企业的上市、配股、交易及退出等市场行为都通过一系列会计指标进行管制。例如，我国政府有关部门规定，上市公司连续 3 年平均净资产收益率必须达到 10%，上市公司每年的平均净产值收益率最低不得低于 6% 才有配股资格（受政策保护行业可适当放宽）；上市公司如果连续两年亏损，公司的股票就要被特别处理；公司连续三年亏损就要被暂停交易；等等。上市公司为了获得"内部控制人"的利益，往往通过操纵利润等手段与市场管制部门进行博弈，选择或变更会计政策自然也就成了他们在博弈中出奇制胜的一大法宝。因此，我国上市公司会计政策选择与变更的动机主要是应对市场管制规则，实现"内部控制人"利益最大化。

（二）纳税动机

政府在制定收费标准以及进行税收的征收时，是以企业公布的会计数据为基础的，不论是收费标准的制定还是税收的征收，都将引起财富的转移。若某个企业存在由于政治活动而引起的潜在财富的转移，那么可以假定它的管理当局将采取能减少财富转移的会计政策。一般来说，较低的报告盈利会减少政府采取不利于企业的行为和增加政府对企业进行补贴的可能性。因此，为确保"公司利益"，企业便产生了偷税漏税、减少或延迟纳税的动机。为达到这一目的，企业会利用会计政策选择粉饰会计报表，调整账面会计利润，从而调整应纳税所得额。

（三）隐性的分红动机

在通常情况下，对股东而言，会计利润是一个很好的衡量指标，因此它常常被视为比股票价格更能直接衡量管理者业绩的指标，从而作为激励管理者的基础。在我国管理者报酬的激励机制中，会计收益被用来作为确定支付给管理者报酬的重要基础。由于我国尚未建立起有效的经理市场，大部分上市公司的经营者多数是政府官员或准政府官员，他们要享受职务消费，要有政治前途，就必须完成委托者托付的经营管理目标。因此，这些经营者关心对会计收益产生重要影响的会计政策，甚至为了实现上述目标对会计政策进行盈余管理，选择增加或虚增利润的会计政策。

三、会计政策选择的目标应该是企业价值最大化

现代企业所有权和经营权的分离使企业管理当局在事实上完全拥有了会计政策选择权。企业管理当局作为我国上市公司会计政策选择的主体，站在个人立场上选择会计政策的目标必然是多样化、复合型的。但作为理性人，企业管理当局的目标必然是最大化个人利益，包括企业价值最大化和通过财富转移最大化个人利益。

（一）企业会计政策选择的企业价值最大化的目标

据美国会计职业界对企业选择会计政策的调查，企业管理当局在进行会计政策决策时，根本不会考虑会计理论是否科学，而是考虑这一政策能否在理财方面有助于企业价值的最大化。理财需要是管理当局首要考虑的因素。企业理财活动主要是通过开展融资活动和投资活动，最大限度地实现企业价值最大化的目标，为企业的稳定发展创造一个良好的财务环境。

企业价值最大化将企业的长期稳定发展摆在首位，强调在企业价值增长中满足各方利益关系。企业价值最大化作为一个新的企业目标函数，是一个具有前瞻性、复合性、实在性的企业目标函数。企业价值最大化作为上市公司会计政策选择的目标，是指通过企业财务上的合理经营，采用最优的财务政策，充分考虑资金的时间价值和风险与报酬的关系，在保证企业长期稳定发展的基础上使企业总价值达到最大。

会计政策选择具有经济后果，所以不同的会计政策选择对企业价值最大化必然产生影响。上市公司的企业价值表现为证券市场上的股票价格。企业会计政策的选择会影响企业的市场价值。首先，当会计政策改变了观察的数据，可能影响股票价格；其次，管理者的报酬在一定程度上依赖于股票价格，而股票价格又依赖于管理者的行为。正是由于股票市场对管理当局的利益有着直接影响，管理当局可能会通过会计政策的选择操纵收益，进而影响企业的股票价格及其价值。

（二）企业会计政策选择的最大化个人利益的目标

在一定条件下，企业管理当局通过企业价值最大化可以最大化个人的经济利益和非经济利益。在现代企业中，在证券市场、经理市场和监管市场的压力

下，拥有会计政策选择权的管理当局必然以维护个人利益最大化作为会计政策选择的目标。

在公司内部，通过科学的治理结构，可以最大限度地减少单纯个人利益的最大化目标追求，使个人利益最大化与企业价值最大化相一致。所以，上市公司微观会计政策选择的目标应该为企业价值最大化。

四、最大化个人利益的具体表现

会计政策选择的目标受会计目标的影响，但不完全受会计目标的影响。因为企业会计政策选择主体是企业大股东和管理当局，他们站在个人立场上选择会计政策的目标必然是复合型的。但作为理性人，企业大股东和管理当局的目标必然是最大化个人利益。具体表现在以下几个方面。

（一）通过企业价值最大化来最大化个人利益

既然会计要提供对决策有用的信息，那么企业价值最大化就是企业会计政策选择的基本目标。所有企业的价值最大化就是社会有限资源的有效配置。所谓资源配置，就是运用有限的资源形成一定的资产结构、产业结构以及技术结构和地区结构，达到优化资源结构的目标。当代西方经济学家崇尚意大利经济学家帕累托提出的效率准则。将帕累托效率准则运用到企业会计政策选择中，可以认为，任何重新进行会计政策选择的结果，都会至少降低一个利益集团的利益。或者说，会计政策的任何重新选择，都无法在不损害任何集团利益的前提下增加某个集团的利益。这时的会计政策选择是最优的，因为企业会计政策的选择具有外部性。外部性是指某一主体的行为直接或间接地对其他主体产生的影响作用，其中的不利影响称为外部性。一旦某种企业会计政策已选定，必然会出现利益受损的主体。外部经济总是存在的，遵循帕累托准则，可以将外部经济降低到最低限度。我国市场经济体制还不是很完善，国有企业普遍亏损、资金周转困难、盈利水平低下，若再以国家为企业会计政策选择的出发点，收入提前确认、费用延缓入账、利润虚增、税负加重，无疑是杀鸡取卵、涸泽而渔，是不符合帕累托效率准则的。

（二）通过转移财富或避免个人损失以最大化个人利益

当企业价值最大化目标有助于企业大股东和管理当局个人利益最大化时，他们必然以其作为会计政策选择的目标。但有时通过会计政策选择，可以将他人或公司的财富转移给大股东和管理当局，或者减少大股东和管理当局的损失，而以这种形式增加的个人财富，要大于企业价值最大化带给他们的财富，这时他们就会转移财富或避免其个人损失，以最大化个人利益。在这种目标引导下的会计政策选择就是机会主义会计政策选择。

五、会计政策选择的影响因素

因为会计政策选择过程要实现社会有限资源最优配置这一目标，同时会计政策选择会带来众多经济影响，所以会计政策选择过程是一个复杂的系统工程。在选择过程中需要考虑很多因素，其中主要是环境因素。会计政策选择作为一种行为，取决于环境因素，要对其进行控制，必须从环境入手。会计作为一门社会科学，从其产生至发展的漫漫历程中，每一步前进总是与一定的环境相适应的。在纵向上，环境而了会计的诞生提供了土壤，并推动会计由简单到复杂、由传统到现代的发展；在横向上，正是千差万别的地域、人文、政治、经济环境促成了同一时期内各国、各个地区间风格迥异的会计模式。影响会计的内外部环境复杂多变，由于会计取材于环境，最终又服务于环境，环境的变化、状态和需求决定着会计的现实水平和发展进程，使会计呈现出差异性。于是，选择适宜的会计政策来恰当地表述企业现实的财务状况和经营成果，就有了客观基础。因此，环境因素是会计政策选择的基本前提。这里所说的环境是广义的，即所有对行为产生影响的因素。它既包括外部环境，即企业状况、国家法律规范、市场状况、文化传统等，也包括内在环境，即行为主体自身的素质、思维、对自己的评价，以及对理想的塑造。具体来看，主要的环境因素有以下几个方面。

（一）经济环境因素

对会计行为这种经济行为来说，经济环境的影响永远是排在第一位的。经济环境因素涵盖的范围很广，它们从不同的方面影响着会计政策的内容以及对会计政策的要求。经济环境因素主要有以下几项。

1. 经济发展水平

在经济环境因素中，一国的经济发展水平是首要因素，它直接决定了一国的会计理论和实务的发展水平，会计政策与实务水平的高低则直接制约着会计政策选择的内容和范围。试想，当一国经济还处于落后状态，尚未走出国界时，从何谈起跨国集团会计实务中关于报表合并、外币报表折算等会计方法的选择？

2. 经济体制

经济体制是统一的计划经济还是自由的市场经济将决定会计的服务对象及

对会计管制的程度，从而影响会计政策选择的主观动因与客观可能。若是高度集中的计划经济，会计服务对象单一（面向国家）且实行统一的会计制度，则会计政策的选择不仅无必要也无可能。

3. 通货膨胀

通货膨胀将影响一国经济发展的稳定程度，进而影响企业在存货计价、损益确认、资本维持原则等方面的选择。

（二）上层建筑因素

1. 政治因素

政治制度体现不同的利益格局，会计信息由于具有经济后果往往成为利益分配、协调的参数之一。因此，一国通常借助政治手段对会计信息加以干涉。政治因素主要是通过影响会计准则、会计法规及会计管理体制等来影响会计政策的选择的。具体来说包括两个方面。

（1）某些政治因素也可能影响到企业会计政策及其实务

在我国，政治措施的预期目标经常要求从企业中获得有关其社会影响的某些信息资料，还可能要求从企业中取得有关外汇收支平衡对其经济影响后果的会计报告，作为批准投资的前提条件。

（2）政治方向的变化

政治因素对企业会计政策的影响，有不少是通过法律、法规加以体现的。可能会通过新的法律产生新的会计准则，从而改变企业的会计政策和会计实务。还需要注意的是，政治因素的影响不是静止的、一成不变的。在社会的总体或某些方面出现剧烈变动的情况下，企业会计政策受政治因素的影响往往更加明显。

2. 法律因素

总体来说，每个企业的会计政策都受到法律的影响，企业制定的会计政策应该符合会计准则并与商法、税法、公司法、有关机构颁布的财务报表编制规则等规定不相抵触。就我国会计准则而言，由于我国实行的是社会主义市场经济，国家肩负组织和调控经济、维护社会经济持续发展的任务，会计准则作为联结国家财政法规、会计政策与企业微观会计行为的中间环节，国家必须利用会计准则来规范企业的会计行为，贯彻国家的经济方针政策，为宏观经济决策提供真实、可行、统一可比的经济信息。因此，我国国情决定着我国的会计准则必须作为我国会计法规的重要组成部分，对全国各企业的会计政策和会计行为具有行政或法律上的约束力，任何企业都必须遵循会计准则，制定会计政策，进行会计核算。

3. 社会文化因素

会计是经济、技术与人相结合的产物，不可避免地会受到文化因素的影响，会计政策选择更是一种人的行为过程，必然涉及动机、偏好等文化、心理因素。英国学者格雷提出了一种会计亚文化观，将其归结为以下四个特征：一是专业导向与法律管制；二是灵活性与统一性；三是乐观与保守；四是透明与保密。他经过分析认为，社会文化与会计文化之间基本呈下述关系：社会文化若表现为个人主义，对不明朗因素反应较弱，权距较小，崇尚阳刚，则会计文化一般表现为以专业导向为主，在方法选择上倾向灵活与乐观，信息披露较透明。反之，若社会文化表现为集体主义，对不明朗因素反应较强，权距较大，属阴柔社会，则会计文化的一般倾向是以法律管制为主，注重统一性（可选程度小），核算上保守，信息披露上讲求保密。社会文化因素一方面通过会计模式的总体特征制约着会计政策选择的可能范围；另一方面，它在潜移默化中成为人们行为观念的一部分，从而直接指导着会计政策的选择。

（三）会计审计因素

1. 会计方法逆转性的制约

会计信息是有经济后果的，经理人利用操纵应计项目操纵当期会计收益，必将导致在之后的会计期间出现收益水平的逆转。在不考虑货币时间价值的情况下，经理人未获得任何额外收益。相反，由于信号机制的作用，经理人的这一行为一旦暴露，会使管理人员的人力资本大幅度下降。如果经理人因即将离任而操纵收益，那么，投资人只需辅以相应的期权报酬机制，同样可以使会计方法的逆转性发生作用。

2. 通行惯例与会计理论研究水平

企业选择会计政策，既要考虑会计理论上的合理性，又要考虑实务中的可操作性，因而不可避免地要借鉴国际惯例和历史经验，并参照会计理论研究的最新成果。比如，财务会计上的两种基本理论实体观和主体权益观，反映到会计实务上，就是以利润表为中心的配比模式与以资产负债表为中心的计价模式。在两者中做出选择，必然会影响会计政策。

3. 审计要求

审计作为会计系统内外部的一种主要监督手段，是会计主体行为的有利约束机制，是会计信息质量最直接和最有效的保障。在通常情况下，一个国家的会计准则中，会计政策的可选择性大小是与审计水平相适应的。可选择性高的准则增大了实务处理的灵活性，使审计对象变得复杂，风险增大，因而对审计方法、审计技术以及审计人员的素质等提出了更高的要求。有关机构在制定会计准则时，经常会将审计水平作为一个重要的因素进行考虑。

4. 会计教育因素

教育因素对企业会计政策的影响，要从普通教育和专业教育两个方面加以考虑。会计工作涉及大量的文字表述和数字计算，因此要求会计人员拥有一定的文化水平，无论是从事会计政策的研究工作，还是运用过程，或是阅读与分析财务报告资料，会计的文化素养和专业能力都是必不可少的条件。在一个文化水平普遍不高的企业中，会计政策的质量及以此为指导而产生的会计信息都会受到很大局限，为提高会计政策水平所做的努力往往收效甚微。同时，企业会计实务是一项专业技术性很强的工作，要求会计人员在掌握有关会计专业知识和技能的同时，也要具有包括良好职业道德在内的优秀品质。企业只有拥有一支综合素质高的会计人员队伍，才能够制定出一套适合本企业的会计政策，并切实加以贯彻落实。

5. 会计的职业道德规范

会计职业道德规范是指从事会计职业的人，在不同会计工作中遵循的与会计职业活动相适应的行为规范，是会计人员在会计工作中产生的正确处理会计事务和调整会计人员职权和职责的行为准则。它对保证会计法规的贯彻实施，维护会计准则规范的科学性，从技术上保证会计政策的选择及核算工作的公正、合理具有重要作用。

（四）外部市场约束

1. 经理人市场竞争

经理人市场竞争将对经理施加有效的压力。经理人害怕市场对其做出不利的判断，从而引起其人力资本的下降，因此从长远利益考虑，必须努力工作。

2. 资本市场竞争

资本市场竞争最明显的表现为接管。由于企业存在被接管的可能性，经理人会自觉约束自己的过度行为，这有利于防止经理损害股东利益。

3. 商品市场竞争

根据哈特的观点，充分竞争的市场将对经理人形成压力，尤其是在有大量所有者直接控制企业经营的条件下，所有者会努力通过降低生产成本来压低市场价格，在竞争中占据有利位置。这对两权分离企业中的经理形成强大压力，可以大大降低代理成本。

这三重约束，都能有效降低代理成本，使企业高层人士自觉约束其行为，并防止其对企业会计政策过度操纵。

（五）其他影响因素

上市公司是指其股票在证券交易所挂牌的股份有限公司。它是由其股票的认购者——股东所集资创办的具有独立法人资格的企业。既然上市公司是由股东集资创立的独立法人实体，股东便是上市公司的所有者。这里的所有者可能是自然人、其他企业实体和代表国有资产行使股东权利的政府部门。股东创立并给予上市公司存在的理由是公司能够使他们的投资增值。因此，上市公司的基本目标是使股东财富最大化。

1. 考虑企业总体目标，满足理财需要

会计政策对企业总体目标的实现具有一定的制约作用。企业的总体目标是指企业长期的发展方向。它是建立在对企业当前状况的确切分析和对企业所处环境充分了解的基础上的。因此，只有基于对企业当前状况和发展前景的充分了解，才有可能选择恰当的会计政策，以使企业的财务报告能够最恰当地反映企业当前的财务状况、经营业绩和现金流量。因此，明确企业总体目标是正确选择会计政策的必备条件。企业总体目标是通过理财活动实现的。企业通过有效地组织企业的融资活动与投资活动，最大限度地实现企业价值最大化的目标，为企业的稳定发展创造一个良好的财务环境。财务决策的最大特点是货币性或现金性，财务运行及财务运行结果无一例外地表现为货币形态，这一点与财务信息的特征完全一致，即理财目标制约会计目标，而会计政策选择要受会计目标的制约。

2. 企业组织形式与资本来源的特点

企业组织形式不同，决定了资本来源的不同，从而对政策主体产生影响。以下这些因素主要影响会计的目标导向，进而影响会计政策选择的立场。①投资人和债权人是谁。②投资人及债权人数量有多少。③企业与投资人、债权人之间关系的紧密程度。④证券市场的发达程度。⑤利用国际资本市场的程度。如在一个以获得贷款为主要资本来源的企业中，会计必须以反映债权人需要的信息为主，会计政策倾向保守稳健。在以股东投资为主要资本来源的企业中，为投资决策提供所需信息，其会计政策必然强调其公允性和客观性。上市公司由于股权比较分散，股东众多，做出政策选择程序要复杂得多，做出抉择的时间要更长，同时由于大量公众股权的存在，对会计政策揭示的要求也比较强。在股权结构比较简单的公司中，大量会计信息被限制在内部信息传递的渠道中，这会对会计政策产生很大的影响。在独资和合伙企业中，由于股权单一，会计政策选择也相对简单。

3. 发展国际经贸关系及参与国际经济组织的情况

一个企业的经济发展通常会促进对外贸易关系的不断增长，而国际经济贸易活动的开展，必然会对会计政策提出一些特殊的要求，以满足决策和管理的需要。同样，企业的国际经济联系也会对会计政策产生影响。也就是说，当一个企业参加行业性或区域性经济组织或经济集团时，其成员企业会计政策的有关内容，必然会因此受到直接的影响。

第五节　我国企业会计政策选择的具体分析

一、用现代企业理论分析会计政策选择

为什么企业必然客观拥有会计政策选择权？会计政策选择权为什么是企业作为独立主体的一项基本权利？如前文所述，会计政策选择权主要是受到市场经济发展的外在大环境和内外部一系列因素的影响。这些是外在的表象。对这个问题还可通过现代企业（组织）理论、公共选择理论、管制理论、博弈论、供给需求理论进行深层次的分析。

现代产权经济学对企业本质的认识，主要基于企业组织理论。现代企业理论有两个主要分支：交易成本理论和代理理论。前者的着眼点在于企业与市场的关系，后者侧重分析企业内部组织结构及企业成员之间的代理关系。这两种理论的共同点都强调企业的契约性、契约的不完备性及由此导致的所有权的重要性。这里和会计政策选择有关的主要是代理理论。美国经济学家简森和麦克林于 1976 年提出了"企业理论"或"代理人理论"。所谓"代理人理论"强调人们的行为为其自身效用（利益）所驱动，不同个人和利益团体又受制于多种契约关系的约束。

实际上，企业是由分别追求自身利益最大化的不同个人和团体之间各契约关系组成的集合体。因而，企业利益相关各方需要借助某些可观察的替代变量作为制定和执行契约的依据。这些变量主要有三种：第一种是会计收益数，第二种是股价波动，第三种是直接行为观察。这三种依据中，在不完全资本市场下，股价常常会被扭曲，或受其他一些因素的影响而发生不正常波动。直接观察所耗成本太大，并且具有很大的不完全性。相比而言，会计收益数最适合作为制定和执行契约的依据。所以，会计成为有助于各种契约关系运作的一种监控机制。

　　一般而言，契约具有以下特点：①契约是具有约束力的协议，一旦形成，就具有约束力量，不得随意违反。②契约的制定与执行需要花费成本，包括协商成本、信息成本、监督成本、破产成本以及可能的重订成本等，这些成本可统称为订约成本。③契约的不完全性，即制定契约时很难将各种可能的情况及对它们的应付计划都考虑齐全，甚至要将这些情况与应付计划条款化都很困难，因而契约总是有缺口或遗漏。④契约具有刚性，这一特点是由以上特点所决定的。

　　由于会计收益成为制定和执行契约的依据，又由于契约的不完备性、刚性的特点及会计自身的局限性，导致企业必然拥有会计政策的选择权。

二、用公共选择理论与管制理论分析会计政策选择

　　公共选择又叫集体选择，是与个人选择相对应的一种决策方式和决策过程。公共选择理论认为，公共物品的特征构成了集体选择存在的理由。公共物品是指能够供许多人同时享用且供给成本和享用效果不随享用人数的多少而变化的物品。公共物品具有非排他性和非竞争性的特征，对于个人和社会来说，公共物品的供给是必要的，但由于搭便车行为的存在，自利性的任何个人皆不会有为公共物品的供给付出代价的动力，必须由政府或公共部门承担公共物品的供给任务。该理论还认为，信息是一种典型的公共物品，任何人掌握了该信息，都不会减少其他人享用这一信息的可能性，会计信息也不例外。公司会计信息一旦通过会计报表这一载体在资本市场上公开披露就成了公共物品，市场的任何参与者都可以以均等的机会免费获得。由于公共物品的外部性和搭便车行为的存在，为了确保会计信息的有效供给，政府有必要通过制定规范会计信息生成过程的会计准则对会计信息这种公共物品的供给进行强制性管理。

　　早期的管制理论认为，必须对财务报告加以管制，理由如下：①管理当局会独占信息，不向外部使用者披露；②投资者是幼稚的，缺乏对会计数据的理解；③投资者不能分辨会计盈余的变动是否是由于会计方法的改变，即功能锁定现象；④会计数据是不同计量属性混合计算的结果，缺乏意义；⑤可供选择的会计方法过多，造成会计数据代表的意义不清；⑥会计数据计算过程中包括会计方法的选择及估计的使用，使会计数据缺乏客观性。在接受了有效市场假说后，一些人用市场失灵（其原因在于会计信息的外部性、信息的不对称性和投机性）来解释会计管制，即以管制来挽救市场失灵。另一些人则认为，如考虑契约成本，则外部性、信息不对称和投机性可能不会导致市场失灵。他们转而采用契约理论，认为管制是政治家和官员尽可能扩大其自身利益的过程。准则制定机构为了自己效用函数的最大化，为了在利益

相关方之间求得平衡和使交易费用最小化，必须以放宽准则中对一些经济业务会计处理的选择空间为代价，即赋予企业一定的会计政策选择权。

三、用博弈论分析会计政策选择

会计制定者的有限理性，决定了会计政策的制定与实施是一个渐进过程，不可能一蹴而就，必须逐步完善。有限理性反映了经济人由于受经验以及处理复杂过程和复合信息的能力的限制，在进行行为选择时，不可能总会通过这一选择来充分表达其利益最大化的内在动机。在现实中表现为政府颁布的会计准则若有了破绽和漏洞，市场主体就会利用机会钻营牟利。政府一旦发现，便会完善旧准则、制定新准则加以防范，政府和市场主体随即展开新一轮的社会博弈。一轮博弈结束后，会计准则达到了暂时的纳什均衡状态，但随着社会经济环境的发展和变迁，旧的准则规范无法涵盖新的会计业务，出现漏洞，再次引发政府和市场主体之间的博弈，其结果是达到新的纳什均衡。经过多次博弈之后，会计准则不断得到发展和完善，社会公认程度日益提高，纳什均衡点由低层次向高层次逐步递进，最终趋向帕累托最优状态。

因此，本书认为，包括会计准则在内的会计政策选择过程是一个社会博弈过程，是一个能够促进社会福利最大化的帕累托最优，即企业的会计政策受会计准则的约束。会计准则作为一个合约，其制定不再是纯技术性的，而是各利益方多次博弈的结果，是一种不完全的合约。这就为企业进行会计政策选择提供了可能。

四、用供给需求理论分析会计政策选择

将会计信息当作公共物品，可以对其需求和供给进行分析。在会计信息市场中，交易对象是会计信息。会计信息的需求方是会计信息的使用者（现有股东、潜在股东、债权人、政府及一些中介机构等），在不完全竞争市场中，会计信息的供给方是企业管理当局。

从会计信息的供给方来说，在现代企业制度下，所有权和经营权分离，所有者权力不断弱化，经营者地位不断上升。管理当局成为企业事实上（或大部分）的控制者，他们控制了企业的一切（或大部分）经营活动，包括会计政策选择。由于不存在会计信息的其他来源，或即使存在也不为信息使用者所用，导致会计信息的提供被企业管理当局垄断。由于企业管理当局是会计信息市场中会计信息的垄断提供者，他们为了抬高会计信息的市场价格（在证券市场上，

会计信息的价格包含在证券价格中），会在会计准则允许的范围内选择对其最为有利的会计政策。此时，企业管理当局利用其独特的垄断地位实现了利润的最大化，而不是社会效益的最大化。

从会计信息的需求方来说，在资本市场发达的国家，单个居民作为投资的主力，与其说是在进行投资，不如说是在投机；与其说是为了分得红利，不如说是为了赚取买卖价差。他们关心的是股市行情，而不是企业的财务状况，他们对会计信息的内在需求不足。在我国，国有企业无论是规模还是数量，所占比重都非常大。由于所有者缺位、所有权虚化，作为国有企业会计信息最大使用者的国家，根本就没有会计信息需求的内在动力，或者说这种动力很小。就一些个人和机构投资者来说，其数量有限，职业水平不高，许多投资者对会计信息没有较深的理解，甚至根本看不懂会计报表。

由于会计信息使用者不成熟和对会计信息需求的内在动力较少，他们对会计信息的供给影响极小。从会计信息供需双方的联系来看，我国资本市场发展起步较晚，还不完善。相对投资者手中的货币而言，资本需求者（上市公司）数量很少，两者之间的矛盾十分激烈，竞争受到很大的限制，会计信息的需求方因盲目追求投资机会，使会计信息的需求严重不足。

总之，这些理论从不同角度解释了企业为什么拥有会计政策选择权。概括而言，现代企业（组织）理论认为在市场经济中，企业并非独立存在的主体，它只不过是一种若干契约的结合，且这些契约是建立在会计数据基础之上的。但由于契约自身的特点，导致企业必然拥有会计政策选择权。公共选择理论和管制理论认为，会计信息是一种典型的公共物品，必须由政府通过制定会计准则对会计信息的供给进行强制性管理。政府也是具有自身利益的经济人。因此，政府会放宽准则中对一些经济业务事项的会计处理限定。博弈论认为，是由于会计准则制定者的有限理性导致准则的不完全性，从而引发政府和市场主体的多次社会博弈。供给需求理论认为在会计信息市场上，会计信息的供给方垄断控制了会计信息的供给，会计信息的需求方对会计信息的内在需求不足，供需的力量对比及矛盾都为企业进行会计政策选择留下了空间和可能。

第二章　上市公司的财务管理

第一节　上市公司的利害关系与主要矛盾

一、权益概念

关于"股东财富最大化"这个概念，有以下理解方式。有人认为"股东财富最大化"就是公司利润最大化，然而在这一目标下，公司可以将增发新股和配股所募集的资金投到国债上，照样能使利润总额呈现持续增长的态势。但是，这往往伴随着每股收益的下降。因而，又有人提出以公司每股收益最大化为目标，但是以每股收益最大化为公司的基本目标存在三方面的问题。一是它没有考虑预期回报发生的时点或期间。二是它没有考虑风险，每股收益相同的两家公司也许面临的经营和财务风险是不同的。三是它没有考虑股利政策对股票价格的影响，也没有考虑即使每股收益相同的两家公司，由于股票价格的不同，实际对投资者意味着不同的投资收益率。看来，以股票的价格来计量股东财富，并使公司市场价值最大化是表达"股东财富最大化"的最好方式。因为从中长期看，公司股票的市场价格是由其基本面（包括成长性、盈利水平和稳健的财务状况等）决定的，是公司经营管理水平的综合反映。本书将采用这一"股东财富最大化"的表达方式。

二、利害关系人概念

一家上市公司不仅与其股东发生利害关系，还与公司内外的其他利害关系人产生联系，包括公司的供应商、商业银行债权人、顾客、雇员、政府、消费者保护协会、环保组织等。因此，上市公司不可能在完全不顾其他利害关系集团的利益，甚至侵害其他人利益的情况下达到自身所谓的"股东财富最大化"。

比如，长期拖欠供应商的款项、侵害雇员的利益、提供顾客质次价高的产品和污染环境等。公司这样做也许会在短期内获益，但从长期看，公司将为此付出代价——法院会要求其赔偿供应商和雇员的损失，政府环保机构会下令其停止生产，被消费者协会要求其对顾客做出赔偿，等等。

因此，利害关系人概念的拥护者认为，公司"股东财富最大化"的目标在现实中不得不被修正，公司经营的目标应是令各方满意的略小于理论最大化的目标。

我国上市公司目前的现实是"内部人控制"① 较为普遍，大股东通过关联交易侵害其他股东利益的现象时有发生。我们强调公司的基本目标就是为其所有股东实现"财富最大化"这一点仍是十分必要的，这一"股东财富最大化"的目标将受到经济环境、社会环境、法律处境和身处其中的其他利害关系人因素的制约。

三、上市公司当前主要内部矛盾

中国证券市场上存在的问题有很多，本文主要分析大股东与小股东的利益矛盾问题。

（一）大股东的出现引起内部矛盾的转移

当今国际上的上市公司的内部治理大致可分为两种类型：一种是股权高度分散型；另一种是股权相对集中型，实施一个大股东监督。

我国上市公司实行的是大股东监督制。大股东的存在对经理人员来说是一种威慑，使他们不敢过分偏离股东利益，更不可能搞"内部人控制"。但是，股份的过分集中会引起另一种矛盾，会导致控股股东即大股东对其他中小股东发生侵害行为，形成大股东与中小股东之间的矛盾。

（二）大股东几种组合的理论分析

为了便于分析，先设两个假定：一是不考虑持股人，即大股东之间的性质差别以及体制因素（法律因素、政策因素和文化因素）对股东组合的影响；二是假定股东之间是非合作博弈不考虑，且这两个大股东股权不完全一样，股东之间不存在串谋问题。在此假定下，大股东有着第一和第二之分，股东组合可以有以下几种情况。

---

① 　内部人控制（Insider Control）是在现代企业中所有权与经营权（控制权）相分离的前提下形成的，由于所有者与经营者利益的不一致，导致经营者控制公司，即"内部人控制"的现象。

1. 一个公司只有一个大股东，其他都是分散的小股东

这种大股东持股的比例可以直接决定董事会的构成和对高层管理人员的任命。一个大股东的好处在于责任明确、监督有力，在股权分散的情况下，管理层与股东之间的代理问题得到解决。但是，有了大股东会产生另一副作用。在"一股一票制"的制度下，大股东可以凭借其在投票权上的优势，牺牲其他股东特别是小股东的利益，获取比其所持股份相应资本收益更大的额外收益。

2. 一个上市公司有两个大股东

这两个大股东股权虽并不完全一样，有着第一和第二之分，但是两者有着差不多的话语权和控制权。可以分为两个大股东的公司，关键是看第二大股东的作为，有两种情况。一种是第二大股东虽然不完全服从第一大股东，但最后还是跟随第一大股东的行动，与第一大股东分享或者竞争公司控制权收益。另一种是第二大股东以保护中小股东利益的名义，敢于与第一大股东"叫板"，实质上也想控制上市公司。在客观上成了第一大股东掠夺中小股东利益的"绊脚石"，这对保护中小股东的利益无疑是有利的。但是，如果第二大股东取代了第一大股东的位置，中小股东仍将受掠夺之苦。

3. 一个上市公司有五六个大股东

大股东相对增加，对保护中小股东的利益较为有利。这是因为第一大股东的增多，意味着公司控制权相对分散，产生的"控制权收益"会减少甚至没有了，这对中小股东是有利的。第二大股东的增多会打破一股独大的局面，有利于加强民主氛围，有利于遏制垄断式的独断专行。第三大股东的增多从股权占有关系上缩短了与中小股东的距离，这有利于间接或直接地反映中小股东的利益。但是，万事皆有一个度。大股东适当增加，对中小股东有利，但绝不是说大股东越多越好。超过了一定的度，就等于没有了大股东，这又会回到股权高度分散、受经理人"内部人控制"的老路中去。

四、上市公司损害小股东利益的主要手段

（一）大股东占款的负面影响

通过长期占款损害小股东利益。大股东利用对董事会的操纵，长期大量占用资金挪作他用，这是大股东侵犯小股东利益的主要手段之一。大股东的占款会严重削弱上市公司的独立性和资产质量，给公司经营带来巨大的风险，对公司业绩产生极大的负面影响，从而损害小股东的利益。

（二）不同的融资

通过疯狂融资损害小股东的利益。在我国上市公司中，大股东损害小股东利益的又一种手段是"疯狂融资"——已致使中国资本市场被冠以"圈钱市场"的恶名。在市场建立初期，上市公司融资受计划控制。这种做法由于行政化色彩过于浓厚，受到市场吹捧者的严厉批评。再加上有些省市的有关部门滥用行政权力，徇私舞弊，批评之声就更高了。此后，计划控制就被市场化所取代。

所谓"市场化"是指上市公司的再融资决定权可由上市公司自己做出定价，不再受公司盈利能力的制约而是由市场决定，这种制度安排被称之为完全的"市场化"。按"市场化"办事，即只要市场能够接受上市公司融最多的资亦即发行最多的股份，上市公司定出最高的发行价是无可非议的。这种谬论使上市公司的"恶意圈钱"[①] 行为有了合理的制度保障，导致在中国资本市场上掀起了一波又一波的"圈钱高潮"。

（三）高管的高薪酬

通过"厚脸高薪"损害小股东的利益。上市公司高管，可以而且应该有高薪。因为他们的劳动既是复杂劳动又是风险劳动，所得薪酬应该是公司员工的倍加。但是，这种高薪应该取之有道。如果奉行的是"我就拿高薪看你们怎么办！我行我素"的原则。这种情况虽不能说无耻，但确实属于"厚脸"了。

上市公司高管的薪酬要取之有道，至少要兼顾三方面的利益：一是对国家负责，为国家尽力创造税收。二是对小股东和股民负责，给投资者以应有的回报。三是对企业员工负责。公司取得的业绩离不开广大职工做出的贡献，因此应付给他们一定的报酬。如果上市公司的高管们能兼顾这三方面的利益，把自己的薪酬建立在正确处理与这三方面关系的基础上，那么即使高管们的薪酬很高也是合理的。当前矛盾的突出表现就是股民长期不分红，有些高管们厚着脸皮年年拿高薪。

五、上市公司矛盾治理的主要措施

（一）改造现行公司治理结构抑制大股东"无限权力"

在上市公司中，我国实行的是"一股一票"制，这一制度无可避免地会形

---

① 所谓的"圈钱"，简单地讲，就是把不属于自己的钱，通过某些貌似合法的手段放到自己口袋中。这种行为在方式上和传统违法犯罪中的盗窃、抢劫、诈骗存在明显区别，因此业界将它们统称为"圈钱"。此外，还可以指通过推出广受欢迎的产品或进行有效活动来取得大量盈利的成功营销手段，而非违法犯罪行为。

成大股东专政制。从董事会经理层人员到监事会人员几乎全由大股东圈定。在这种治理结构下，必然只有大股东的"放火权"，没有小股东的"点灯权"。能考虑小股东利益是大股东的理性表现，但这只是少数的、偶然的现象。通过损害小股东的利益，谋取大股东的私利，是普遍的、必然的现象。

笔者以为，须通过改造现时公司治理结构来改变这种状况。所谓"改造现时公司治理结构"是指通过立法在公司治理结构中，人选的权力以"一股一票"为主兼顾一人一票，使小股东中有一些代表能参与治理，其比例一般不低于1/3。有了小股东代表的参加，大股东就不可能一手遮天，为所欲为了，这样就使小股东的利益从组织体制中得到了保障。

（二）强化信息披露制度抑制大股东"长期占资"

大股东长期占资侵犯和损害小股东利益是当前大小股东利益关系中的一个突出问题。为使股民们能更快、更早地发现问题，须强化信息披露制度。良好和完善的信息披露制度可以使股民们（小股东）较充分地了解大股东的资金占用和内部的关联交易等行为，使股民们能对资金占用、关联交易的真实内容做出判断，决定投资还是撤资，从而保护自身利益并使控股股东即大股东对做出损害小股东的行为有所顾忌，起到抑制的作用。其一，应加强对上市公司资金占用和关联交易的信息披露。信息披露不但要求公开、完整、真实，而且应当具有时效性，即信息披露应当及时。其二，进一步完善资金占用和关联交易的报告制度。强化信息披露制度，包括信息披露的及时性、针对性、真实性、完整性和有效性等方面，这是保护小股东利益的重要手段。每个小股东都应敢于和善于拿起法律武器维护自己的利益，监督大股东的行为。

（三）建立融资新法规抑制大股东"恶意圈钱"

据报道，美国证券市场有关法规规定，上市公司挂牌交易后，要等18年后才有资格进行再融资，甚至规定"只有投资者持有该公司股票的投资回报大于其投入的资金才有资格进行再融资"。为了杜绝我国上市公司中存在的"圈钱"行为，防止有些上市公司把股市当成"唐僧肉"，把股民当成"取款机"，为了从根本上堵住再融资中吞食股民资金这个黑洞，亟须对再融资立法。最根本的法则须有二条：

1. 规定上市公司上市后再融资的年限

关于上市公司上市后再融资的年限，美国为18年，我国可少几年但最低不能少于10年。为什么不能少于10年？这是因为要融资的企业应该是有效益和有发展前途的企业。10年作为一个生产周期，大致可以看出企业发展的内部机制和外部发展的趋势，特别是可以看出企业的领导能力、管理水平和盈利能力。需要再融资的企业应该是领导水平、管理体制、技术装备、盈利能力等都比较优秀的企业，否则就没有资格再融资。绝不能把股民的血汗钱让那些管理无方、挥霍有道的人拿去任意享用。

2. 规定第二次再融资投资回报率

美国规定回报要大于股民投资，我国可以稍微放低一些，可以不大于、或等于股民的投资额，至少不低于股民投资的 80%，少于这个比例，政府有关监督部门不应予以批准。在正常情况下，股民投资回报率应是银行利息率的倍加，至少不能低于一倍。投资回报率低于银行利息率的公司根本没有融资的资格。这一条要作为铁的规定雷打不动。

（四）实行分配"三挂钩"抑制大股东"厚脸薪酬"

这里所说的"大股东"不仅是股权的所有者，还包括股权的代理人和处于公司高层的管理者们。因为他们会捆绑在一起共同对付小股东。抑制高管们的"厚脸薪酬"必须实行三挂钩：

第一，薪酬增长必须与公司效益增长挂钩，高管合理的薪酬应建立在公司效益的基础上。高效益可以取得高薪酬，低效益只能取得低薪酬。一般来说，薪酬的增幅应低于效益的增幅。这样公司才有积累、扩大、再生产的能力。上市公司的效益怎么看？有人认为看市值，公司股票的市值高就表明公司的效益好。其实，影响股票市值的因素有许多，最可靠的应是看公司的实际资产增值率和资本利润率。如果高管年薪的增幅与公司效益的增幅是一致的，便是取之有理。反之，即取之无道。

第二，薪酬增长必须与个人贡献增长挂钩。公司效益的提高是多种因素作用的结果，有公司内部的因素，也有公司外部的因素。从公司内部来说，有工程技术人员的作用、营销管理人员的作用等。高管们在其中起了多大的作用是因人而异的，有的高管作用很大，有的高管作用很小，有的甚至不起作用。因此，公司效益的提高，不能全记在高管们的头上不做分析。由此可见，凡是个人贡献与年薪增幅相一致的，便是取之有理。反之，就是取之无道。

第三，薪酬增长必须与股东回报挂钩。上市公司高管现行薪酬增长的体制，是由公司薪酬委员会讨论决定的，而薪酬委员会人员的组成大多由董事会提名。这就存有两大问题。一是命运的利益体。薪酬委员会的成员既然由董事会决定，委员如要反对高管年薪的增长就有被免职的危险。二是经济的利益体。高管年薪的增长意味着薪酬委员中的人员也有所增长，只不过高管们增长得多些，他们增加得少些罢了。如果薪酬委员反对高管年薪的增长，实际上也就是反对自己年薪的增长。因此，要使高管们的薪酬增长有理，现行的体制必须改革。薪酬委员会必须吸收外面的股东参加。这些股东与公司的薪酬毫无关系，既不拿工资也不拿奖金，这样才能秉公办事。

第二节　上市公司财务管理的作用

一、财务活动与财务关系

（一）财务活动

财务活动是指资金的筹集、运用、耗资、收回及分配等一系列行为。其中，筹资活动是资金运动的前提，投资活动是资金运动的关键，分配活动是作为投资成果进行的，体现了企业投资与筹资的目标要求。

（二）财务关系

企业的财务活动是以企业为主体进行的。企业作为法人，在组织财务活动过程中，必然会与企业内外部有关各方发生广泛的经济利益关系，即企业的财务关系。企业的财务关系可概括为以下几个方面。

1. 企业与国家行政管理者（政府）之间的财务关系

政府作为行政管理者，担负着维护社会正常秩序、保卫国家安全、组织和管理社会活动等任务。为完成这一任务，政府必然无偿参与企业利润的分配。企业必须按照国家税法规定缴纳各种税款。这种关系体现为一种强制和无偿的分配关系。

2. 企业与投资者之间的财务关系

企业与投资者之间的财务关系主要是指企业的所有者向企业投入资本形成的所有权关系。企业的所有者主要有国家、个人和法人单位，具体表现为独资、控股和参股关系。企业作为独立的经营实体，独立经营，自负盈亏，实现所有者资本的保值与增值。所有者以出资人的身份参与企业税后利润的分配，体现为所有权性质的投资与受资的关系。企业作为独立的经营实体，独立经营，自负盈亏，实现所有者资本的保值与增值。所有者以出资人的身份参与企业税后利润的分配，体现为所有权性质的投资与受资的关系。

3. 企业与债权人之间的财务关系

企业与债权人之间的财务关系主要是指债权人向企业贷放资金，企业按借款合同的规定按时支付利息和归还本金所形成的经济关系。企业的债权人主要有金融机构、企业和个人。企业除利用权益资金进行经营活动外，还要借入一定数量的资金，用于扩大企业的经营规模，降低资金成本。企业同债权人的财务关系在性质上属于债务与债权关系。在这种关系中，债权人不像资本投资者那样有权直接参与企业的经营管理，对企业的重大活动不享有表决权，也不参与剩余收益的分配，但在企业破产清算时享有优先求偿权。因此，债权人投资的风险相对较小，收益也较低。

4. 企业与受资者之间的财务关系

业与受资者之间的财务关系主要是指企业以购买股票或直接投资的形式向其他企业投资所形成的经济关系。随着市场经济的不断深入发展，企业经营规模和经营范围的不断扩大，这种关系将会越来越广泛。企业与受资者的财务关系体现为所有权性质的投资与受资的关系。企业向其他单位投资，依其出资额，可形成独资、控股和参股的情况，并根据其出资份额，参与受资者的重大决策和利润分配。企业投资的最终目的是取得收益，但预期收益能否实现存在一定的投资风险。投资风险大，要求的收益就高；反之，则低。

5. 企业与债务人之间的财务关系

企业与债务人之间的财务关系主要是指企业将资金以购买债券、提供借款或商业信用等形式出借给其他单位所形成的经济关系。企业将资金借出后，有权要求其债务人按约定的条件支付利息和归还本金。企业同债务人的关系体现为债权与债务关系。企业在提供信用的过程中，一方面产生直接的信用收入；另一方面也要承担相应的机会成本和坏账损失的风险。因此，企业必须考虑两者的对称性。

6. 企业内部各单位之间的财务关系

企业内部各单位之间的财务关系主要是指企业内部各单位之间在生产经营各环节中相互提供产品或劳务所形成的经济关系。在企业内部实行责任预算和责任考核与评价的情况下，企业内部各责任中心之间相互提供产品与劳务，应对内部转移价格进行核算。这种在企业内部形成的资金结算关系，体现了企业内部各单位之间的利益均衡。

7. 企业与职工之间的财务关系

企业与职工之间的财务关系主要是指企业在向职工支付劳动报酬过程中所形成的经济关系。职工是企业的劳动者，他们以自身提供的劳动作为参加企业分配的依据。企业根据劳动者的劳动情况，用其收入向职工支付工资、津贴和奖金，并按规定提取公益金等，体现了职工个人和集体在劳动成果上的分配关系。

二、什么是上市公司的财务管理

财务管理是企业组织财务活动、处理财务关系的一项综合性经济管理工作。

上市公司的财务管理是在股东财富最大化的目标下，对资产的购置、融资和管理。因此，财务管理的决策支持功能可以分成三个主要领域：投资决策支持、融资决策支持和资产管理决策支持。需要注意的是，财务管理的作用是指在上述方面的决策支持作用，并不能替代公司总经理的最终决策。

无论读者现在和今后是否在公司的财务管理部门任职，理解财务管理在公司中的作用是十分重要的。典型的上市公司组织结构及其财务管理部门的职能划分，如图 2-1 所示。

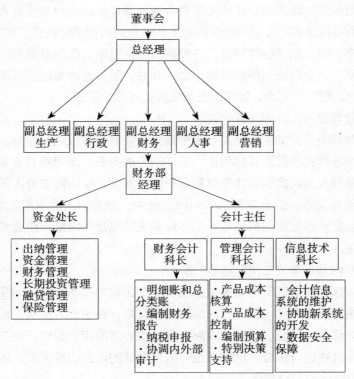

图 2-1　公司组织结构图中的财务管理

根据图 2-1，作为公司供、产、销、人、财等领导之一的财务副总经理对负责总经理报告工作，而财务副总经理直接管理财务部经理，财务部经理所领导的财务部门的工作被分成两部分：一部分由资金处处长负责，另一部分由会计主任负责。

资金处处长的职责是做出投资（固定资产购买、收购一家公司的股权、公司财产保险）、融资（与商业银行和投资银行的关系、支付股利）和资金管理（客户信用管理、现金头寸的安排）等方面的决策，给出支持意见，并在现金支出时按照核决权限签署审查或决策的意见。

会计主任负责内部报告（通过管理会计科长）和外部报告（通过财务会计科长）的编制，并对整个会计信息系统的开发和维护（通过本部门的信息技术科长）负责。

财务副总经理除对总经理直接负责外，还与其他副总经理一起通过会计主任负责内部报告（通过管理会计科长）和外部报告（通过财务会计科长）的编制，对整个会计信息系统的开发和维护（通过本部门的信息技术科长）负责，并对其他副总经理的计划与活动提出财务方面的意见。

财务管理的目标就是公司的基本目标——股东财富的最大化。换言之，财务经理关注的问题是如何最有效地运用公司资金并在适当的时间范围内获取最大收益。

三、如何完善财务管理体制

在日常管理工作中，财务管理是一个十分重要的内容，与保障企业的长期稳定与发展息息相关。随着时代的发展以及现代企业制度的不断完善，对财务管理工作提出了新的、更高的要求。当前，财务管理在控制和监督方面存在一定的不足，需要通过积极、有效的方式予以完善，以促进其发展。

（一）明确财务管理控制与监督的具体内容

在完善财务管理控制与监督体制时，要明确相关的具体内容。具体来看，首先，要对资产进行有效监控。经营过程中涉及多种资产，通过对各类资产进行监督和控制，可以有效控制资金流向，保证资产保值增值。其次，要加强对资金的监督。在日常经营中，要注意密切关注各项资金的使用情况，引导资金的合理流动，并积极预防和减少各种资金风险的出现。再次，加强财务报告监控。对财物管理情况进行阶段性的回顾和总结，形成完整的财物报告，并通过对报告内容的分析，及时了解财政状况以及阶段性的经营效果，发现问题并予以解决。最后，还要注意对财务管理工作人员的管理，引导广大财务人员增强学习意识，及时掌握发展变化情况，不断学习各种最新的规章制度，掌握更多财务方面的工作技能，以提高自己的工作水平，从而更好地胜任本职工作。

（二）优化法人治理结构，强化基础性监管

对于企业而言，其具有一定的法人治理结构。具体来看，主要包括四个方面，即资产所有权、董事会、监事会和经理层。在完善财务管理的控制与监督机制过程中，需要对法人治理结构进行梳理。在治理结构的不同组成部分中，不同人员的具体职务各不相同，互不兼容。只有保证不越级、不交叉管理，才能更好地发挥不同职务的自身职能，避免出现权力交叉、重合的情况。其中，董事会负责对财务进行决策与控制，对财务状况的影响极大。在现代经济发展过程中，要想维持长期稳定、快速发展的状态，需要拥有社会化独立董事以及专业化的执行董事。唯有如此，才能保证董事会维持科学、合理的运作状态，同时可以保障董事会的权利，使其对财务工作进行有效的监督。

（三）立足正常财务监督，强化经常性监控

首先，做好授权约束工作。按照实际情况，对财务工作进行明确的划分和授权。对授予的对象予以充分的信任，同时进行必要的授权约束。对授权范围以外的行为进行严格的约束。通过必要的授权约束，可以保证日常财务活动的职责更加分明，范围更加确定，进而保证各财务工作的规范性和合理性，为保障公司良性发展奠定良好的基础。其次，进行资本预算约束。在日常资金使用过程中，需要做好相应的预算工作，以便更好地对各种经济资源进行优化配置。通过资本预算约束，可以更好地对工作人员进行考核，及时发现问题，做到奖惩分明。最后，对财务运行情况进行约束。对于日常的财物运行工作予以密切的关注，及时了解资金使用情况和相应的运营成本，以及各种资产的负债情况等，并进行科学的约束和调控，进而从宏观角度实现对整个财务工作运营情况的掌握，维持财务工作的政策开展。

（四）加强绩效考核，完善阶段性监督

为了更客观地掌握财务工作的实际情况，需要进行必要的绩效考核。可以按照自身经营和发展情况以及财务工作运行状态，制定相应的考核周期，阶段性地进行绩效考核。在进行绩效考核的时候，要明确相应的财务绩效考核指标，对相关的目标任务进行细化，并强调重点量化指标，通过对财务工作人员工作情况的客观、全面考核，实现阶段性监督，从而及时发现一定时期内在财务工作方面取得的成绩以及存在的问题。对于出现问题的，应督促其及时进行改进，并加强引导，使好的工作行为得以强化和持续。另外，对于相应的绩效考核结果，要进行深入的分析，从中汲取经验，为财务工作的开展提供宝贵的参考经验。同时，引导广大财务人员客观认识绩效考核结果，针对绩效考核成绩不佳的情况，要深入分析原因，寻找有效的改进方法，进一步提高自身的工作水平。

（五）将信息技术融入财务管理监控体制

网络与各种新技术的不断发展，对各项管理工作产生了越来越大的影响。就目前的实际情况来看，在管理的不同环节，均越来越多地应用到各种信息技术。在财物管理过程中，也可以积极地利用各种信息技术，更好地完善财务管理的控制和监督体系。例如，在财务工作中，经常需要根据经营情况，制作各种凭证、记账、结账和报表出具等。传统的人工制作方式存在效率低下及容易出错等问题，使用信息技术，可以有效提高财务工作的效率和准确性。同时，将信息技术融入财物管理工作中，可以提供强大的技术支持，为工作人员面向管理参与决策提供了坚实的技术基础。此外，将信息技术应用于人力资源管理中，还有助于执行与优化人力资源管理的业务流程，大幅度提高人员的工作效率。例如，在对财务工作人员进行管理的时候，可以利用 ERP 管理系统等，及时掌握工作人员的工作情况，并进行有针对性的管理。

第三节　上市公司财务管理的影响因素

公司理财涉及的知识领域十分广泛，不仅需要财务管理学科的知识，还需要会计学、市场学和企业管理等其他方面的知识以及长期的实践经验的积累。唯有如此，在面对影响公司理财活动的错综复杂情况时才能游刃有余地处理。影响财务管理的四个主要因素是资本市场、资产估值、货币的时间价值和项目风险以及人际因素。

一、影响财务管理的主要因素

（一）资本市场

在 21 世纪，公司的发展完全依赖自身利润积累是十分困难的。资本市场一方面为公司发行公司债券和股票提供了高效的筹资渠道，另一方面为公司通过对其他上市公司的并购进行迅速扩张和发展提供了流通性很高的资金运用场所。上市公司在运用资本市场方面已经走到了所有企业的前面，但是这并不意味着上市公司的财务经理就不需要拓展和加深对资本市场的认识。

上市公司退出机制的建立、上市公司信息披露制度的逐步与国际接轨、上市公司对违规机构和个人处罚力度的加大等，都是中国股市正在发生质变的征兆，也是中国股市走向市场化和全球化的大势所趋。如果上市公司的财务经理不能清醒地认识到这一点，就不可能管好公司的财务，甚至还可能犯下严重的错误。

（二）资产估值

上市公司筹集到资金以后，需要将所筹集的资金合理使用以获取高于资金成本的回报。上市公司从资本市场上所筹集的资金主要有两个运用渠道：一是满足部分流动资金或营运资本的需要；二是进行项目投资以增强企业未来的市场竞争能力。项目投资包括固定资产的购建、收购其他企业、新产品和新技术的研究和开发、无形资产的购买、市场网络的建设等。为了保证投资获得效益，上市公司需要对拟投资的项目和资产进行价值评估，这需要多个学科的知识。对项目的市场可行性、技术可行性、组织可行性和财务可行性进行全面的评价，是一项复杂的工作。

（三）人际关系因素

上市公司理财活动涉及方方面面的人际关系。在筹资活动过程中，财务经理要与银行、证券公司、律师和注册会计师等打交道；在资产购置和管理活动过程中，财务经理要与公司内部各个部门如市场营销部门、采购部门、生产车间和财会部门的人员打交道。没有其他人员和机构的积极配合，财务经理不可能管理好公司的财务。因此，财务经理应该掌握人力资源管理方面的知识和技能，学会处理人际关系，确保公司的理财活动为股东利益最大化服务。

（四）货币的时间价值和项目风险 [①]

如果我们需要支付你 1 000 元的资金，你是愿意现在就拿到还是一年之后再拿？你当然想现在就拿到这笔钱。因为你在潜意识中至少考虑了两个问题。一是如果你现在能拿到 1 000 元钱，便可以将其存入银行或去买国债或进行其他的投资，这样一年后你可以获得利息或利润作为投资回报。二是你现在拿要比一年以后拿保险。你可能担心一年之中可能出现什么情况，导致你拿不到这 1 000 元现金。你考虑的第一个问题实际上就是货币的时间价值问题——今天的 1 元钱要比将来的 1 元钱有更大价值。你考虑的第二个问题实际上就是项目的风险问题——项目的时间越长，风险和不确定性就越大。由此看来，时间不但使不同时间产生的现金具有不同的价值，而且使不同期限项目的风险不同。

---

① 项目风险是指可能导致项目损失的不确定性，美国项目管理大师马克思·怀德曼将其定义为某一事件发生给项目目标带来不利影响的可能性。

二、金融政策、金融工具及市场利率对财务管理的影响

（一）金融政策的影响

企业需要资金从事投资和经营活动，资金的取得除自有资金外，主要从金融机构和金融市场取得，因此金融政策的变化必然影响企业的筹资、投资和资金运营活动。金融环境是企业最主要的环境因素。近年来，国家加大了金融体制的改革。中国工商银行、建设银行的股份制改造，国有商业银行不断发展壮大，金融资产管理公司体制的完善，等等，都给企业理财提供了更大的选择空间，但也带来了较大的风险。如何利用金融政策提高资金使用效益，给理财者提出了新的思路和要求。企业必须及时了解和把握金融政策的变化趋势，选择投融资的方式渠道、数量及机构。避免因决策失误带来风险。

（二）金融工具的影响

金融工具的出现为理财者进行专业判断提出了新的思考。金融工具作为在信用活动中产生的、证明债权债务关系并用以进行货币资金交易的合法凭证（具有期限性、流动性、风险性和收益性的特点），在日益活跃的市场中愈发频繁地被应用，特别是商业票据（主要指银行承兑汇票）作为远期支付票据被广泛地运用于日常商品交易结算中。对于其期限、流动性、风险性的判断等，将直接关系到企业资金的使用效益，必须进行合理的选择。因此，企业必须制定相应的收账政策，根据资金状况选择恰当的收付款方式，充分利用金融工具为企业创造价值。

（三）市场利率的影响

及时掌握和运用市场利率的变化规律，对增强理财意识具有重要的指导意义。随着我国利率市场化进程的推进，贷款利率已基本走向市场化，资金也有了更多、更大的逐利倾向，利用优势降低融资成本，利用金融政策提高投资效益，积极寻求委托理财，能够使企业闲置资产产生巨大的投资效益。因此，充分利用利率在资金分配及企业财务决策中的重要作用，适时对闲置资产进行优化配置，对加强财务管理具有重要的意义。

三、企业内部环境对财务管理的影响

企业内部管理环境作为企业理财环境的一个重要组成部分，对财务管理的影响不容忽视。企业内部会计控制制度建设、企业规范化管理、企业信息化建设以及企业劳动成果分配等，在很大程度上影响和制约着财务管理工作的开展。

（一）企业内部会计控制制度建设对财务管理的影响

内部控制是指企业为确保生产的安全、完整，为提高会计信息质量，确保有关法律法规和规章制度及单位的经营管理方针政策的贯彻执行，以及规避各种风险制定和实施的一系列控制方法、措施和程序，主要涉及货币资金、实物资产、对外投资、采购与付款、销售与收款、成本费用控制等内容。规范完整的内控制度，对明确岗位责任，形成良好的工作环境和秩序，强化内部经营决策的有效执行和信息沟通以及强化财务管理工作有着重要的影响。但是，随着企业改革的深入发展和新《企业会计制度》及《企业会计准则》的逐渐实施，现有的内部控制制度已不能适应新的形势和要求。企业应当结合实际建立健全内部控制体系，及时修订、完善和补充已形成的内部控制制度，否则将直接影响财务管理工作的加强和发展。

（二）企业规范化管理对财务管理的影响

企业规范化管理工作的好坏对财务会计的基础工作会产生重大的影响。企业在成长期最大的管理问题是规范化问题。管理上的不规范以及由此导致的行为失控，将使企业面临经营失败的巨大风险。同时，管理上的不规范会给会计基础工作带来严重影响。以企业基础管理中的定额管理、原始记录及计量管理为例。生产经营等环节的原始记录不健全、不规范，将导致财务会计的原始凭证不完善或不规范；定额制度不健全、定额标准不准确，将会导致计划管理、成本费用预算流于形式或不真实；计量误差或不准确，将致使财务预算及财务成果反映不真实，最终导致会计信息失真。因此，企业必须扎实加强以三大管理为基础的规范化管理工作，切实为财务会计核算提供真实可靠的信息，这对细化和强化企业财务管理工作至关重要。

（三）企业信息化建设对财务管理的影响

企业信息化建设影响会计电算化工作的发展进程。会计电算化[①]工作作为会计信息建设的重要组成部分以及企业内部一项系统工程，除受外部环境影响外，很大程度上受企业信息化建设的影响。企业基础管理工作薄弱，信息化进度缓慢，必将导致会计电算化工作进程缓慢。因此，企业应加快内部网络建设，加强人员工资、生产、供应、销售等环节的信息化建设。这些对促进企业电算化工作的开展意义重大。

---

① 会计电算化也叫计算机会计，是指以电子计算机为主体的信息技术在会计工作中的应用。具体而言，就是利用会计软件，用各种计算机设备替代手工完成的会计工作。会计电算化是以电子计算机为主的将当代电子技术和信息技术应用到会计实务中的简称，是一个应用电子计算机实现的会计信息系统。

（四）企业劳动成果分配对财务管理的影响

企业劳动成果的分配影响管理者积极性的发挥。随着改革的不断推进，劳动关系日益复杂。利益分配的不均衡，收入差距的不协调，很大程度上会影响劳动者的积极性。同时，企业职工更加关注企业的财务状况，全员参与理财活动的理念增强。因此，企业应当制定合理的分配政策，及时调整分配关系，切实保障职工的合法权益，最大限度地调动各方面的积极因素。

企业管理的中心工作是财务管理工作，财务管理工作的好坏很大程度上受到理财环境的制约。企业必须正确认识和处理好理财环境与财务管理的关系，只有实现财务活动在理财环境各因素作用下的协调平衡，企业才能生存和发展，才能实现财务管理的最终目标。

第四节　上市公司财务管理的环境分析

一、商业环境

在我国，有四种基本的商业组织形式：独资企业、合伙企业、有限责任公司和股份有限公司。上市公司属于股份有限公司。按《中华人民共和国公司法》规定，股份有限公司与有限责任公司相比，具有表2-1所示的特点。

表2-1　中国有限责任公司和股份有限公司基本特征的对比

公司性质	有限责任公司	股份有限公司
1. 股东人数限制	2～50	发起人5人以上；国有企业改制，可少于5人
2. 注册资本最低限额		1 000万元
3. 生产经营	50万元	
4. 商业批发	50万元	
5. 商业零售	50万元	
6. 科技开发、咨询服务	10万元	

公司性质	有限责任公司	股份有限公司
7. 出资方式	货币、实物、工业产权、非专利技术和土地使用权；工业产权、非专利技术作价金额≤注册资本的20%	货币、实物、工业产权、非专利技术和土地使用权；工业产权、非专利技术作价金额≤注册资本的20%
8. 责任程度	有限责任	有限责任
9. 设立方式	有限个数的出资人按事先商议的各自出资比例和金额出资	发起设立（发起人认购应发全部股份）或募集设立（发起人认购≥35%的股份，其余向社会公开募集）
10. 公积金提取比例	法定盈余公积金按税后利润的10%提取，当其达到注册资本的50%时，企业可不再提取；任意盈余公积金按股东大会决议提取；公益金按税后利润的5%～10%提取	法定盈余公积金按税后利润的10%提取，当其达到注册资本的50%时，企业可不再提取；任意盈余公积金按股东大会决议提取；公益金按税后利润的5%～10%提取
11. 盈余公积金的用途	弥补亏损或转增资本	弥补亏损或转增资本
12. 公益金的用途	企业职工集体福利设施	企业职工集体福利设施

根据表2-1，股份有限公司和有限责任公司的最显著的共同点是有限责任，即股东的责任仅限于其认购公司股票的金额。两者的其他共同特点：两类公司都按税后利润的10%提取法定盈余公积金；按税后利润的5%～10%提取公益金；盈余公积金均可用于弥补亏损或者转增股本。两类公司的不同之处在于，注册资本的最低限额要求和公司设立方式不同。

二、税收环境

一家企业作为独立的法人，应按国家税法的有关规定履行纳税义务。一家典型的制造企业承担的税赋包括增值税、房产税、企业所得税等。下面主要对企业所得税做一个简要介绍。

（一）企业应纳税所得额的计算

企业应纳税所得额为其每一纳税年度收入总额减去准予扣除项目后的余额。以公式表示：

应纳税所得额 = 收入总额 − 准予扣除项目

这里，收入总额包括生产、经营收入，财产转让收入，利息收入，租赁收入，特许权使用费收入，股息收入和其他收入。准予扣除项目是指与纳税人取得收入有关的成本、费用和损失。对于利息支出、职工工资、工会经费、福利费和教育经费、公益和救济性的捐赠等的扣除范围和标准如下：

第一，利息支出的可扣除金额为按照金融机构同类、同期贷款利率计算的数额以内的部分。

第二，职工工资按照计税工资扣除。计税工资是当地税务局允许扣除的工资，包括企业以各种形式支付给职工的基本工资、浮动工资、各类补贴、津贴、奖金等。

第三，职工的工会经费、福利费和教育经费分别按照计税工资总额的2％、14％和1.5％计算扣除。

第四，公益、救济性捐赠在年度应纳税所得额3％以内的部分，准予扣除。不得扣除的项目：资本性支出；无形资产受让、开发支出；违法经营的罚款和被没收财物的损失；各项税收的滞纳金、罚金和罚款；自然灾害或者意外事故损失有赔偿的部分；超过国家规定允许扣除的公益、救济性的捐赠，以及非公益、救济性的捐赠；各种赞助支出；与取得收入无关的其他各项支出。

（二）企业应纳所得税额的计算

企业应纳所得税额的计算可按以下公式：

应纳税额 = 应纳税所得额 × 税率

《中华人民共和国企业所得税暂行条例》第三条规定，所得税税率为33％。为了吸引投资，支持重点企业发展，各地区对部分上市公司实行所得税"先征后返"的优惠政策，即先按法定税率33％预缴，然后再按18％返还，这样企业所得税的实际税率仅为15％。这样做会产生"强者恒强"的效应，即企业盈利越多受益越多，效益持平或亏损的不受益。为做好我国加入世界贸易组织后的制度做准备，中华人民共和国财政部明确指出，上市公司企业所得税"先征后返"政策执行的最后期限为2001年12月31日，即从2002年1月1日起，除法律另有规定外，企业所得税一律按法定税率征收。对于跨年度清缴入库的2001年度上市公司企业所得税，可以在汇算清缴完成后于2002年办理"先征后返"手续。2001年，上市公司中报显示，1 133家A股上市公司中共有773家享受所得税优惠政策，占上市公司总数的68.2％，其中享受"先征后返"政策的约占31％。因此，届时将有近20％的上市公司受到此项政策变更的影响，它们的未来业绩持续增长受到了严峻挑战。

（三）企业亏损的抵补

《中华人民共和国企业所得税暂行条例》第十一条规定："纳税人发生年度亏损的，可以用下一纳税年度的所得弥补；下一纳税年度的所得不足弥补的，可以逐年延续弥补，但是延续弥补期最长不得超过五年。"

（四）固定资产的折旧和无形资产的摊销

在计算企业应纳税所得额时，企业应按照规定计算的固定资产折旧，准予扣除。有关固定资产提取折旧的依据和方法，《中华人民共和国企业所得税暂行条例实施细则》（以下简称《细则》）第三十一条规定："1.纳税人的固定资产，应当从投入使用月份的次月起计提折旧；停止使用的固定资产，应当从停止使用月份的次月起，停止计提折旧。2.固定资产在计算折旧前，应当估计残值，从固定资产原价中减除，残值比例在原价的5％以内，由企业自行确定；由于情况特殊，需调整残值比例的，应报主管税务机关备案。3.固定资产的折旧方法和折旧年限，按照国家有关规定执行。"

关于无形资产的摊销方法，该《细则》第三十三条规定："无形资产应当采取直线法摊销。受让或投资的无形资产，法律和合同或者企业申请书分别规定有效期限和受益期限的，按法定有效期限与合同或企业申请书中规定的受益年限孰短原则摊销；法律没有规定使用年限的，按照合同或者企业申请书的受益年限摊销；法律和合同或者企业申请书没有规定使用年限的，或者自行开发的无形资产，摊销期限不得少于10年。"

三、金融环境

（一）金融法律体系

我国目前初步形成了以《中华人民共和国中国人民银行法》《中华人民共和国商业银行法》《中华人民共和国证券法》《中华人民共和国保险法》等为核心的金融法律体系，奠定了金融机构依法经营和监管当局依法监管的基础。

（二）金融市场体系

我国当前的金融市场体系主要由货币市场、资本市场、期货市场、保险市场和外汇市场五个金融市场构成。其中，由中国人民银行监管的国有银行占

61％，股份制商业银行占 13.5％，城市信用社占 9％，外资银行占 1.6％，非银行金融机构占 9.7％，证券、保险分别占 3.4％和 1.8％。

货币市场目前以银行间债券市场、同业拆借市场、票据市场为主体，主要为金融机构之间短期资金头寸的融通服务，这些金融机构包括商业银行、保险公司、基金和证券公司。货币市场已经实现了利率的市场化。

相对于股票市场，我国目前的公司债券市场很不发达。20 世纪 90 年代初期，公司债券盛行一时，但是由于当时有关法律不完备，一些发行债券的公司不守信用以及某些券商在承销中未能勤勉尽职，出现了公司欺诈发行和债券到期无法偿还本金和利息的现象，严重影响了公司的信用，阻碍了债券市场的发展。公司债实际上是公司资本结构中的重要组成部分，上市公司要运用好财务杠杆提高股东的投资回报率。因此，近年来资本市场的立法机构、监管机构、金融研究人员、券商和上市公司又在积极推动债券市场发展，越来越多的上市公司开始注意将股票发行和债券发行相结合。

我国的保险市场目前主要由国家控股的财产保险公司和人寿保险公司占有。

期货市场由商品期货和金融期货两部分构成。我国目前的期货市场实际上仅有商品期货。20 世纪 90 年代初期和中期，我国的商品期货市场发展较快，但是当时市场参与者的主要目的不是利用商品期货作为基础商品价格波动的避险工具，而是利用商品期货做投机生意，并且市场中存在大量的操纵行为，甚至出现保险资金非法进入期货市场的事件，由此导致政府不得不加大了对期货市场的整顿力度，市场一度萎靡不振。近年来，恢复和发展期货市场的呼声渐高，商品期货市场又开始活跃起来。我国历史上曾经出现的金融期货品种是国债期货，但是由于 1995 年 2 月 23 日万国证券公司的违规操作，上海证券交易所宣布当时段的交易无效，场外协议平仓，最后万国证券公司亏损数十亿元。该事件被称为"327"国债期货风波事件，标志着国债期货市场的终结。目前，国内的一些证券研究机构正在为股指期货的推出进行理论研究和模拟市场实验。

我国外汇市场的状况如下：1994 年，人民币汇率并轨以后，中国实行了以市场供求关系为基础，单一的、有管理的浮动汇率制度，保持了人民币的长期稳定。1996 年 12 月实现了国际收支平衡表中经常项目下的人民币与外币之间的可兑换，但是对资本项目下的人民币与外币之间的兑换仍然实施严格的管制。到 2001 年 8 月，国家外汇储备已经超过 1 900 亿美元。近年来，政府对国内居民开放了仅允许外币和外币之间互相交易的现汇买卖市场。一些商业银行的国际业务部也开始为客户提供外汇风险对冲的工具和服务。目前已经形成了国内统一的外汇交易市场，2000 年，结售汇总量为 3 058 亿美元。国家外汇管理局统计数据显示，2020 年上半年，按美元计价，银行结汇 9 535 亿美元，售汇 8 749 亿美元，结售汇顺差 786 亿美元；按人民币计价，银行结汇 6.7 万亿元，售汇 6.1 万亿元，结售汇顺差 5 531 亿元。从银行代客涉外收付款数据看，按美元计价，银行代客涉外收入 19 066 亿美元，对外付款 19 045 亿美元，涉外收付款顺差 20 亿美元；按人民币计价，银行代客涉外收入 13.4 万亿元，对外付款 13.4 万亿元，涉外收付款顺差 156 亿元。

（三）监管体制

从 1998 年开始，国家建立了银行业、证券业、保险业分别由中国人民银行、中国证监会和中国保监会分业监管的体制。西方发达国家金融行业的发展趋势为混业经营。自中国加入世界贸易组织后，国内金融业为了提高竞争能力逐步向混合经营方向发展。2018 年 3 月，十三届全国人大一次会议表决通过了关于国务院机构改革方案的决定，设立中国银行保险监督管理委员会。2018 年 4 月 8 日上午，中国银行保险监督管理委员会正式挂牌，中国银行业监督管理委员会和中国保险监督管理委员会成为历史。

第三章 上市公司的资本结构

资本结构是指企业各种资金来源的构成及比例关系，可以影响企业的融资和经营。合理的资本结构是现代企业的管理目标之一，一直受到学界和实务界的关注。传统资本结构理论提出，每个企业都有一个最佳资本结构，在这个资本结构水平下，企业的价值最大。然而，实践中很多企业的负债水平低于理论预期水平，并没有实现传统理论预期的最佳资本结构。针对这个问题，近年来一些研究指出，企业维持低水平负债是为了保持财务弹性。

第一节 上市公司资本结构理论与公司价值

一、资本结构理论

企业可供选择的融资渠道多种多样，但不同的融资渠道及投资者所承担的风险、所获得的报酬不同对企业管理层会产生不同的影响和约束。因此，企业融资的主要任务就是选择适合本公司实际情况的融资安排，降低融资成本，减少外部市场对企业经营决策的约束，实现企业市场价值最大化的财务目标。与企业融资结构安排相对应，投资者的目的在于如何组合投资资产，使自己承受的风险最低，获得的预期回报最大。企业不同的融资选择会形成不同的融资结构。因此，企业融资结构选择的目的在于通过对各种融资方式与组合的成本、风险与收益的比较分析，确立最优的企业融资结构，从而达到公司融资成本最低而市场约束最小、市场价值最大的目标。

合理的资本结构对任何一个企业组织来说都是至关重要的。资本结构中的"资本"是指企业全部的资金来源，包括自有资金和负债。资本结构是指全部资本的构成，即自有资本和债务资本及其内部各部分之间的比例关系。资本结构是企业财务决策的核心，它对企业的市场价值和治理都很重要。资本结构是一个老话题，也是一个永远年轻的题目。资本结构理论是现代企业财务领域的核心部分，也是一个让很多人趋之若鹜却显得扑朔迷离的课题。早期关于企业资本结构的研究仅是对事实的简单陈述和一些零散观点，没有用典型的经济学方法和技术进行分析，更谈不上一个完整的理论体系。1958年，美国学者弗兰克·莫迪格莱尼（Franco Modigliani）与默顿·米勒（Mertor Miller）在《美国经济评论》上发表了具有划时代意义的《资本成本、企业财务和投资理论》，首次用市场均衡理论研究企业资本结构问题，提出了著名的MM理论①，为资本结构的研究开辟了先河，标志着现代资本结构理论的建立。此后，经过近50年的研究历程，人们对资本结构的认识已经取得了重大的理论突破。"谜"正在逐步被研究者揭开。纵观西方资本结构理论的演进历程，大致可划分为四个阶段：早期资本结构理论阶段（1958年以前）、现代资本结构理论阶段（1958年至20世纪70年代后期）、新资本结构理论阶段（20世纪70年代末至目前）和后资本结构理论阶段（20世纪80年代中期至目前）。②

二、早期资本结构理论

早期资本结构理论主要是指20世纪50年代之前的早期资本结构理论。早期的资本结构理论可以追溯到1946年，希克斯在著名的《价值与资本》专著中找到的资本结构踪迹。大卫·杜兰特（David Durand）在《企业债务和股东权益成本：趋势和计量问题》中把当时对资本结构的见解划分为三种：净收益理论、净营业收益理论和介于两者之间的传统折中理论。

（一）净收益理论

该理论是建立在如下假设基础之上的：①投资者对企业的期望报酬率 K_s（股东资本成本）是固定不变的。②企业能以固定利率 K_d 无限额融资。因为 K_s 和 K_d 固定不变，且 $K_d < K_s$，企业可以多多举债。③根据加权平均资本成本公式，即 $WACC = W_d K_d (1-T) + W_s K_s$，随着债务增加，加权平均资本成本渐趋下降，当债务融资达到100％时，加权平均资本成本最低。因此，该理论认为企业利用债务融资总是有利的，可以降低企业的综合资本成本。这是因为债务资金在企业全部资本中所占的比重越大，综合资本成本越接近债务成本。由于债务成本一般较低，所以负债程度越高，综合资本成本越低，企业价值越大。当

---

① 莫迪尼亚尼－米勒定理，由经济学家弗兰克·莫迪格莱尼和默顿·米勒提出，它是现代资本结构理论的基础。

② 赵运通. 上市公司财务分析 [M]. 北京：企业管理出版社，2011.

负债比率达到 100％ 时，企业价值将达到最大。不过，该理论假设在实际中很难成立。首先，债务资本的增加意味着财务风险增大，作为理性人的股东会要求增加报酬率 K_s。其次，由于债务增加，债权人的债券保障程度下降，风险增大，K_d 也会增加。这是一种极端的资本结构理论观点，虽然考虑了财务杠杆利益，但是忽略了财务风险。

（二）净营业收益理论

该理论认为，不论财务杠杆如何变化，企业加权平均资本成本都是固定的，因而企业的总价值是固定不变的。这是因为企业利用财务杠杆增加负债比例时，虽然负债资本成本较之股本成本低，但由于负债加大了权益资本的风险，权益成本上升，加权平均资本成本不会因负债比率的提高而降低，而是维持不变。因此，企业无法利用财务杠杆改变加权平均资本成本，也无法通过改变资本结构提高企业价值，资本结构与企业价值无关，决定企业价值的应是其营业收益。

净营业收益理论隐含这样的假设，即负债的资本成本不变，股票的资本成本会随负债的增加而上升，同时认为负债的资本成本小于股票的资本成本，结果使加权平均资本成本不变。按照这种理论推论，不存在最佳资本结构，融资决策也就无关紧要。可见，净营业收益理论和净收益理论是完全相反的两种理论。

（三）传统折中理论

传统折中理论（the traditional theory）是 1952 年美国经济学家大卫·杜兰特（David Durand）在《企业债务和股东权益成本：趋势和计量问题》中提出的，是介于净收益理论和净营业收益理论之间的一种折中理论。

该理论认为，企业利用财务杠杆尽管会导致权益成本的上升，但在一定程度内不会完全抵消利用成本率低的债务所获得的好处，因此会使加权平均资本成本下降，企业总价值上升。但是，超过一定程度地利用财务杠杆，权益成本的上升就不再能为债务的低成本所抵消，加权平均资本成本便会上升。以后，债务成本也会上升，它和权益成本的上升共同作用使加权平均资本成本上升加快。这样，加权平均资本成本线呈现 U 型结构，加权平均资本成本从下降变为上升的转折点，是加权平均资本成本的最低点，这时的负债比率就是企业的最佳资本结构。

三、新资本结构理论

自 MM 理论诞生以来，经济学界在此基础上不断进行创新与发展，从一些新的视角对企业资本结构问题进行了探索和研究，产生了许多新观点和看法。

根据含税条件下的 MM 定理，企业的负债水平越高，其价值就越大，权益的回报率就越高。以此推论，对每一个追求企业及股东价值最大化的企业，其最优的资本结构自然是 100% 的负债。但是，现实情况并非如此，没有一个公司采用 100% 负债的资本结构。理论和现实的悖论使人们对 MM 定理的正确性产生了怀疑。在 MM 定理之后，又有很多学者将现实中的其他因素纳入公司资本结构决策的考虑范畴中，不断修正和完善了 MM 定理。这些研究成果如下。

（一）财务困境成本与静态权衡理论

20 世纪 70 年代，在放松了"无交易成本"的假设后，罗比切克（Robicheck）和梅耶斯（Mvers）引入了"财务困境成本"和"代理成本"的概念，提出了"静态权衡理论"。该理论认为，财务杠杆的提高一方面会带来节税效应，另一方面会带来一些成本，其中最重要的就是财务困境成本和代理成本。财务困境成本和代理成本的存在，使得企业的债务运用受到了限制，企业必须权衡债务的税盾价值和财务困境成本及代理成本的综合影响来决定资本结构。

（二）权益代理成本与自由现金流理论

静态权衡理论只考虑了债务代理成本，而忽略了另一种重要的代理成本——权益代理成本，即新的权益的发行稀释了拥有权益的管理者的所有权，增加了管理者浪费企业资源的动机，如偷懒、追求额外补贴以及滥投资。企业自由现金流充足为管理者的利己行为提供了机会，因为他们能支配的资源增加了。债务融资有还本付息的压力，可以减少企业的自由现金流，从而减少管理者浪费资源的机会。

（三）信息不对称与优序融资理论

1984 年，梅耶斯的《资本结构之谜》将信息不对称问题引入资本结构的研究，提出了优序融资理论。在企业的内部人（经营管理人员）和外部人之间存在着信息不对称，经营管理人员往往比外部人更了解企业的经营现状和前景，外部人一般通过经营管理人员的行为所传递的信号来判断企业的经营状况。从经营管理人员的角度考虑，只有当权益被高估时才发行权益，以赚取发行溢价，当权益被低估时则会发行债务。外部人了解经营管理人员的这种想法。于是，当公司发行权益时，外部人马上意识到公司的权益被高估了，在权益价值下跌到足以抵消权益发行的利益之前，投资人将不予购买。事实上，只有最大限度被高估的公司才具有发行权益的动机。因此，当公司发行权益时，其权益价值会下降。对于债券，存在着类似的问题。管理者要避免外源融资的错误定价给公司带来的损失，一种办法就是从留存收益中筹措项目资金。但是，当公司的内源融资不足以支持项目必须采用外源融资时，相对于发行权益，公司债务仍具有较小的风险。而且，相对于权益而言，债券的定价往往更为客观，错误估价的可能性也更小。因此，优序融资理论的法则为首选内部融资，如果需要外部融，应先发行最稳健的债券，即企业的优先融资顺序为"内部融资—债务融资—股权融资"。

四、资本结构与公司价值

资本结构对公司价值的影响是一个古老而永恒的课题。税收理论认为，负债能够避税，因而能提高公司价值到信号理论认为，负债能给市场传递一个公司质量高的信号；代理理论认为，负债可以减轻（也可以加重）代理成本；权衡理论认为公司会在负债的正向作用和负向作用中找到一个平衡，实现负债贡献最大。这些都显示了负债的影响。权衡理论考虑了负债的积极作用和消极作用，最终提出最佳资本结构。在这个负债水平上，负债的正负作用的边际贡献相抵，公司价值最大。

尽管对最佳资本结构的存在存有争议，对如果最佳资本结构存在该如何测定也有不同的看法，但是权衡理论和最佳资本结构通过了很多实证的检验。在最佳资本结构的研究方面，很多文献对公司资本结构进行了分析，如资本结构与行业的相关性，不同行业公司具有不同的资本结构。我国对资本结构和公司价值之间关系的研究有很多，但是这些实证研究都没有表明在最佳资本结构下公司的价值最大，这也是权衡理论受到质疑的原因之一。

关于资本结构与公司价值之间关系的研究，其研究结果分为两类：一类是资产负债率与企业价值负相关，随着资产负债率的升高，企业价值下降；另一类是资产负债率与企业价值不是负相关关系，或者其影响不是线性的。

一些研究认为，资本结构和公司价值之间是负相关。吕长江和韩慧博采用逐步回归的方法，考察了企业获利能力等指标对企业资本结构（资产负债率）的影响，得出负债率与企业的获利能力呈负相关的结论。胡援成（2002）发现，总体而言，工业部门资产负债率或者说负债水平与企业经济效益存在较强的相关关系，而且是负相关关系。资产负债率或负债水平与资金占用和使用效率以及债务期限的相关关系不显著，或者只有微弱相关。他还发现，经济效益越好的公司，资产负债率与企业经济效益的相关性表现得越强烈；反之，经济效益越差，相关性则越弱。正常情况下，资产负债率与经济效益呈负相关关系。在非正常情况下，资产负债率与经济效益的相互关系不明确。肖作平通过建立资本结构与公司绩效的联立方程，应用三阶最小二乘法估计方程，拓展了已有的研究。实证结果显示，在控制相关变量下，资本结构与公司绩效存在互动关系，财务杠杆与公司绩效呈负相关。于东智以总资产收益率和主营业务利润率为衡量公司业绩的指标，将资产负债率、行业、公司种类、年度作为解释变量进行回归分析，得出负债比例与公司绩效指标之间呈显著负相关的结论。何平、陈守东和于天琪考察了我国上市公司资本结构对公司业绩的影响，采用 Granger 因果检验方法明确了资本结构与公司业绩的关系，证实了资本结构影响公司业绩。同时，通过多元回归的方法考察了资本结构对公司业绩的影响，结果表明：资本结构与公司业绩为负相关；无息债务与公司业绩为正相关，但相关性不显著；有息债务与公司业绩为负相关；短期借款、长期借款与公司业绩为负相关，且长期借款对公司业绩的负影响更大。

另有一些研究认为，资本结构与企业价值的关系不是负面的，而是正面的。还有研究认为，其不是简单的线性关系，而是 U 型关系。陆正飞和赵蔚松认为，北京上市公司与上海上市公司的收益率水平随着资产负债率的增加会出现先增后减的趋势。当资产负债率在某个水平之下时，收益率均值可以达到一个比较令人满意的程度；当资产负债率超过某个水平时，收益率均值则陡减；当资产负债率超过一个水平时，收益率为负值，呈现极端恶劣的形态。闫达玉、更坚信与刘文鹏认为，作为外部股权融资的配股是我国上市公司再融资的首选方式。当企业财务状况良好，没有财务危机的威胁，且存在充分的偿债能力时，在继续举债的情况下，企业可以进一步充分利用负债的税收屏蔽效益，减少所得税费用，所以收益率会随负债水平的增加而增加。虽然深圳上市公司的负债率水平与上海上市公司很接近，但深圳上市公司普遍经营效率不高，大部分公司的负债率已达上限水平，负债已成为这些公司的负担，进一步举债只能增加企业的财务成本。沈坤荣和张成发现，长期负债对企业成长（积累资本、提高生产率）有好处，短期负债会带来负面影响。股权融资尚未发现有影响。刘坤通过对我国沪市 662 家仅发行 A 股的上市公司进行实证研究发现，通过提高资产负债率，公司的价值可以提高。吕长江、金超和韩慧博（2007）选取了1997 年、2004 年深沪两市 610 家上市公司组成平衡面板数据作为研究对象，建立联立方程。实证结果表明，资本结构、管理者利益侵占与公司业绩三者之间存在相互影响的关系。资本结构对管理者利益侵占行为产生显著的正向影响，这表明负债融资不能抑制管理者的利益侵占行为。资本结构对公司业绩的影响是非线性的，存在倒 U 型的相关关系，这一结果支持动态权衡理论，证实了目标资本结构的存在。同时，管理者利益侵占会对公司业绩产生显著的负向影响。

罗琦和张标基于我国上市公司 2003—2010 年平衡面板数据，采用面板平滑转换回归模型对公司价值与资本结构之间的关系进行了研究。研究结果表明，公司价值与资本结构之间因成长机会不同而呈现非线性关系。在成长机会较低的情况下，公司价值与资本结构呈正相关关系。随着成长机会的增加，这种正相关关系逐渐减弱。当成长机会超过一定值时，公司价值与资本结构之间的关系变为负相关。朱鸿军和王浩利用中国 2005—2011 年股市平衡面板数据，对传媒上市公司资本结构和企业价值问题进行实证研究后发现，盈利能力对全体上市公司资本结构（资产负债率或长期负债率）和企业价值分别起显著负向和正向作用，但对传媒上市公司的资本结构和企业价值无显著作用。何瑛和张大伟选用 2008—2013 年我国 A 股上市公司数据作为研究样本，区分企业产权性质，实证检验了拥有不同特质的管理者对负债融资行为与企业价值的影响。研究结果显示，我国上市公司的负债融资可以降低企业代理成本，对企业价值有正面的治理效应。他们还发现，和国有公司相比，非国有公司负债融资对企业价值的提升效果更好。郝东洋等基于 2010—2013 年沪深 A 股上市公司数据，实证分析了内部控制效率对资本结构调整速度和资本结构偏离度的影响，并对内部控制是否通过优化资本结构的动态调整过程提升公司价值进行了验证，发现内部控制水平越高的公司，资本结构调整的速度越快，实际资本结构偏离目标结构的程度就越低，资本结构动态调整在内部控制与公司价值的关系间发挥了显著的部分中介效应。

张春景运用动态资本结构理论测算我国上市公司在 1993—2010 年资本结构调整速度，发现资本结构调整速度与企业价值呈现倒 U 型关系，即当调整速度小于 1 时，企业价值随着调整速度的提高显著增加，反之，当调整速度大于 1 时，企业价值随着调整速度的提高显著降低。结论说明，上市公司存在一个理论上的最佳资本结构调整速度，该调整速度间接反映了最佳资本结构的存在。

冉光圭选用沪深股市 400 家上市公司为研究样本，并用样本公司 2006—2008 年连续 3 年的截面数据对公司融资结构与公司治理绩效的关系进行了实证检验，发现资产负债率、长期负债比率、流动负债比率与公司治理绩效呈负相关关系。他还通过对中国上市公司的数据检验，发现中国的上市公司符合权衡理论，公司存在向目标资本结构调整的现象。

第二节　财务弹性对上市公司财务管理的影响

一、财务弹性对上市公司的意义

财务弹性理论指出，公司保持一个比较低的负债水平，是为了保持财务弹性，保留剩余负债能力，从而在未来筹集到资金，抓住更好的投资机会，进一步提高公司的价值。这个观点解释了与传统理论不符的低负债问题，可以说是资本结构理论的新发展，是现有资本结构理论中"缺失的一环"[①]。财务弹性是一个公司为满足未来的资金需求和投资机会保持财务资源的能力。未来的资金需求和投资机会可能是确定的，也可能是不确定的。未来的投资或者资金需求可能是确定的、能够预期的，也有可能出现预期之外的情况。

当公司需要资金时，不可能完全通过资本市场筹集资金，因此公司需要提前做好准备。保持公司的财务弹性，可以使公司以后在需要的时候有融资的能力和空间。因此，公司经理认为财务弹性是考虑公司资本结构时的一个重要因素。

财务弹性不仅影响公司的资本结构，还影响公司整体的财务政策，包括公司持有的现金、分配股利等。这样就会影响公司考虑未来需要和可能出现的情况的现在决策。一旦现在财务状况与未来财务机会之间的关系被考虑在内，静态的最优资本结构就不再是最优。在这种情况下，负债的成本（包括机会成本）会随公司财务状况和未来的投资需要有所不同。因此，财务弹性也影响公司的未来投资以及公司的业绩和价值。

目前，理论界对这方面的研究刚刚起步，需要更多实证方面的研究来检验。公司保守杠杆结构的目的是保持财务弹性，为未来的投资做好准备。一些学者利用英国上市公司的数据进行分析。结果显示，在一段时间的低杠杆后，公司会提升负债水平，同时增加额外投资。新投资是通过新发行债券融资的，充分利用了低杠杆比率的财务弹性。保持财务弹性的公司不但投资多，而且投资绩效更好，因而对公司业绩有显著的正影响。一些学者根据亚洲金融危机前后的数据发现，公司主要通过低杠杆保持财务弹性，另有少量公司通过持有大量的现金获得财务弹性。在金融危机之前保持财务弹性的公司有更大的能力获

---

① 孝丽萍．中国上市公司融资和资本结构研究 [M]．沈阳：东北大学出版社，2016．

得投资机会，投资不依赖公司内部资金。而且，有财务弹性的公司在危机中比无财务弹性公司的业绩更好。一些学者还利用美国公司的数据，分析了财务弹性对公司资本结构决策的影响。结果发现，初创公司通过低杠杆获取财务弹性；成长型公司利用财务弹性提高杠杆，为成长获得投资；成熟公司保持适当的资本结构，重构财务弹性。

　　国内近年也有研究开始关注财务弹性问题。顾乃康[①]等人利用现金持有量，采用中位数法、拟合值法、三分位数法等方法对财务弹性做出界定，考察了财务弹性与企业投资之间的关系。研究结果表明，持有较多现金是企业保持财务弹性的策略，保持财务弹性的公司的投资水平比较高。马春爱构建财务弹性指数测算公司的财务弹性情况，研究不同财务弹性的公司的非效率投资问题。研究结果显示，财务弹性高的公司更容易出现投资过度问题，公司在财务弹性处于极高或极低水平时经常表现为投资不足；财务弹性对公司的非效率投资行为存在一定的制约作用，财务弹性较低的公司会更加慎重地进行投资。从现金持有量和财务杠杆两个角度出发，研究财务弹性对企业投资的影响，并考虑不同经济环境下的情况。实证结果表明，财务弹性能够促进企业的投资，企业投资对现金弹性的依赖较小，对负债融资弹性依赖较大。他们还发现，金融危机时期，财务弹性对企业投资的影响更为显著。陈红兵和连玉君利用中国 A 股1998—2011 年上市公司的数据，从企业现金持有和财务杠杆两方面（因为财务弹性主要来源于内部现金和借债）对公司的财务弹性做出界定，然后研究了财务弹性对企业投资的影响，并考虑到了财务弹性对不同融资约束企业投资影响的差异。研究结果表明，财务弹性能显著提高企业的投资水平，对融资约束企业的影响尤为显著。黄永华利用中国上市公司 2005—2012 年的数据，分析了 2008 年金融危机时期财务弹性对企业资本结构调整的影响。实证结果显示，在金融危机时，公司更注重利用财务弹性的作用调整资本机构。马春爱和贾鹏采用中国上市公司 2007—2011 年的数据，对金融危机时期公司财务弹性和公司投资行为的关系进行分析，发现财务弹性对投资规模具有较为显著的促进作用，这种促进作用随着行业、所有权控股和上市板块的不同存在明显差异。凌志雄和方林利用 2010—2013 年中国 A 股上市公司的数据进行分析，发现保持财务弹性可以促进企业的投资，提高企业业绩。

[①] 顾乃康，男，1965 年 7 月出生，江苏省无锡市人，管理学博士，现任中山大学管理学院财务与投资系教授、博士生导师，主要研究领域为公司金融（财务）、金融学以及企业战略。

二、财务弹性的界定

公司保持财务弹性有两种方式：一是保留富余现金；二是维持低水平负债。研究表明，多数公司的财务弹性由低杠杆结构获得，少数公司通过高现金持有量实现对财务弹性的保持。对财务弹性的界定，理论界目前并没有一个统一的标准。现有的研究方法包括将公司杠杆水平和现金持有量分为高、中、低三档来衡量公司财务弹性的大小，或定义公司杠杆比率低于 20% 为低杠杆，或根据实际杠杆与预期杠杆水平的偏差估计财务弹性，或在现金指标、杠杆指标和外部融资成本指标三个方面基础上构建财务弹性指数。这些界定标准各有优缺点。大多数公司的财务弹性通过低杠杆结构获得，极少数公司通过高现金持有实现。

本书根据这两种方式界定财务弹性公司，先计算了每个行业的平均杠杆和平均现金持有量。为避免短暂的偶然情况，本书将时间"2 年"作为界定期间。因此，以低杠杆为标准，把杠杆低于 1/2 行业平均杠杆且至少保持 2 年的公司设定为财务弹性公司，记为 LL（Low Leverage），其余公司记为 HL（High Leverage），为非财务弹性公司。以高现金持有量为标准则，把现金持有量高于 1.5 倍行业平均现金持有量且至少保持 2 年的公司界定为财务弹性公司，记为 HC（High Cash Holdings），其余记为 LC（Low Cash Holdings），为非弹性财务公司。

三、研究假设

根据财务弹性理论，公司采取财务弹性策略是为了在将来有资金需求时做好准备。因而，公司主动采取财务弹性策略，会采取保守的财务政策，低杠杆或者高现金持有，一段时间后会增加投资。一些研究证实了这一推论。

Arslan、Florackis 和 Ozkan 对东亚 5 个国家一些公司的数据进行实证研究发现，采取财务弹性的公司会把握住更多的投资机会。顾乃康、王敏和江卉、陈红兵和连玉君、马春爱和贾鹏也都在实证中发现财务弹性会促进公司的投资。由此提出，假设财务弹性公司在保持低杠杆一段时间后会增加投资，公司保持财务弹性是为了把握未来投资机会，最终目的是提高公司价值。因此，除了投资会增加外，公司价值也会随之提高。这个观点得到了一些实证支持。同时，证明了公司在保持低杠杆一段时间之后会大量增加投资，公司的长期绩效也有超出市场的增长。在东亚 5 个国家的一些公司中，保持财务弹性的公司在 1997—1998 年亚洲金融危机时的表现好于其他非财务弹性公司。凌志雄和方林通过分析中国上市公司的数据，也发现了财务弹性公司的价值比较高。

第三节 上市公司的资本结构和成长性

一、资本结构对公司成长的重要性

资本结构对公司的经营非常重要，尤其是正在成长期的公司，选择合适的资本结构，合理利用各类资本，能够为公司成长提供足够的资金支持。资本结构决策是对资金来源的决策，包括公司内部和外部。资金决策受到很多因素影响，其中一个因素就是投资。对资本结构和成长性之间的解释最初是代理理论的观点。詹森（Jensen，1986）认为，有着比较高的投资机会的公司通常有着比较高的成长率，投资比较活跃，有较低的自由现金流。在这种情况下，公司倾向利用负债形式的外部资金。但是，负债作为公司资金来源会导致股东和债权人之间发生冲突，造成代理成本。这是因为信息不对称造成了代理人（公司）和资本方（债权人）之间的冲突。拥有信息的代理人（公司）经常采取有利于自己的决策，信息相对较少的资本方（债权人）则会要求更高的收益率以补偿风险，由此产生的代理成本会使公司利用负债的成本升高，因此公司会尽量减少使用负债。代理理论的另外一个观点是，成长性高的公司投资比较多，管理层也有过度乐观倾向，由此可能会造成过度投资。于是，公司就会多引进负债，这样可以对管理层的过度投资起到制约作用。因此，成长性高的公司负债比较多。以上描述说明代理理论观点并不能确定成长性与负债比率的相互关系，可能会是负相关，也可能是正相关。本节利用一个比较新的理论——财务弹性理论分析成长性与资本结构理论。根据财务弹性理论，公司保持一个低的负债比率是为了保存负债融资空间，待将来有投资机会时，增加负债，因此成长性高的公司负债比率高。

在实证研究中，一些文献研究过资本结构和成长性之间的关系，但目前结果尚未统一，有三种研究结果：公司负债率和成长性之间的关系是负相关关系、正相关关系和没有关系。

马修（Matthew）等利用美国公司的数据，研究了公司的成长机会对资本结构决策的影响。他发现，杠杆比例和成长性之间呈负相关关系，成长性高的公司杠杆比率低，高成长性的公司都以较低的杠杆比率来控制代理成本。吴世农等（1994）研究发现，负债比率与公司成长性呈显著的负相关关系。于涛（2007）对中国制造业公司的数据进行分析，也得出了相同的结论。严晨宇（2013）通过分析中国上市公司主板制造业的数据发现，为了降低代理成本，高成长性企业倾向使用更少的负债，即负债水平与成长性是负相关。李军林等（2015）认为，由于成长型企业债务担保能力有限，因此负债能力较弱，成长性高的企业更倾向增加股权融资比例，负债比较低。

另外一些研究发现，负债比率与成长性呈正相关关系。高鹤（2005）认为，成长性高的企业资金需求量大，因此会更多地使用负债，企业负债率会比较高。他利用中国制造业上市公司的数据验证了他的假设成立。柴玉珂（2011）利用河南省上市公司的数据也证明了企业负债率与成长性呈正相关关系。

还有研究发现，负债率与公司成长性之间并没有显著关系。陆正飞和辛宇（1998）、洪锡熙和沈艺峰（2000）对中国上市公司的数据进行了分析，发现公司的资本结构和成长性之间并没有显著关系。

这些研究基于不同的理论，采用不同的方法，得出了不同的结论。但是，这些研究对资本结构的分析仅考虑了资产负债率，没有考虑内部资金的分配。本节将用到财务弹性理论进行分析，考虑资本结构和内部资金，涉及现金持有量和股利，分析成长型公司的资本结构和融资政策，以找到合适的资本结构和财务政策，促使公司成长。

二、研究设计

（一）研究假设

传统资本结构理论从不同角度进行研究，指出对每个公司来说都存在一个最佳资本结构。但很多实证分析发现，一些公司的负债率与预期不符，负债比率显著低于预期的最佳比率。

近年来，一些研究提出的财务弹性理论可以解释这个现象。财务弹性理论认为，一些公司采用保守的资本结构，保持低的负债率，为的是获得财务弹性，为将来遇到好的投资机会进行负债融资预留空间。根据财务弹性理论，公司保持低的负债率，以获得弹性，当成长时，公司就会利用财务弹性，用负债融资，因此成长型公司的负债率比较高。另外，成长需要长期投资来促进，长期投资需要长期资本来支持。因此，在成长期，负债的增加主要是长期负债。另外，成长型公司由于增加投资，会大量需要资金，不仅负债增加，公司内部的现金流也会充分利用。因此，公司会保持低的现金持有量和低的股利支付率来保留更多的资金进行投资以获得增长。冯阳等人发现，现金股利分配率与公司成长性存在负相关关系。根据上述分析，笔者提出以下研究假设。

（1）假设成长型公司负债率比较高，尤其是长期负债。

（2）假设成长型公司现金持有量低。

（3）假设成长型公司股利支付率低。

（二）模型和变量

为检验上述假设（1）、（2）和（3），本书参照相关学者的研究建立了以下模型：

$$Debt_{it}(LongDebt_{it}) = c + \alpha\, Growth_{it}(orGr_{it}) + \beta_1 Asset_{it}$$
$$+ \beta_2 Cashflows_{it} + \beta_3 Guarantee_{it} + \beta_4 ROA_{it} + \varepsilon_{it}$$

$$Cashholdings_{it} = c + \alpha\, Growth_{it}(orGr_{it}) + \beta_1 Asset_{it}$$
$$+ \beta_2 Cashflows_{it} + \beta_3 Guarantee_{it} + \beta_4 ROA_{it} + \varepsilon_{it}$$

$$Dividend_{it} = c + \alpha\, Growth_{it}(orGr_{it}) + \beta_1 Asset_{it}$$
$$+ \beta_2 Cashflows_{it} + \beta_3 Guarantee_{it} + \beta_4 ROA_{it} + \varepsilon_{it}$$

各变量的含义和计算方法如下。

1. 被解释变量

Debt：负债率，负债率 = 总负债 / 总资产。负债率是分析资本结构时最常用的变量。

Long Debt：长期负债率，长期负债率 = 长期负债 / 总资产。本书提出，公司的成长性是由长期投资促进的，长期投资是由长期资本支持的。负债包括短期负债和长期负债，应该是长期负债形成的长期投资更促进公司的成长，因此有必要对长期负债进行分析。

Cash Holdings：现金持有量，即公司以现金和现金等价物的形式持有的现金，现金持有量 =（货币资金 + 有价证券）/ 总资产。成长型公司保持低的现金持有量，为的是能够投资促进成长。

Dividend（股利）：支付给股东的股利 = 股利 / 总资产。

2. 解释变量

Growth：成长性，即主营业务收入增长率。主营业务收入增长率 =（当年主营业务收入 – 上年主营业务收入）/ 上年主营业务收入 ×100%。如何衡量成长性？类似的研究使用很多指标，包括总资产增长率、净利润增长率和主营业务收入增长率。公司的成长依靠主营业务的增长，但是总资产和净利润包含其他部分的增长，如其他业务和营业外收入。其他业务和营业外收入对公司成长贡献很小，因此公司不会制定长期战略来支持其他业务和营业外收入。当主营业务收入对公司成长起到主要贡献作用时，公司会制定资本战略支持主营业务收入。因此，本书使用主营业务增长率来衡量公司的成长性。

Gr：成长性，公司的虚拟变量。由于市场的波动和投资时间的安排，主营业务收入增长率经常发生波动。即使在公司成长期，也会有一两年的时间主营业务收入增长率比较低。为了降低波动的影响，本书根据主营业务收入增长率对公司进行分类。先计算平均增长率，然后将每个公司的增长率与平均增长率进行比较。如果公司的增长率在样本年度的一半以上高于平均增长率，本书就将这个公司分类为成长型公司；反之，为非成长型公司。将 Gr 虚拟变量加入模型。如果公司是成长型公司，Gr 为 1；反之，Gr 为 0。

3. 控制变量

参考过去的研究，加入 4 个控制变量，包括公司规模、营业现金流、抵押能力和收益能力。

Size：公司规模，等于总资产。规模大的公司比小公司有更强的抗风险能力，因此大公司的负债率可能会比较高。

Cashflow：经营现金流，经营现金流 = 经营活动现金净流量 / 总资产。经营活动现金流量反映了公司内部的融资能力。经营现金流量高的公司可能会使用内部资金，负债率比较低。

Collateral：抵押能力，抵押能力 =（固定资产 + 存货）/ 总资产。抵押能力高的公司比较容易融资，负债率可能比较高。

ROA：总资产收益率，总资产收益率 = 净利润 / 总资产。ROA 高的公司可以产生更多资金，因此负债率比较低。

根据假设分析，成长型公司可能会有更高的负债率、比较低的现金持有量和比较低的股利支付率，负债率和现金持有量（以及股利支付率）之间的关系是负相关关系。4 个控制变量与现金持有量和股利支付率对负债率的影响相反，这里不再赘述。

第四章　上市公司的融资

融资是指企业双方相互融通资金的信用活动，具体表现为需要融入资金的一方与可融出资金的一方通过协议进行货币资金的转移。其形式有货币资金的借贷、买卖有价证券、预付定金和赊销商品等。

第一节　上市公司融资相关介绍

一、基本概念

（一）机会成本

机会成本又称择一成本、替代性成本，是指在面临多方案择一决策时被舍弃的选项中的最高价值者。机会成本不是实际付出的成本，而是因为选择而导致失去的收益。例如，小李毕业后找到两份工作，一份月薪 6 000 元，另一份月薪 8 000 元，但小李没有去任何一家报到，而是选择继续深造读研究生，这时他为读研究生付出的机会成本就是每月 8 000 元。

（二）资本成本

资本成本是投资资本的机会成本。例如，你现在有 1 000 万元，如果将钱存入银行，则收取存款利息（定期利息为年化 2.65%），借给 B 企业则获得借款利息（利息率为年化 24%）。现在你投资 A 企业以期获得更高的收益（预计收入约为年报酬率 35%），这时你的机会成本就是没有借给 B 企业而损失的借款利息收入。资本成本是投资人期望的最低报酬率。在上述例子中，投资人期望的最低报酬率是 24%。

（三）公司的资本成本

公司的资本成本就是公司所有投入资源的资本成本的加权平均数。比如，公司共有资本 2 000 万元，其中股东投资资金为 1 500 万元，银行借款 500 万元。假设股权的资本成本为 20%，借款的利率为 6%，则公司的资本成本为 20%×（1 500/2 000）+6%×（500/2 000）=16.5%。公司运营过程中希望以最低的公司资本成本来获得最大的收益。

（四）EBIT

EBIT（Earnings Before interest and Tax），即息税前利润，是指企业在不扣除各项借款的利息及所得税时的利润。比如，A 企业 2016 年净利润为人民币 7 500 万元，企业所得税缴纳了 2 500 万元，支付的借款利息为 1 000 万元，则 A 企业 2016 年的 $EBIT=7\,500+2\,500+1\,000=11\,000$ 万元。

$$EBIT = Q(P-V)-F$$

其中，Q 为产品的销售数量，P 为产品的销售单价，V 为单位变动成本，F 为固定成本总额。

（五）EPS

EPS（Earning Per share）指普通股每股税后利润，也称每股收益、每股盈余。EPS 为公司获利能力的最后结果。普通股每股的税后利润是已经扣除应支付给优先股的承诺收益后的利润。由于股数是相对于股份有限公司而言的，对于有限责任公司，在这里我们就假定每股为 1 元净资产，也就是说如果公司有 1 000 万元资产，则公司的股数为 1 000 万股。假设 ABC 企业 2019 年末共有净资产 2 000 万元，2019 年的净利润为 6 000 万元（没有优先股，全部归普通股所有），则 ABC 企业 2019 年的每股收益为 6 000/2 000=3 元。

（六）经营风险

经营风险指企业未使用借款时经营的内在风险。影响经营风险的因素有产品需求、产品售价、产品成本、调整价格的能力、固定成本的比重。在这些因素中，固定性经营成本的影响是一个基本因素。

（七）经营杠杆

经营杠杆指在企业生产经营中由于存在固定成本而导致息税前利润变动率大于产销量变动率的规律。DOL（Degree of Operating leverage）表示经营杠杆系数，DOL 越大，表示经营风险越大；反之，经营风险越小。

DOL =息税前利润变化的百分比 / 营业收入变化的百分比 $=(EBIT+F)/EBIT$

固定成本是引发经营杠杆效应的根源，但企业销量水平与盈亏平衡点的相对位置决定了经营杠杆的大小，即经营杠杆的大小是由固定性经营成本和息税前利润共同决定的。如果企业不存在固定成本，则息税前利润变动率与销售量变动率保持一致，企业的 DOL 为 1，只要有固定成本存在，DOL 就大于 1，产生经营杠杆效应。

（八）财务风险

财务风险指由于企业运用了债务筹资方式而产生的丧失偿付能力的风险。当债务资本比例大时，企业的财务风险就大；当债务资本降低时，企业的财务风险就低。在影响财务风险的因素中，债务利息或优先股股息这类固定性融资成本是基本因素。

（九）财务杠杆

财务杠杆（Financial Leverage）是指由于债务的存在而导致普通股每股利润变动大于息税前利润变动的杠杆效应。DFL（Degree of Financial Leverage）表示财务杠杆系数，DFL 越大，则财务风险越大，反之亦然。

DFL = 每股收益变化的百分比 / 息税前利润变化的百分比 = $EBIT$ / [$EBIT$ $-I-PD/(1-T)$]

其中，PD 为优先股股利；I 为债务利息；T 为企业所得税税率。

财务杠杆的大小是由固定性融资成本和息税前利润共同决定的。财务杠杆效应具有放大企业息税前利润的变化对每股收益的变动影响程度的作用，这种影响程度是财务风险的一种测度。如果企业没有债务，也没有优先股，则 DFL =1；只要有债务或者优先股，则 DEL >1，产生财务杠杆效应。

（十）联合杠杆

联合杠杆又称总杠杆，就是经营杠杆和财务杠杆的叠加，指由于固定成本和固定财务费用的存在而导致的普通股每股利润变动率大于产销量变动率的杠杆效应。DTL（Degree of Total Leverage）表示联合杠杆系数。

$$DTL = DOL \times DFL$$

联合杠杆直接考查了营业收入的变化对每股收益的影响程度。

二、融资的结构理论

（一）西方融资理论综述

西方融资理论大致可以划分为三个阶段：早期资本结构理论阶段、现代资本结构理论阶段和新资本结构理论阶段。

早期资本结构理论是指 1958 年以前在现代资本结构理论提出之前的资本

结构理论。根据美国著名经济学家大卫·杜兰特（David Durand）的总结和归纳，这一阶段的主要理论包括净收益理论、净营业收益理论和传统折中理论。

现代资本结构理论是以 MM 理论的产生为标志的。如果企业偏好债务筹资，债务比例相应上升，企业的风险随之增大，股票价格就会下降。企业从债务筹资上得到的好处会被股票价格的下跌所抹掉，从而导致企业的总价值（股票加上债务）不变。企业以不同的方式筹资只是改变了企业的总价值在股权者和债权者之间分割的比例，却不改变企业价值的总额。这就是被誉为现代金融学基准之一的 MM 定理。

1958 年，美国学者弗兰克·莫迪格莱尼（Franco Modigliani）[①] 和米勒（Miller）在《美国经济评论》上发表了题为《资本成本、公司实务与投资理论》的论文。该文指出，在没有税收、不考虑交易成本以及个人和企业贷款利率的情况下，企业的价值与资本结构无关。根据 MM 理论，债务融资比例与企业价值无关，即负债企业的价值（V）与无负债企业的价值（V_0）相等。1963 年，他们又对 MM 理论进行了修正，将企业所得税引入资本结构分析中。修正后的 MM 理论认为，由于存在节税利益，企业的市场价值随着债务的增加而提高。根据修正后的 MM 理论，负债企业的总价值等于无负债企业价值加上节税价值，即 $V_0 = V_0 + T_0 B$（T 为企业所得税税率，B 为负债）。当资产负债率达到 100% 时，企业价值最大，也就是说，企业最佳资本结构是全部都是负债。虽然 MM 理论是建立在很多假设基础上的，但这些假设与现实相差甚远。该理论首次考察了资本结构与企业价值的关系，是现代资本结构理论的开端。

进入 20 世纪 70 年代，学者在经典的 MM 理论基础上拓宽研究视角，从而丰富了研究思路，大大推动了资本结构理论的发展进程。这些理论改变了以往以负债税收利益和负债破产风险为研究重点的方法，引入了信息不对称等新的考察因素，发展出了代理理论、信号传递理论和控制权理论等一系列新资本结构理论。这些理论使资本结构理论与企业现实融资活动联系得更加紧密，对企业融资活动具有更强的指导意义。

（二）西方的融资理论对我国上市公司融资的启发

西方融资理论发展到现在可以说已经具有比较完善的理论体系了，对我国上市公司的融资决策及融资活动具有较大的指导和借鉴意义，但是我国上市公司的发展有自身的特点，其发展过程以及融资结构的形成环境和西方国家不同。首

---

① 弗兰克·莫迪格莱尼（Franco Modigliani，1918 年 6 月 18 日—2003 年 9 月 25 日），意大利籍美国人，第一个提出储蓄的生命周期假设。

先，表现在宏观环境方面。我国上市公司是在计划经济向市场经济逐步发展的过程中逐渐发展起来的，所以带有计划经济的烙印。在国有上市公司中的表现主要是公司在刚刚起步时期，主要被动地依靠国家财政资金或者其他国有资金，严格来讲，融资并不具有自主性。随着经济体制的改革和经济的发展，上市公司融资结构不断发生变化，形成了内在的演变规律。需要注意的是，演变需要与相应的体制和经济环境相适应，不同的经济体制和环境会产生不同的融资结构规律。其次，从微观角度讲，对于不同的上市公司来说，每一家上市公司所处的行业的规模大小、资本利润率大小等都不相同，这也决定了其融资决策的不同。美国企业融资方式通常按照啄食顺序原则，即内源融资①→外源融资②→间接融资③→直接融资④→债务融资⑤→股权融资⑥。而我国的融资结构截然不同，主要是外源融资，且以股票融资为主，债券融资占较小的比例，内源融资比例更低。西方资本结构理论的立论依据是有较为发达的资本市场，而我国的资本市场正处于起步阶段，各项发展机制还不够完善，很难利用这些理论解释我国上市公司的资本结构行为，因为我国债券市场的相对落后约束了上市公司的债券融资行为，使企业进行股权融资和债务融资的相互代替受到一定程度的影响。银行贷款利率一般不会随着企业财务杠杆的提高而上升，这就使企业不会因为增加借款而支付额外的代理成本。上市公司当前的税负大都比较低，而且大部分能享受到当地政府的税收优惠政策，这就导致负债的税收屏蔽作用不很明显。国有股处于绝对的控股地位且不流通，导致控制权市场的功能不能很好地发挥。

但是，西方的资本结构理论体系对我国上市公司资本结构的研究具有一定的启发意义。通过研究、分析这些理论，理解资本结构和企业价值之间的相关关系，对研究我国企业资本结构影响的因素，改善上市公司资本结构会有非常大的帮助。不同的资本结构给企业带来不同的市场价值。因此，根据我国的国

---

① 内源融资是指公司经营活动结果产生的资金，即公司内部融通的资金，它主要由留存收益和折旧构成。

② 外源融资是指企业通过一定方式向企业之外的其他经济主体筹集资金。外源融资方式包括银行贷款、发行股票、发行企业债券，商业信用、融资租赁在一定意义上说也属于外源融资的范围。

③ 间接融资是指资金盈余单位与资金短缺单位之间不发生直接关系，而是分别与金融机构发生一笔独立的交易。

④ 直接融资是间接融资的对称，是没有金融中介机构介入的一种资金融通方式。

⑤ 债务融资是指企业通过向个人或机构投资者出售债券、票据来筹集营运资金或资本开支。

⑥ 股权融资是指企业的股东愿意让出部分企业所有权，通过企业增资引进新的股东。

情，结合经济发展的基本概况，研究上市公司资本结构的影响因素势在必行。只有这样，才能找到上市公司资本结构问题产生的根源，为上市公司寻求发展的出路，达到提高企业价值的最终目标。

三、影响我国上市公司融资的因素

（一）国有股份所占比例过大

这是我国股份制改革带来的必然结果。因为国有股、法人股占有绝对的比重而且不公开流通，所以实际上市交易的流通股比重偏小，流通股股份持有人很分散且很不稳定；较小的流通股供给又不能满足较大的上市流通股的需要，因此配股、增发等行为风靡一时。同时，由于大股东对上市公司进行监督与管理，他们有权决定公司的股利分配决策，可以派很少的股利甚至不派股利，导致股权筹资成本极小，这样的情况极大地降低了股权融资的成本和财务风险。这就是我国上市公司普遍偏好股权融资的主要原因。

（二）债券融资成本风险太高

从我国上市公司资产负债率的实证分析中可以看出，我国绝大多数上市公司拥有比其他企业低得多的资产负债比率，甚至有些上市公司负债为零，只靠权益手段融资。同时，我国上市公司债券融资还本付息的"硬约束"与权益融资的"软约束"相比，成本和风险都很高，上市公司进行公司债券融资和债务融资的条件苛刻，加之我国权益融资的法律规范还不完善，证券市场发展很不均衡，企业债券融资不通畅，所以我国上市公司偏好股权融资。

（三）相关政策制度不够完善

在过去几年，我国证券市场虽然有了比较大规模的发展，但整体来说还是一个比较年轻的市场，政策法规和市场机制不够健全，市场监管和约束机制未完全建立起来。另外，企业发行债券的条件比较严格。只有那些大型的上市公司才具备发行公司债券的能力，而一些中小型公司不具备发行公司债券的能力，只能把融资方式转移到债务融资以外的权益融资。

（四）股权融资成本低于债券融资成本

从理论上说，相比股权融资，债权融资的融资成本应该更低，但在中国的证券市场上，利用股权融资的成本反而较低。

（1）红利的支付可以依据公司的经营状况而选择不同的方式，但借入的资金无论企业经营业绩好坏、有无盈利都必须支付利息并到期还本，所以在企业经营效益不佳的情况下，股权融资的实际成本比债务融资的实际成本低。

（2）上市公司的股利分配政策灵活。《中华人民共和国公司法》规定："公司分配当年税后利润时，应当提取利润的百分之十列入公司法定公积金。公司法定公积金累计额为公司注册资本的百分之五十以上的，可以不再提取。公司的法定公积金不足以弥补以前年度亏损的，在依照前款规定提取法定公积金之前，应当先用当年利润弥补亏损。公司从税后利润中提取法定公积金后，经股东会或者股东大会决议，还可以从税后利润中提取任意公积金。"因此，普通股每股可分配的股利最多只有每股收益的90%。但实际上，我国相当多的上市公司常常采用以送红股或转增股本的方式分红派息，基本上很少派送现金。因此，我国上市公司每年实际支付给股东的红利很低或不支付红利，使股权融资的成本远低于银行的借款利率。

（3）与债务的"硬约束"相比，股权融资是一种"软约束"。它无须到期偿还，对经营管理层不具有实质性的强制约束力，反而被管理层认为是一种长期的无须还本付息的低成本的资金来源。

（4）在我国的股票市场中，新股发行的市盈率普遍较高，且居高不下，维持在（37，40）区间。如果上市公司把当年盈利全部作为股利发放，其新股的发行融资成本也只不过是在（2.5%，2.7%）之间，股权融资的成本非常低。

四、我国上市公司融资偏好及股权融资原因分析

导致我国上市公司在融资过程中明显偏好股权融资的原因如下：

第一，我国资本市场发展尚未完善。我国资本市场发展缓慢的原因之一是相关法律的不健全和信息体制的不完善，导致对我国上市公司及中介机构和投资者缺乏系统的控制。在北美成熟的资本市场中，上市公司的负债率上升说明企业管理者对公司未来收益有着很高的期望。管理者会选择银行贷款为企业融资，因为银行贷款只要求本息的归还，不要求未来利润的分享。这对投资者来说是一个积极的信号。当上市公司将来的经营投资风险加大，管理人对投资收益抱有消极态度，不看好企业融资时，管理者会选择股权融资方式，因为这样的方式可以实现风险共担。但目前在我国资本市场还无法根据企业融资方式判别企业价值。除此之外，我国资本市场还存在其他问题：资本市场对上市公司的考核制度存在问题，导致上市公司并不看重优化和改善融资结构；资本市场尚不完善，导致股票无法反映公司的真实价值，股票的价格越来越多地受到投机因素影响，进而使投资者的行为被严重误导；公司的融资渠道缺乏多样性。

第二，政府有不合理的行政干预行为。我国证券市场实行的计划额度制使公司融资目标和其规模不相适宜，有些能力较低的公司甚至采取圈钱的行为。

有些公司为了服务当地经济甚至盲目采取再融资的行为，即使此行为不利于公司的良性发展。

目前，我国对企业债券的发行以及企业债券利率有着严格的控制。这对上市公司的融资渠道和企业投资者的积极性造成了影响，限制了企业融资渠道多样性的发展。

第三，我国上市公司融资偏好股权融资是由上市公司内部运营体制和管理层结构决定的。在我国，由于股权过度集中，中小股东的发言权受到限制，对企业管理发挥的作用较低，企业的控制权掌握在大股东的手中。而表面上决定公司战略政策的董事会实际上更多是发挥监管职能，即监管经理人。经理人由于信息掌握度更高，在受到约束较低、相关激励不足的条件下容易从更有利于自身的角度制定方针，这就成为上市公司股权融资偏好的推动力。经理人更多地依附公司存在，当公司破产风险较低时，经理人才能更好地实现个人目标。股权融资方式能大大降低上市公司破产的风险，债务融资则会增加公司破产的风险。因此，经理人总是优先选择股权融资作为上市公司融资手段。

由以上分析可知，由于我国经济环境的特殊性和上市公司自身存在的问题，当前我国的股权融资偏好与国际上认可的优序融资理论相悖。我国上市公司融资方式需要进一步改进，否则将影响上市公司的治理结构和良性发展。

五、优化上市公司融资的建议

（一）加强外部环境建设

应加强市场监管，提高融资成本。当前上市公司的融资成本较低，现金分红没有得到强制推行，使市场上投资者的行为更具有投机意味。上市公司推行现金分红有利于投资者长期投资，可以增加资本市场的活力及其相对稳定性，有利于资本市场稳步发展。同时，完善相关的监管体制和法律体系。监管部门应对新股发行的合规性进行审查，企业价值和风险则由投资者和市场自主判断。保障投资者的合理回报能使上市公司股票价格客观反映上市公司情况，专利于经济健康发展。

（二）加强内部环境建设

改善上市公司的股权结构，避免股权过度集中；加强对上市公司各个部门的监督，使不同职能机构充分发挥自身功能效用；建立完善适用的内部激励机制和监管模式，使扮演重要角色的经理人在上市公司融资时能多考虑公司的良性发展而不是个人利益目标的实现。

（三）逐步放松利率管制

利用利率市场化、自主化来理顺资金价格，使公司能够理性地选择风险、成本最低的融资方式，使投资者能根据市场信息对公司做出正确的价值判断和投资选择。上市公司作为一个独立的经济主体，其行为都是对其所面临的环境约束做出的最优选择和表现。目前，我国上市公司对股权融资偏好的选择正是我国当前资本市场畸形发展的表现。我国资本市场的资金价格严重扭曲，导致上市公司在选择融资方式时首选股权融资，从而形成了我国上市公司畸形的融资行为。因此，必须建立完善的资本市场，使资金的价格回归正常，从而改变当前我国上市公司畸形的融资行为。

（四）完善税收与财务等制度

内部积累融资中内源性融资方式的融资成本几乎为零，融资风险极少。在所有融资结构中，内部积累融资是企业融资的第一选择。但在我国，企业融资总额中内源融资的比例偏低，主要依赖外源融资。外源融资的比例过高，增加融资成本，给企业的经营业绩带来很大的压力，使企业难以进行长期的战略性决策，阻碍企业的长远发展。所以，必须建立有利于企业内部积累的税收、财务制度，减轻企业的税费，规范企业的利润分配和利润滚存制度，引导企业在努力提高经营效益的基础上，积极进行内源性资本扩张，增强自我发展的能力。

（五）大力发展企业债券市场

我国应尽快制定适用于不同所有制企业的债券发行规则，适度放开企业债券市场，使企业债券的利率实现市场化。企业债券是一个可以增加股东利益的财务杠杆，这一杠杆可以改善上市公式的资本结构，优化管理层的管理，有利于我国资本市场的健康发展。

第二节　上市公司的主要融资方式

一、上市公司融资

目前，我国上市公司的融资类型主要包括内源融资和外源融资两种。内源融资是指在公司内部通过计提折旧形成现金和通过留用利润等增加公司资本，主要是指公司的自由资金和在生产经营过程中积累部分的资金。上市公司外源融资又可分为向金融机构借款和发行公司债券的债权融资方式、配股及增发新股的股权融资方式以及发行可转换债券的半股权半债权融资方式。

融资方式是指企业融通资金的具体形式。融资方式越多意味着可供企业选择的融资机会越多。如果一个企业既能够获得商业信用和银行信用，又能够通过发行股票和债券直接进行融资，还能够利用贴现、租赁、补偿贸易等方式融资，那么该企业就拥有更多的机会筹集到生产经营所需资金。

银行贷款是目前债权融资的主要方式。其优点是程序比较简单，融资成本相对节约，灵活性强，只要企业效益良好，融资较容易。其缺点如下：一般要提供抵押或者担保，筹资数额有限；还款付息压力大，财务风险较高。股权融资亦即公司发行股票进行融资。对于上市公司而言，发行股票所筹集的资金属于公司的资本；对于股东而言，持有股份代表对公司净资产具有所有权。其他融资方式还有产品融资、质押类贷款融资、抵押类贷款融资、票据贴现类融资、融资租赁、售后回购融资、信托贷款、企业债券以及个人信用融资。

二、不同融资方式分析

（一）股权融资

股权融资是指公司股东愿意将其部分股份出让给投资人，转让其股权，或者公司进行增资，让投资人通过出资而获得一定比例的股权，并成为公司的新股东，企业的注册资金（指有限责任公司，如果注册资金不变，则公司的资本公积增加）或股本（股份有限公司）会同时增加。很多公司上新三板的目的就是用增发股权的方式进行融资。企业到新三板挂牌后，已经正规化且重要信息均如实披露，这样会使很多投资机构或个人觉得企业在数据真实性方面有了保证，所以会吸引部分投资者进行投资。

股权融资所获得的资金，企业无须还本付息，新股东与老股东一起分享公司利益。

股权融资的优点是没有还本的压力，缺点是增加了公司的资本成本，稀释了现有股东的持股比例，降低了现有股东的投资收益率。

企业在融资时需要考虑的因素：首先，企业在发展过程中，一般会考虑用尽可能小的企业资本成本获取最大的收益；其次，要考虑企业的风险，要将风险控制在一定的范围内；再次，要考虑当前的市场状况，什么样的融资方式是能够获得的；最后，考虑公司的获得能力及项目的吸引力，分析公司能够取得哪一种融资。

波士顿将企业的发展分为初创期、成长期、成熟期、衰退期，企业的经营风险规律是初创期存在高风险，成长期开始降低，成熟期最低，衰退期又升高。企业在初创期由于经营风险过高，为控制整体风险（联合杠杆效应），适合采用股权融资，不适合采用债权融资；成长期由于经营风险开始下降，可以考虑部分股权融资、部分债权融资；成熟期经营风险最低，这时候可以全部用债权融资；到了衰退期，股权融资很难，而且不适合，只适合债权融资。

企业融资时除了要考虑风险以及从市场取得融资的可能性外，还要考虑融资后每股收益的变化，要通过对息税前利润及每股收益的分析或对融资前后企业资本成本的比较，来决定是用股权融资还是用债权融资，这样才能有效保护原有股东的权益。公司用最小的资本成本获得最大的收益是企业股东、企业发展的追求。

（二）债权融资

贷款的利息在符合国家相关规定的条件下可以在企业所得税前扣除，并且债权的资本成本一般低于股权的资本成本，因此债权融资可以降低企业的资本成本，并提高现有股东的投资回报率（企业的现有收益率大于贷款利率的前提下）。债权融资的缺点是有按期还本付息的压力，相当于增加了一定时间内的固定成本，增加了企业的账务杠杆和整体风险。

企业处于成长期、成熟期及衰退期时均适用债权融资，因为这些时期企业营运风险相对较低。利用债权融资虽然提高了企业的财务风险，提高了企业的整体风险，但由于企业已有相对稳定的收入，能够承担固定的还本付息压力，对于整体风险是可以承受的。当一个企业的债务资本成本小于股权资本成本，并且企业可以承担相应的财务风险时，利用债权融资可以在降低企业资本成本的同时，提高现有股东的投资收益率。

目前，银行的贷款利率基本在年化6%左右，一些二三线城市更低，但大多数企业尤其是中小企业很难从银行取得贷款。为此，有的企业在资金困难时不得不寻求一些高利息的民间贷款。这时候要非常小心，因为按我国相关法律规定，最高36%的利率是合法的，法院也支持未支付利息部分24%以内的诉讼请求。如果企业将高利率借款用于企业经营，很多时候会发现，这样的利率远高于企业现有的收益率，企业的收益基本会被借款利息吃掉，企业的经营也会陷入恶性循环，最后难以为继。

（三）产品融资

产品融资的实质就是预售产品。向不同的人预售产品可采用不同的方式。

产品融资的优点是不用释放股权，也没有还债的压力产品，融资的关键风险控制是产品要按期并保证质量交货，不能出现因大量产品出现质量问题而退货，或者因为产品延期交货而退货。产品融资的主要方式就是通过京东众筹平台（图 4-1）、天猫众筹平台等来预售产品。

如果企业的产品不适合在京东或天猫上采用众筹方式预售，那么企业可以采用直接向代理商或企业客户预售的方式。这样做的前提是企业的产品属卖方市场，产品是缺货的。如果属买方市场，即供大于求，则很难用这种方式来众筹。

图 4-1　京东金融官网标识

（四）质押类贷款融资

1. 股权质押

当上市公司股东所持的股权在质押期间不能交易，或者股东并不想出卖股票时，可以向银行申请股权质押贷款。在偿还银行贷款之前，股权无法进行交易。如果质押股权的股东到期不能偿还银行贷款及利息，则银行可以将其股权进行拍卖。

2. 应收账款质押贷款

企业可以将应收账款以低于银行借款及利息的金额质押给银行取得贷款。应收账款质押给银行后，银行并不承担应收账款无法回收的风险。一旦应收账款无法回收，则企业需要另外向银行补充提供应收账款进行质押。

3. 仓单质押贷款

仓单是代表指定仓库财产所有权的凭证，正如银行存款单代表在银行拥有一定的现金存款。可以背书转让质押的仓单是凭单提货的仓单，也就是标准仓单；如果是记名仓单、指示仓单，则不能质押。

4.保单质押贷款

保单质押贷款指投保人将所持有的保单质押给银行或保险公司，以低于保单现金价值一定比例取得银行贷款或保险公司贷款。并不是所有的保单均可以质押，质押的保单要有一定的现金价值，如投资分红类保单、养老类保单等。

（五）抵押类贷款融资

抵押类贷款融资是我们比较熟悉的，如将房子抵押给银行向银行贷款。目前，银行接受的抵押类财产比较有限，有房屋，城市土地使用权，荒山、荒沟、荒丘、荒滩等地的土地使用权，运输工具，机器以及其他财产，其中以房屋及城市土地使用权为主。

浮动财产抵押是指债务人将现有的以及将有的生产设备、原材料、半成品、产品抵押。债务人不履行到期债务或者发生当事人约定的实现抵押权的情形，债权人有权就实现抵押权时的动产优先受偿。浮动财产抵押更多的时候只是一个法律名词，一般银行是不接受这一类抵押的。

以下财产属于不得抵押类财产：土地所有权；耕地、宅基地、自留地等集体所有土地使用权，法律规定可以抵押的除外；学校、幼儿园、医院等以公益为目的的事业单位、社会团体的教育设施、医疗卫生设施及其他社会公益设施；所有权、使用权不明或存在争议的财产；依法被查封、扣押、监管的财产；法律、行政法规规定不得抵押的其他财产。

（六）票据贴现类融资

票据分为即期票据和远期票据。即期票据是指"见票即付"类票据，如支票、本票及"见票即付"的汇票；远期票据是指持票人只能在票据记载的特定日期或以一定方法计算的日期到来时，才有权请求付款。票据融资是指对于远期票据来说，票据权利人无权在到期日之前请求票据债务人支付票据金额，但是可以在法律允许的范围内将票据权利转让给他人，并从受让人处立即获得对价，或用票据进行质押而获得借款。贴现是指支付一定的手续费后将未到期的有价证券提前取得价款。

其中，银行承兑汇票是银行作为债务人的承兑汇票，信用较高，持票人可以在汇票到期日前向银行支付一定的手续费，提前贴现，以获得资金。

商业承兑汇票是以出票的企业为债务人，由出票人将来在指定的日期负责承兑。商业承兑汇票能不能在银行取得融资，要看出票人的信用情况。信用不好的企业出具的商业承兑汇票是很难在银行实现贴现的。

目前有很多社会上的中间人或组织接受商业承兑汇票，有的并不具有合法性。对于一般的商业承兑汇票，由于中间人或组织承受的风险较高，向他们贴现时所需支付的手续费也非常高。

（七）融资租赁

融资租赁是区别于经营租赁而言的，它在财务上的做账方式与经营租赁是不同的。

融资租赁的一种方式是直接取得固定资产形成的融资租赁，即承租人选定设备后，由融资租赁公司支付货款，然后将设备出租给承租人。融资租赁的设备承租人在租期内是不能解除合同的，且在设备的使用过程中若发生质量问题，如设备被偷或毁坏，或设备导致他人受到伤害等，承担责任的均是承租人。承租人在租期内必须一直支付租金。如果设备是依赖融资租赁公司人员的技术而选取的，则一旦出现质量问题，便与融资公司有关。

融资租赁的另一种方式是售后回租形成融资租赁关系。当企业出现资金困难时，可以采用将房屋、设备等出售并在出售后以回租的方式融得资金。当租金及租赁达到一定条件时，则构成融资租赁。

（八）售后回购融资

售后回购融资是指公司将自己的产品销售给其他方，并承诺在指定时间内按照指定价格再回购而取得资金的方式。公司将产品销售后并不实际向其他方发货，仅是形式上签署销售及回购合同。销售与回购之间的差价部分为财务费用，即融资产生的费用。

（九）信托贷款

信托贷款是指受托人接受委托人的委托，将委托人存入的资金，按其（或信托计划中）指定的对象、用途、期限、利率与金额等发放贷款，并负责到期收回贷款本息的一项金融业务。委托人在发放贷款的对象、用途等方面有充分的自主权，同时可利用信托公司在企业资信与资金管理方面的优势，提高资金的使用效率。

（十）企业债券

企业债券是指企业依照法定程序发行，约定在一定期限内还本付息的有价证券。上市公司发行的债券分为普通债券、可转让债券等，由证监会负责核准；非上市公司发行公司债券的，一般为大型国有公司（一般民营非上市、非公众公司是很难发行公司债券）的，由省级发改委预审、国家发改委核准。

（十一）个人信用融资

个人信用融资是指通过个人的信用在银行取得一定贷款的方式。个人可以通过信用卡在各个银行进行融资；如果企业流水好，企业负责人可以在银行取得比较多的个人信用贷款。

除以上融资方式外，还有资产证券化、外汇融资等融资方式。

（十二）商业模式融资

这里介绍的商业模式融资不包括其中涉及的股权融资。"代理权"是一个经常听到的词语，代理权是能够据之进行代理并使行为的效力直接归属于被代理人的权限。代理权并不属于民事权利，而是一种权限、资格或法律地位。在代理关系中，代理权最为重要，不但代理人的地位取决于它，而且代理人代理民事法律行为的范围也取决于它。全国总代理、省级代理、市级代理、县级代理等，不同的代理权很多时候是要付出不同的代价的。有的企业向外释放代理权时，要求代理商达到一定的销售量；有的企业要先收取代理权押金，然后要求代理商每年达到一定的销售量，如果代理商达不到一定的销售量，可能会不返还其相应押金。代理权融资优点是只要事先设计好代理权的释放方案，则永远只赚不赔。如果想要代理权能够很好地释放出去，企业的产品或项目的投资回报率要有一定优势。

1.商业模式融资之直销

商业模式融资中最有魅力的要数直销了——既卖出了产品，又获得了收益。直销的商业实质也是一种代理权——买一定金额的产品后享有代理权，有权向其他人销售并同时向其他人推销代理权，拥有了这种代理权后方可享受推销出去的其他代理商或本人销售产品的提成。合法的直销公司对销售人员提取分成的层级是有严格限制的，不能无限制层级提成。直销在我国要经相关部门批准，否则可能构成非法传销。

2.商业模式融资之预付卡费

预付费卡有两类：一类是集团内部卡，只能用于集团内部，如家乐福卡、欧尚超市卡等；一类是通用卡，可以在指定的会员单位进行销售，如常见的斯玛特卡①。

单独一家店也可以通过商业模式来融资，目前最普遍的就是美容业及健身行业。顾客充值一定的金额购买具有一定打折权限的卡，也就是不同等级的会员卡，消费时就可以打折。顾客充值的行为其实就是向店方提供了无息贷款且店方不用还本，只要顾客以后来消费抵冲即可。也可以说，这是一种不特定服务的预售行为，须等顾客来店消费时才能确定是购买了哪一种服务。

---

① 　这种卡是集餐饮、购物于一体的消费卡，现在一般送客户用得比较多，不用密码，直接刷卡即可。

目前预付费卡乱象丛生，有的企业并没有能力发售预付费卡，却为了融资大量发售，产生了一些不好的社会现象。相信在不久的将来，政府会出台有关预付费卡的规范制度，以引导企业规范发卡，引导顾客正确消费。

3. 商业模式融资之会员费

会员费的模式在一些高端商业人士的俱乐部中比较常见。俱乐部的会员需要事先按年或一次性缴纳一定金额以取得会员资格，有了会员资格后方可参加俱乐部组织的会员活动。

（十三）应付账款、预付款融资

应付账款及预付款的融资实质就是无息使用一段时间的资金。

应付账款不是拖的时间越长越好，那样公司就损失了信用，信用对企业来说更重要。一个企业如何能够使应付账款的周期延长呢？这就涉及企业信用管理。当一个企业与供应商之间建立起良好的信用的时候，供应商就愿意将账期延长一些。举例来说，A 企业定期向 B 企业采购，并按 B 企业的付款要求按期足额支付货款，这样经过一定时间后，A 企业在 B 企业那里就建立了良好的信用。这时候 A 企业可以向 B 企业提出延长付款周期的要求，如果 B 企业资金能够承受的话，则可能答应 A 企业的要求。

预付款无息使用的前提是公司的产品要有质量保证，有稳定的客户关系，客户愿意为此预付一定的货款，或者公司的产品处于卖方市场，顾客要想拿到产品，必须支付一定的预付款（其实质是产品融资，只是按产品售价的部分来融资而已）。

第五章　上市公司的并购重组

　　兼并重组是企业加强资源整合、实现快速发展、提高市场竞争力的有效措施，是国国家调整优化产业结构、提高经济发展效益的重要途径。当前，我国企业兼并重组仍面临一些政策上的阻碍，包括以下几个方面：①企业兼并重组税收负担较重；②兼并重组融资工具相对单一；③涉及兼并重组的体制机制仍不够完善，跨区域、跨所有制的重组较难；④兼并重组涉及的审批环节较多，非市场化因素影响较大。

　　目前，监管部门积极推进行政审批、交易机制、金融支持、支付手段等全链条改革创新，迎来了国内市场化的并购大潮。

第一节　上市公司并购重组相关介绍

一、并购重组的基本概念

　　并购重组可分为"并购"和"重组"两个维度。并购的实质是在企业控制权不断变换的过程中，各权利主体依据企业产权制度安排做出的一种权利让渡行为。产生并购行为最基本的动机是谋求公司发展。企业扩张面临内部扩张和外部并购两种选择。内部扩张可能是一个长期而具有不确定性的过程，通过外部并购发展则迅速得多，尽管也会带来不确定性。并购的内涵非常广泛，通常指兼并和收购。兼并又称合并，分为吸收合并和新设合并。前者指在两个以上的公司合并中，其中一个公司因吸收其他公司而成为存续公司的合并形式；后者指两个或两个以上的公司通过合并新设一个存续公司的合并形式。收购指一家公司用现金、股票、债券或其他资产购买另一家公司的股权或资产，以获得对目标公司本身或其资产实际的控制权，实现一定经济目标的经济行为。根据收购方式的不同，可分为股权收购、资产收购和净壳收购，

　　重组是公司内部或公司之间对资产、负债、所有者权益或设置在其之上的权利等项目的分布状态进行重新组合、调整、配置，从而达到资源有效配置的一种交易行为。

　　资产重组是指企业资产的拥有者、控制者与企业外部的经济主体对企业资产的分布状态进行重新组合、调整、配置的过程，或对设在企业资产上的权利进行重新配置的过程。根据重组对象的差异，重组可分为资产重组、债务重组及股权重组（图5-1）。

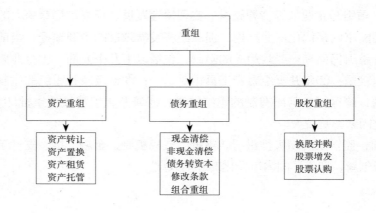

图 5-1　重组类型

　　综上所述，并购是一种产权交易模式，通常伴随产权结构以及控制权变化，重组则通常是在同一产权结构或控制权下，改变公司资产（负债）的结构和规模。公司的资产重组经常导致并购行为发生，而重组也可通过并购实现。

二、上市公司并购重组的分类

　　中国证监会[①]2009 年编制发布的《中国上市公司并购重组发展报告》将上市公司并购重组分为以下 12 种类型（表5-1）。

---

① 　中国证监会是国务院直属正部级事业单位，其依照法律、法规和国务院授权，统一监督管理全国证券期货市场，维护证券期货市场秩序，保障证券期货市场合法运行。

表5-1　上市公司并购重组类型

分类依据	类　型	特　点
并购双方所属行业性关系	横向并购	并购双方处于相同市场层次或具有竞争关系
	纵向并购	并购双方处于产业链上下游关系
	混合并购	并购双方不是同一行业，业务为纵向关系
并购后双方法人地位的变化	吸收合并	被收购公司注销法人资格
	收购控股	被收购公司继续存续
	新设合并	并购双方均注销法人资格，设立新主体
是否取得目标公司的同意	敌意收购	并购双方存在强烈的对抗性
	善意收购	并购双方经友好协商达成一致
收购形式	间接收购	并购双方未直接成为上市公司的控股股东
	要约收购	公开向上市公司全体股东发出收购要约
	股权拍卖	通过司法拍卖程序收购
	二级市场买卖	

　　证监会对并购重组的分类较为复杂，其中包含非重组的案例。实务中，国内上市公司收购方式主要采用协议收购、要约收购①、定向增发②、二级市场③举牌等类型。学理上关于上市公司收购的大致分类如下。

（一）根据收购人是否直接收购目标公司的股票划分

　　根据收购人是否直接收购目标公司的股票划分，有直接收购和间接收购两种。直接收购是收购人直接购买目标公司股票，收购完成后以目标公司股东的身份行使控制权。间接收购通常是指收购人控制目标公司的大股东，收购成功后以目标公司大股东等形式间接行使控制权。

---

① 要约收购是指收购人向被收购的公司发出收购的公告，待被收购公司确认后，方可实行收购行为。

② 定向增发是增发的一种，即向有限数目的资深机构（或个人）投资者发行债券或股票等投资产品。

③ 二级市场是指在证券发行后各种证券在不同的投资者之间买卖流通所形成的市场，又称流通市场或次级市场。

（二）根据收购是否构成法定义务划分

根据收购是否构成法定义务，可划分为自愿收购和强制收购。自愿收购是收购人自主自愿进行的收购。强制收购是指在大股东持有目标公司股份达到一定比例时，法律强制其在规定时间内发出全面要约而进行的收购。

（三）根据是否取得目标公司的同意与合作划分

根据收购方是否取得目标公司的同意与合作，可划分为敌意收购与善意收购。敌意收购又称恶意收购，指收购方在目标公司管理层对其收购意图尚未表态或持反对意见时，对目标公司强制进行收购的行为。敌意收购因为得不到目标公司管理层的合作，甚至会导致对方采取一些反收购措施，所以风险较大，且容易导致上市公司股价的不良波动。

善意收购又称友好收购，指目标公司同意收购方提出的收购条件并愿意对其给予协助的收购形式。其间收购双方通过协商来决定收购事项的具体安排，包括收购方式、收购价格、资产处置和人事安排等事项。这种收购方式有利于降低收购方的收购风险和成本。

（四）根据收购的支付方式划分

根据收购的支付方式，可划分为现金收购、股份收购、综合证券收购和承债式收购。

现金收购是指收购方用现金作为支付手段购买目标企业的部分或全部资产或股权的收购行为。一般而言，凡不涉及发行新股的收购都可视为现金收购，即便收购方通过直接发行某种形式的票据而完成的收购，也属现金收购。现金收购是企业并购重组活动中迅速而有效的一种支付方式，在各种支付方式中占有很高的比例。收购方在决定是否采用现金收购方式时，会综合考虑己方的资产流动性、资本结构和融资能力等多方面因素。

股份收购是指收购方以本公司发行的股份换取目标公司的部分或全部资产或股权的收购行为。股份收购分为两种情况：①收购方以本公司发行的股票换取目标公司大部分或全部资产，并承担目标公司部分或全部债务；②收购方以本公司发行的股票换取目标公司大部分或全部股权，以达到控制目标公司的目的。

综合证券收购是指收购方综合运用现金、股票、认股权证、可转换公司债券等多种支付方式对目标公司进行收购的行为。通过将多种支付工具组合使用，收购方既可以减少现金支付，避免本公司财务状况的恶化，又可以防止控股权的转移。正因为如此，在各种支付方式中，综合证券支付呈逐年递增趋势。

承债式收购是指目标公司在经营困难、负债较重但仍有发展前景的情况下，收购方以承担目标公司的部分或全部负债为条件，取得目标公司的资产所有权和经营权的收购行为。收购完成后，收购方通常会对目标公司进行重组，偿债的来源可能是收购方的现金，也可能是目标公司被重组后产生的现金流。

三、上市公司并购重组的内容

上市公司的并购重组是在并购公司与目标公司之间展开的，所以与单个公司的资源整合相比，并购重组涉及的内容更广、层次也更深。并购重组不仅包括有形资产的整合，还包括大量无形资产的整合。具体来说，公司的并购重组主要包括以下几个方面的内容。

（一）治理结构的整合

治理结构是指一组连接并规范所有者、支配者、管理者和使用者之间相互的权利、利益和责任的制度安排。它是公司运行机制的基础和核心，其实质是公司各权力机关之间相互制衡的关系，这种制衡关系在实践中表现为某种组织结构和制度安排。对公司治理结构的整合是公司并购完成后整合的最基本内容。上市公司治理结构整合的目标就是要形成有效的激励机制，建立科学的监督体系。因此，如何建立一种有利于公司未来发展的公司治理结构是并购重组的重要内容。

（二）经营战略整合

经营战略整合是指并购公司与目标公司合并后，其经营战略的调整、融合与重构。不同的公司经营战略是不一样的，一旦公司进行并购，那么公司所面临的环境就会随之发生翻天覆地的变化。并购之后要想保证公司的正常运行，必须调整内部环境和外部环境之间的关系。只有正确处理好两者的关系，才能保证公司的发展。并购公司不仅会因摩擦、冲突消耗宝贵的内部资源，还可能会因此丧失进一步发展的机会。实际上，进行经营战略整合的最终目的是实现并购的经营协同效应，使并购之后两公司的总体效益大于两个独立公司效益之和。

（三）组织结构的整合

组织结构的整合不仅包括组织结构的重建和调整，还包括对保证组织结构正常运行的相关制度与相关业务流程的重建和调整。组织结构整合能够提高公司的运行效率，节约公司的管理费用。当公司完成并购交易后，就需要有新的组织结构来支撑公司的正常运转。倘若没有一个更有效率、更完善的层级组织来代替过去的组织结构，那么扩大了的公司可能会因效率过低而无法维持，原公司的组织结构与并购后不配套的公司的组织结构就会成为新公司发展的障碍。

（四）产品的整合

在上市公司并购交易结束后，合并双方都会面临各自产品的战略性调整。上市公司并购重组完成后，通常会面临并购后产品广度的扩张和产品深度的扩张及增加，只有明确了企业并购后的产品战略，才能对并购方现有产品进行分析整合。

（五）财务的整合

财务整合主要是指公司为了实现并购的财务协同效应而采取的资产整合和负债整合。通过财务整合可以降低公司的财务风险，提高公司的价值，最终形成财务上的协同效应，降低资本成本，优化资本结构。

（六）文化的整合

公司并购中文化的不融合与财务、产品或市场的不融合一样会产生很大的风险。企业并购中的文化冲突是内化于公司的根本性冲突，是公司制度、机制、组织、心理冲突的集中表现。并购公司的文化冲突所导致的并购危机主要表现在形象冲突、经营方式冲突、经营理念冲突、价值观冲突等方面。只有科学有效的文化整合，才会体现并购的优势，最终实现公司并购的目标。因此，对并购公司之间进行文化的整合是公司并购中至关重要的。

（七）人力资源的整合

当并购协议签订后，应该迅速进行人力资源的整合，因为若员工的利益得不到保障，就会影响公司的整体利益，使公司的新管理层难以获得员工的信任与尊重。鉴于此，公司必须有合理的激励机制，如此才能让公司所有的员工真正关心公司的发展。

（八）技术的整合

上市公司并购过程中技术的整合，既包括公司围绕主导产业和主导产品目标，对并购公司双方掌握的专有技术、专利和技术研究开发机制进行整合，其目标是形成合力，开发和生产出需要的产品和服务，又包括公司研发能力的提升和研发资金结构的合理化，它们是保证公司核心竞争力的关键。整合后的公司必须围绕核心技术进行系统的拓展性研究，加快技术的产业化进程。从理论上看，上市公司并购重组的意义和价值可概括为以下几个方面：实现规模经济；完善产业链，通过垂直整合形成经济效益；追求协同效应；提高管理效率；扩大市场份额。

第二节　上市公司并购重组法律体系分析

一、法律法规的核心体系

上市公司并购重组法律法规核心体系如图5-2所示。

图 5-2　法律法规的核心体系

二、上市公司并购重组涉及的法律

（1）《中华人民共和国公司法》（1993 年 12 月 29 日发布，1999 年 12 月 25 日修订，2004 年 8 月 28 日修订，2005 年 10 月 27 日修订，2013 年 12 月 28 日修订，2018 年 10 月 26 日修订）。

（2）《中华人民共和国证券法》（1998 年 12 月 29 日发布，2004 年 8 月 28 日修订，2005 年 10 月 27 日修订，2013 年 6 月 29 日修订，2014 年 8 月 31 日修订，2019 年 12 月 28 日修订）。

（3）《中华人民共和国企业所得税法》（2007 年 3 月 16 日发布，2017 年 2 月 24 日修订。

（4）《中华人民共和国企业国有资产法》（2008 年 10 月 28 日发布，2009 年 5 月 1 日施行）。

（5）《中华人民共和国外国投资法（草案征求意见稿）》（2015 年 1 月 19 日发布）。

三、上市公司并购重组监管法规、规章制度

（一）证券发行的相关规定

（1）《国务院关于进一步促进资本市场健康发展的若干意见》（2014 年 5 月 8 日发布）。

（2）《上市公司证券发行管理办法》（2006 年 5 月 6 日发布，2006 年 5 月 8 日起施行，2020 年 2 月 14 日修订）。

（3）《首次公开发行股票并上市管理办法》（2006 年 5 月 17 日发布，2015 年 12 月 30 日修订，2018 年 6 月 6 日修订）。

（4）《上市公司信息披露管理办法》（2007 年 1 月 30 日发布）。

（5）《关于规范上市公司信息披露及相关各方行为的通知》（2007 年 8 月 15 日发布）。

（6）《上市公司非公开发行股票实施细则（2017 修订）》（2007 年 9 月 17 日发布，2011 年 8 月 1 日修订，2017 年 2 月 15 日修订）。

（7）《上市公司股东发行可交换公司债券试行规定》（2008 年 10 月 17 日发布实施）。

（8）《证券发行上市保荐业务管理办法》（2008 年 10 月 17 日发布，2008 年 12 月 1 日施行）。

（9）《首次公开发行股票并在创业板上市管理办法》（2014 年 5 月 14 日发布实施，2018 年 6 月 6 日修订）。

（10）《创业板上市公司证券发行管理暂行办法》（2014 年 5 月 4 日发布实施，2020 年 1 月 10 日修订）。

（11）《优先股试点管理办法》（2014 年 3 月 21 日发布施行）。

（二）并购重组相关规定

（1）《国务院关于进一步优化企业兼并重组市场环境的意见》（2014 年 3 月 24 日发布）。

（2）《上市公司收购管理办法》（2006 年 5 月 17 日发布，2006 年 9 月 1 日实施，2006 年 7 月 31 日修订，2008 年 8 月 27 日修订，2012 年 2 月 14 日修订，2014 年 10 月 23 日修订）。

（3）《上市公司重大资产重组管理办法》（证监会令第 159 号，2008 年 4 月 16 日发布，2008 年 5 月 18 日施行，2011 年 8 月 1 日修订，2014 年 10 月 23 日修订，2016 年 9 月 9 日修订，2019 年 10 月 18 日修订）。

（4）《关于规范上市公司重大资产重组若干问题的规定》（2008年4月16日发布施行）。

（5）《关于填报上市公司并购重组方案概况表的通知》（2008年9月22日发布施行）。

（6）《关于修改上市公司重大资产重组与配套融资相关规定的决定》（2011年8月1日发布）。

（7）《关于加强与上市公司重大资产重组相关股票异常交易监管的暂行规定》（2012年12月17日实施，2016年9月9日修订）。

（8）《关于在借壳上市审核中严格执行首次公开发行股票上市标准的通知》（2013年11月30日发布实施）。

（9）《关于上市公司并购重组行政许可并联审批工作方案》（工业和信息化部、国家发展和改革委员会、商务部、中国证监会2014年10月24日联合发布实施）。

（10）《关于公开发行证券的公司信息披露内容与格式准则第16号上市公司收购报告书》（2002年11月28日发布，2006年8月4日修订，2014年5月28日修订）。

（11）《关于公开发行证券的公司信息披露内容与格式准则第17号——要约收购报告书（2014年修订）》（2002年11月28日发布，2002年12月1日施行，2006年8月4日修订，2014年5月28日修订，2014年12月24日修订）。

（12）《关于公开发行证券的公司信息披露内容与格式准则第26号——上市公司重大资产重组》（2008年4月16日发布，2008年5月18日实施，2014年5月28日修订，2014年12月24日修订，2017年9月21日修订）。

（13）《上市公司监管指引第1号——上市公司实施重大资产重组后存在未弥补亏损情形的监管要求》（2012年3月23日发布施行）。

（14）《上市公司监管指引第2号——上市公司募集资金管理和使用的监管要求》（2012年12月19日发布施行）。

（15）《上市公司监管指引第3号——上市公司现金分红》（2013年11月30日发布实施）。

（16）《上市公司监管指引第4号——上市公司实际控制人、股东、关联方、收购人以及上市公司承诺及履行》（2013年12月27日发布实施）。

（17）《关于鼓励上市公司兼并重组、现金分红及回购股份的通知》（2015年8月31日发布）。

（18）《关于首发及再融资、重大资产重组摊薄即期回报有关事项的指导意见》（2016 年 1 月 1 日实施）。

（三）股权激励相关规定

（1）《关于职工持股会及工会能否作为上市公司股东的复函》（2000 年 12 月 11 日发布实施）。

（2）《关于规范国有企业职工持股、投资的意见》（2008 年 9 月 16 日发布实施）。

（3）《关于实施〈关于规范国有企业职工持股、投资的意见〉有关问题的通知》（2009 年 3 月 24 日发布实施）。

（4）《关于上市公司实施员工持股计划试点的指导意见》（2014 年 6 月 20 日发布实施）。

（5）《上市公司股权激励管理办法》（2016 年 7 月 13 日发布，2016 年 8 月 13 日实施，2018 年 9 月 15 日修正）。

（四）中国证监会上市公司监管常见问题解答

（1）《上市公司监管法律法规常见问题与解答修订汇编》（2015 年 9 月 18 日发布）。

（2）《关于再融资募投项目达到重大资产重组标准时相关监管要求的问题与解答》（2015 年 11 月 27 日发布）。

（3）《关于上市不满三年进行重大资产重组（构成借壳）信息披露要求的相关问题与解答》（2015 年 12 月 4 日发布）。

（4）《关于重大资产重组中标的资产曾拆除 VIE 协议控制架构的信息披露要求的相关问题与解答》（2015 年 12 月 18 日发布）。

（5）《关于并购重组业绩奖励的有关问题与解答》（2016 年 1 月 15 日发布）。

（6）《关于上市公司发行股份购买资产同时募集配套资金的相关问题与解答》（2016 年 6 月 17 日发布）。

（7）《关于上市公司业绩补偿承诺的相关问题与解答》（2016 年 6 月 17 日发布）。

（8）《关于上市公司重大资产重组前发生业绩"变脸"或本次重组存在拟置出资产情形的相关问题与解答》（2016 年 6 月 24 日发布）。

（9）《发行监管问答——关于引导规范上市公司融资行为的监管要求》（2017 年 2 月 17 日发布）。

（10）中国证监会新闻发言人邓舸就并购重组定价等相关事项答记者问（2017 年 2 月 18 日发布）。

四、上市公司并购重组涉及国资管理的有关规定

（1）《国有股东转让所持上市公司股份管理暂行办法》（2007 年 6 月 30 日发布，2007 年 7 月 1 日实施）。

（2）《关于企业重组有关职工安置费用财务管理问题的通知》（2009 年 6 月 25 日发布实施）。

（3）《关于规范国有股东与上市公司进行资产重组有关事项的通知》（2009 年 6 月 24 日发布实施）。

（4）《金融企业国有资产转让管理办法》（2009 年 3 月 17 日发布，2009 年 5 月 1 日实施）。

（5）《企业国有产权交易操作规则》（2009 年 6 月 15 日发布，2009 年 7 月 1 日实施）。

（6）《关于推动国有股东与所控股上市公司解决同业竞争规范关联交易的指导意见》（2013 年 8 月 20 日发布实施）。

（7）《关于深化国有企业改革的指导意见》（2015 年 8 月 24 日发布实施）。

五、上市公司并购重组涉及外商投资的有关规定

（1）《外商投资产业指导目录》（1995 年 6 月 28 日发布实施，2002 年 3 月 11 日修订、2004 年 11 月 30 日修订，2007 年 10 月 31 日修订，2011 年 12 月 24 日修订，2015 年 3 月 10 日修订）。

（2）《外国投资者对上市公司战略投资管理办法（2015 年修正）》（2015 年 10 月 26 日发布实施）。

（3）《关于外国投资者并购境内企业的规定》（2005 年 10 月 28 日发布实施，2015 年 10 月 28 日修订）。

（4）《国务院办公厅关于建立外国投资者并购境内企业安全审查制度的通知》（2011 年 2 月 3 日发布）。

（5）《商务部关于外商投资管理工作有关问题的通知》（2011 年 2 月 25 日发布实施）。

（6）《商务部实施外国投资者并购境内企业安全审查制度有关事项的暂行规定》（2011 年 3 月 4 日发布实施）。

（7）《商务部关于涉及外商投资企业股权出资的暂行规定》（2012 年 9 月 21 日发布，2012 年 10 月 22 日实施）。

（8）《外商投资项目核准和备案管理办法》（2014 年 5 月 17 日发布，2014 年 6 月 17 日实施，2014 年 12 月 27 日修订）。

六、上市公司境外收购资产或股权的有关规定

（1）《合格境内机构投资者境外证券投资管理试行办法》（2007 年 6 月 18 日发布，2007 年 7 月 5 日实施）。

（2）《关于实施〈合格境内机构投资者境外证券投资管理试行办法〉有关问题的通知》（2007 年 6 月 8 日发布，2007 年 7 月 5 日实施）。

（3）《境外投资管理办法》（2009 年 3 月 16 日发布实施，2014 年 9 月 6 日修订）。

（4）《关于就修改〈合格境内机构投资者境外证券投资管理试行办法〉及其配套规则征求意见的通知》（2013 年 3 月 14 日发布）。

（5）《境外投资项目核准和备案管理办法》（2014 年 4 月 8 日发布，2014 年 5 月 8 日实施，2014 年 12 月 27 日修订）。

（6）《中国人民银行关于人民币合格境内机构投资者境外证券投资有关事项的通知》（2014 年 11 月 5 日发布实施）。

七、上市公司并购重组涉及外汇的有关规定

（1）《中华人民共和国外汇管理条例》（1996 年 1 月 29 日发布，2008 年 8 月 5 日修订）。

（2）《关于境内机构境外直接投资外汇管理规定》（2009 年 7 月 13 日发布，2009 年 8 月 1 日实施）。

（3）《合格境内机构投资者境外证券投资外汇管理规定》（2013 年 8 月 21 日发布）。

（4）《国家外汇管理局印发〈关于外国投资者境内直接投资外汇管理规定〉及配套文件的通知》（2013 年 5 月 11 日发布，2013 年 5 月 13 日实施）。

（5）《国家外汇管理局关于进一步简化和改进直接投资外汇管理政策的通知》（2015 年 2 月 13 日发布，2015 年 6 月 1 日实施）。

八、上市公司并购重组涉及税收的有关规定

（1）《中华人民共和国企业所得税实施条例》（2007 年 12 月 6 日发布，2008 年 1 月 1 日实施，2019 年 4 月 23 日修订）。

（2）《关于企业重组业务企业所得税处理若干问题的通知》（2009 年 4 月 30 日发布，2008 年 1 月 1 日实施）。

（3）《企业重组业务企业所得税管理办法》（2010 年 7 月 26 日发布，2010 年 1 月 1 日实施）。

（4）《关于纳税人资产重组有关增值税问题的公告》（2011 年 2 月 18 日发布，2011 年 3 月 1 日实施）。

（5）《关于纳税人资产重组有关营业税问题的公告》（2011 年 9 月 26 日发布，2011 年 10 月 1 日实施）。

（6）《关于纳税人资产重组增值税留抵税额处理有关问题的公告》（2012 年 12 月 13 日发布，2013 年 1 月 1 日实施）。

（7）《关于纳税人资产重组有关增值税问题的公告》（2013 年 11 月 19 日发布，2013 年 12 月 1 日实施）。

（8）《关于股权转让所得个人所得税管理办法（试行）》（2014 年 12 月 7 日发布，2015 年 1 月 1 日实施）。

（9）《关于 QFII 和 RQFII 取得中国境内的股票等权益性投资资产转让所得暂免征收企业所得税问题的通知》（2014 年 10 月 31 日发布，2014 年 11 月 17 日实施）。

（10）《关于促进企业重组有关企业所得税处理问题的通知》（2014 年 12 月 25 日发布，2014 年 1 月 1 日实施）。

（11）《关于企业改制重组有关土地增值税政策的通知》（2015 年 2 月 2 日发布，2015 年 1 月 1 日实施）。

（12）《关于进一步支持企业事业单位改制重组有关契税政策的通知》（2015 年 3 月 31 日发布，2015 年 1 月 1 日实施）。

（13）《关于企业重组业务企业所得税征收管理若干问题的公告》（2015 年 6 月 24 日发布实施）。

九、上海证券交易所涉及并购重组的有关规定

（1）《上海证券交易所上市公司关联交易实施指引》（2011 年 3 月 4 日发布，2011 年 5 月 1 日实施）。

（2）《上海证券交易所上市公司募集资金管理办法（2013年修订）》（2013年3月29日发布实施）。

（3）《关于规范上市公司筹划非公开发行股份停复牌及相关事项的通知》（2014年11月25日发布实施）。

（4）《关于落实非许可类并购重组事项信息披露相关工作的通知》（2014年12月15日发布实施）。

（5）《关于并购重组反馈意见信息披露相关事项的通知》（2015年1月8日发布实施）。

（6）《上市公司重大资产重组信息披露及停复牌业务指引》（2015年1月8日发布实施）。

十、深圳证券交易所涉及并购重组的有关规定

（1）《上市公司业务办理指南第10号——重大重组停牌及材料报送（2009年修订）》（2008年月18日发布实施，2009年9月25日修订）。

（2）《深圳证券交易所关于加强与上市公司重大资产重组相关股票异常交易监管的通知》（2012年11月6日发布，2012年12月17日实施）。

（3）《关于做好不需要行政许可的上市公司重大资产重组预案等直通披露工作的通知》（2014年12月12日发布实施）。

第三节　上市公司收购的方式选择

近些年，随着市场机制的日趋完善，企业并购的数量呈现稳步上升态势，企业并购成为企业发展的重要手段，既实现了资源优势整合，又推动了企业的跨越式发展。然而，企业并购属于极为复杂的资源重组活动，牵涉方方面面的问题，应该对其环节进行认真分析，确保企业收购的顺利进行。

收购是公司对外投资的基本方式之一，在公司对外投资中占有很大比例。收购方式是指收购方对业已存在的目标公司实行股权收购或资产收购，使收购方成为目标公司的控股股东，或接管目标公司的资产和业务的投资行为。收购具有以下三个基本特点：①使用目标公司平台或继续目标公司的业务；②投资成本较高，但收购后业务的起点也高；③整合难度较大，但整合成功后效益也大。

收购衍生出股权收购和资产收购两种基本模式。从公司视角看，无论是股

权收购还是资产收购，与新设投资相比的最大特点是化竞争之"敌"为竞争之"友"，减弱市场竞争压力，使收购方在目标市场获得超额利润。因而，收购通常要接受反垄断相关法规的限制。

一、股权收购

（一）股权收购的概念及优缺点

股权收购是指收购方通过协议购买目标公司的股权或认购目标公司的增资，成为目标公司股东，进而达到参与或控制目标公司的目的。

1.股权收购的优点

（1）无须新设公司

股权收购通常无须新设公司，仅履行对目标公司的股东变更程序。通常情况下，收购方将继续使用目标公司的经营平台，目标公司也将存续下去。

（2）业务开展起点高

股权收购后，目标公司仅股东结构发生变化，而公司名称和市场主体不变。收购方容易继承目标公司原有的产品市场份额、销售渠道及业务关系，产品销售和业务开展无须从零开始。

（3）团队人员成熟

与新设投资相比，目标公司的管理团队和技术团队现成，可节约大量的培训时间和培训经费。通常情形下，股权收购中只有目标公司的高管人员会有调整，其余员工与目标公司的劳动合同将会继续履行。

（4）节约流转税税款

在资产收购情形下，交易标的是目标企业的资产，土地使用权等资产所有权主体发生转移，需要收购方依法缴纳契税，目标公司依法缴纳增值税。而在股权收购情形下，目标公司需要资产的所有权不发生直接转移，无须缴纳增值税和契税。

（5）化竞争之"敌"为"友"

在新设投资方式下，目标市场的竞争对手始终存在，收购方的加入使市场竞争更加激烈；在股权收购情形下，竞争对手减少，收购方的队伍却壮大了，从而改变了市场竞争格局，收购方容易获得垄断利润。

2.股权收购缺点

（1）收购方遭受目标公司权益减损风险

股权收购后目标公司作为民事主体将持续存在，因而有关民事权利义务具有延续性。假若目标公司原股东信息披露不真实、不全面，可能导致目标公司负债，使收购方对目标公司的权益减损。这是股权收购最主要、最难防范的风险。

（2）收购程序复杂导致收购成本较高

股权收购的程序较为复杂，必须征得目标公司存续股东的同意，修改目标公司章程也要与存续股东进行谈判，为规避或有负债须进行大量的尽职调查工作。

（3）收购后的公司整合难度较大

股权成功过户仅是收购完成的第一步，后续还要进行收购方与目标公司在文化、制度、市场等方面的整合，产生协同效应。在地域文化、法律法规存在较大差异的情形下，尤其收购方对目标公司仅为相对控股，收购后的整合及收购方对目标公司行使管理权会遇到困难，甚至可能导致收购失败。

（4）股权收购受到反垄断法的限制

《中华人民共和国反垄断法》规定，具有或者可能具有排除、限制竞争效果的经营者集中属于垄断行为。

经营者集中是指下列情形：经营者合并；经营者通过取得股权或者资产的方式取得对其他经营者的控制权；经营者通过合同等方式取得对其他经营者的控制权或者能够对其他经营者施加决定性影响。

（二）股权收购三种模式

股权收购通常具有三种操作模式：受让股权、增资扩股和公司合并。此三种模式的交易标的和内涵均相同，都是股东获取目标公司权益，但适用的具体情况、操作流程各不相同。

1. 受让股权

受让股权是最基本、使用最多的股权收购模式，是指收购方通过向目标公司原股东购买股权，从而成为目标公司的新股东。受让股权的交易双方是收购方和目标公司拟出让股权的股东，一般需要依照法律程序进行股权转让、修改公司章程及变更公司登记等，需要目标公司的存续股东放弃对交易股权的优先购买权。

2. 增资扩股

增资扩股是指收购方向目标公司投资以增加注册资本，从而成为目标公司新股东。收购方要与目标公司全体股东发生权益对价关系，交易的实质仍然是股东对目标公司的权益。相对于受让股权模式，增资扩股较为复杂，操作难度较大，必须履行收购方增资额与目标公司原股东权益的比价程序，以及向目标公司增资的法律程序。前述比价即货币与资本的价值比例问题，需要交易双方协商确定。

3. 公司合并

公司合并是收购方或其子公司与目标公司合并，从而实现对目标公司的控制。合并方按照各自拥有的权益确定其在合并后公司中所持股权比例，这关系到各股东的切身利益，也是公司合并的重点和难点。

（三）股权收购适用条件

作为收购的高级形式，适用股权收购的前提条件十分严格。假若背离这些条件，不仅会使收购失败，还可能导致收购方遭受巨大损失。

适用股权收购的前提条件如下。

（1）目标公司的产品、市场份额[①]、销售渠道、品牌、机器设备、场地等对收购方具有利用价值。假设没有利用价值，收购方就无收购的必要。

（2）目标公司管理较为规范。若目标公司管理不规范，尤其没有规范、严谨的财务制度，或者资产、财务、纳税等管理混乱，则最好不要使用股权收购，而应使用资产收购，否则对收购方来说风险较大。

（3）出让方对目标公司的信息披露较为充分。若股权出让方无法或不愿对目标公司的信息进行披露，而收购方又不能从其他渠道获得足够信息，且目标公司的股权没有公允价值，收购方无法对目标公司的权益做出合理的判断和估值，则不宜进行股权收购。

（4）目标公司对无用资产进行事先剥离。若目标公司的资产横跨数个行业，则可能部分资产已是垃圾资产或者是收购方的沉重负担。此种情形下，若收购方拟对目标公司进行股权收购，应要求目标公司对没有利用价值的资产或垃圾资产、业务进行剥离。

（5）目标公司的原股东，特别是拟出让股权股东。不存在虚假出资的情形，也不存在依法应当对公司债务承担连带责任的情形，否则收购方后续将处于风险之中。

二、资产收购

（一）资产收购的概念

资产收购是指收购方通过购买目标公司主要资产、重大资产、全部资产或实质性资产并运营该资产，从而获得目标公司的利润创造能力，实现与股权收购类似效果。资产收购的交易标的和内涵是目标公司的特定资产，交易对方是目标公司。资产收购所需要的行政审批较少，但资产过户交割手续、税务处置较为复杂。

---

① 市场份额亦称"市场占有率"。

（二）资产收购的特点

（1）资产收购一般不会遭受目标公司或有负债的损失，这是其最大特点与最大优点。

（2）目标公司无须对经营状况进行全面披露。资产收购的后续经营不借助目标公司这个经营平台，可以不像股权收购那样必须对目标公司经营状况做全面尽职调查。在目标公司对其经营、财务、管理等做有限信息披露的情况下，收购方只要对拟并购资产的构成、性能、效率、状况、市场、品牌竞争态势等有准确的认知，确定目标公司出让资产的行为合法有效，就可以进行资产收购。

（3）资产收购的一般法律程序为新设公司和受让资产。从实务视角看，绝大多数资产收购需要在资产所在地新设公司，作为拟收购资产的后续运营平台，这比股权收购多履行一道法律程序。

（4）多数情况下，目标公司出让资产后成为"空壳"，后续需要履行清算程序，股东或投资者取回投资及回报，而目标公司最终会走向解散。

（5）资产收购的税收负担较股权收购重。股权收购一般仅产生印花税，也可能产生所得税。资产收购不仅会产生印花税和所得税，还可能产生增值税和契税等。

（6）资产收购后的整合难度小于股权收购。在资产收购情形下，公司的管理架构、决策层和团队往往是全新的，可以摆脱目标公司的影响。

（7）资产收购后，收购方一般需要追加投资，或进行技术改造，添置新的设备，或追加流动资金，扩大经营规模。

（8）员工需要与目标公司解除劳动合同，与接收资产的公司另行签订劳动合同。此过程处理得好，收购方可以甩掉处理目标企业冗员的麻烦。

（9）资产收购与股权收购一样，也要受到《反垄断法》的限制，不过限制较小而已。

（三）资产收购的模式

1. 间接资产收购

间接资产收购是指收购方在资产收购谈判基本确定的情况下，在目标公司所在地新设子公司，由该子公司受让并经营拟收购资产。从实务视角看，收购方和目标公司通常不在一个工商、税务管辖区，收购方不能将资产转移回收购方所在地从事生产经营，只能在收购资产原地从事经营活动。因而，绝大多数资产收购都会采取新设公司受让目标公司资产的操作模式。

2.直接受让资产

这种模式通常只适用于收购停产企业或破产企业。零资产收购是其中比较重要的一种模式。所谓零资产收购，即收购方以"零"对价从目标公司原股东处获取该公司资产。因此，零资产收购是采用"正负打包"方式，即将负资产和正资产并在一起，收购方不直接出钱或象征性地出很少钱（如1元钱），但后续可能要承担大量的债务或义务。零资产收购通常在以下情形下发生：①被收购公司净资产小于或等于零；②被收购公司净资产虽为正数，但企业有着较重的社会负担，如人员安置，或债权数额较大，存在较大的资金回笼风险。零资产收购是资本市场中人们对法律制度的一种充分运用形式，被收购目标公司的新老股东将在各自的发展过程中，根据公司的长远目标，对公司的股权构架、资产分布、产业定位进行有效的、低成本的整合。

（四）资产收购的适用条件

（1）目标公司的资产能够满足收购方价值创造的需求。

（2）对目标公司限制竞争。从实务视角看，资产收购方购买目标公司资产很多时候是为了承继目标公司产品的市场份额和已有业务，因而目标公司必须保证在出让资产后不在目标市场投资从事同类生产经营和业务活动。

三、净壳收购

（一）净壳收购的概念

净壳收购通常是指收购方在收购的同时或收购后把其部分资产与上市公司全部资产进行整体置换，并由上市公司原大股东承担置换出上市公司全部资产。在该重组模式中，"壳公司"的原有全部资产被原大股东买回，因此收购方收购的实际上仅仅是上市公司这个"壳"。

（二）净壳收购的特点

（1）置换的资产实际上是会计学中的净资产的概念。根据会计学原理，企业的资产由负债和股东权益组成。上市公司用于确定置换的资产载体实际应是其净资产部分，即资产减去负债之后的部分。

（2）资产置换的对象。整体资产置换中的"整体"针对的是上市公司。对于收购方而言，其用于置换的资产在绝大多数情况下只是部分资产。

（3）资产置换的法律约束。涉及置换的所有资产必须经过由国家认定的、具备证券从业资格的资产评估机构评估，并以评估值作为置换的基础。若涉及国有资产，为防止国有资产流失，最终交易价不得低于评估价格。

（三）成本收益分析

1. 收购方成本收益分析

净壳收购模式之所以被许多收购方看好，是因为它使收购方实际发生的净现金流出数量很少。对许多拥有大量实业资产但缺乏现金的企业而言，净壳收购无疑是一种较好的收购方式。

收购方最大的收益是通过该交易拥有了一家上市公司"壳"资源，可以借此进入中国资本市场，打通直接融资渠道。同时，收购方借助收购及后续运作一举成为中国数千万投资者关注的焦点，收购方的无形资产增加很多。另外，收购方注入"壳公司"的净资产会相应带着部分债务，这部分债务原来由收购方全部承担，现在只需要按其在"壳公司"中的持股比例来承担。因此，收购方对这部分债务的负担有所减轻。

对于收购方而言，采取净壳收购模式的直接成本是上市公司的"壳费"。除此之外，收购方还承担其他一些成本，如收购方注入"壳公司"优质资产被其他股东分享的成本。这一成本实际上很容易被忽视，却是收购方承担的最大成本。这部分成本的高低取决于"壳公司"第一大股东在"壳公司"中的持股比例。持股比例越高，这部分成本就越小（被其他股东分享的比例就小）；持股比例越低，这部分成本就越大。另外，净壳收购模式包含收购和资产整体置换两大部分，操作过程很复杂，其中有财务顾问、资产评估机构、律师事务所等中介机构的参与。通常情况下，数百万元的中介费用不可避免。

2. 出让方成本收益分析

出让方的直接收益即获得了一笔"壳费"。同时，通过整体资产置换，出让方获得对原"壳公司"中净资产 100% 的控制权，从而获取超过自己持股比例之外的净资产。

出让方最直接的损失就是失去对上市公司的控制权和在股市直接融资的渠道，淡出中国资本市场，也相应失去拥有上市公司资源带来的诸多有形或无形收益。同时，出让方承担了原"壳公司"全部的债务，原来出让方只根据其在"壳公司"中的出资比例来承担债务，现在要全部承担这部分债务。虽然债务负担有所加重，但这是其对多增加一块净资产的一种代价。另外，在资产评估时，出让方必须承担部分评估费用。

第六章　上市公司的股权结构

股权是股票所有者的权利。股权结构影响公司的治理结构。公司要想实现发展，应当完善其治理结构，而完善结构的前提是在各大股东之间分配好股权。目前，上市公司的股权结构最大的问题是股权过度集中，而当前国内外的研究没有针对股权结构的讨论，大部分都在研究股权结构与企业绩效之间的关系，少有解决混乱的股权结构的方法。因此，对股权结构问题的研究有一定的实践意义。

第一节　股权结构对企业绩效的影响

一、理论背景与股权结构的影响

股权结构，也有学者称之为所有权结构，一般包括公司股权构成的性质及其比例关系。作为公司治理的重要机制之一，股权结构影响企业决策与资源配置，从而有可能影响企业绩效。股权结构与企业绩效之间的关系受到学术界的广泛关注。一方面，詹森（Jensen）与迈克林（Meckling）在研究分散的股权结构时提出了代理理论，认为在拥有众多小股东的企业中，若没有相应的报酬，可能没有任何一个小股东愿意去监督管理层的表现，而提高内部股东持股比例或大股东的存在能够降低代理成本，提升企业绩效。另一方面，詹森等发现，大股东为了实现自身利益的最大化，有可能通过"隧道效应"侵害中小股东的利益，产生掏空行为，从而降低企业绩效。此外，哈罗德·德姆塞茨（Harold Demsetz）[1] 等在研究美国企业的股权结构时，开始关注股权结构的内生性问题，认为受利益最大化的影响，股东会基于自身的成本和收益来确定最

---

① 哈罗德·德姆塞茨（Harold Demsetz），1930 年生于美国伊利诺伊州芝加哥。

佳的持股比例，股权结构是企业在考虑所处的宏观环境和微观环境后，结合自身特点自我选择的结果。股权结构与企业绩效之间的关系在不同的企业之间存在较大的差异，并无固定的模式。可以看出，股权结构对企业绩效的影响在学术界仍存在着一定的争议。

二、影响企业业绩的股权结构

（一）大股东持股与企业绩效

大股东持股对企业价值的影响研究主要从大宗股权交易入手。巴克利（Barclay）和霍尔德内斯（Holdernes）首次对大宗普通股交易的定价进行研究，从而为控制权私利提供系统证据的文献。他们提出，如果大股东获取的公司利益和他们持有的所有权成比例，即不存在控制权私利，那么大宗所有权应该以交换价格进行交易，相反，如果大股东预期投票权能使其获取并不归属于中小投资者的私利时，那么大宗所有权将以高于交换价格的价格进行交易，这里的溢价就相当于控制权私利的折现值。研究发现，与披露后的股票交换价格相比，大宗普通股的交易通常具有相当高的溢价（溢价的平均数为20%，中位数为16%）。有学者对溢价横截面的检验也为控制权私利提供了其他支持性证据。他们发现在其他变量保持不变的情况下，大宗股票交易的规模越大，溢价越高。可见，持股比例越高，股权收购者实现控制权的可能性越大，并且交易之前的公司绩效和溢价规模正相关，这是因为绩效好的企业才可能支付更多的控制权私利。

之后的一些研究也发现了大宗股权通常都以高于交换价格的价格进行交易，并且认为这些大型溢价反映了预期的控制权私利。对1978—1987年的37起股权交易进行的研究发现，溢价的平均值为9.2%，溢价的中位数为5.5%。梅耶（Mayers）发现的溢价均值为13.6%，中位数为10.1%，并且当交易的股权超过企业发行在外普通股的25%时，溢价规模趋于更大。以意大利企业的大宗股票交易为研究对象。研究发现，溢价的平均值为27%（中位数为8.3%）。他们认为，意大利企业的溢价要高于美国企业，这是因为意大利法律对大股东权利、行为等方面做出的限制极为有限，从而为控制权私利提供了更大的可能性。

（二）管理层持股与企业绩效

针对管理层持股水平和企业价值之间呈"锯齿"形关系，而不是传统认同的单一线性关系，相关学者采用"利益协调"和"管理层防御"假说进行了解释。当管理层持股比例较低时，持有一定比例的股份使管理层必须承担其行为的相应后果，从而抑制可能的渎职、在职消费、非企业价值最大化的经营决策等行为，管理层和股东的利益趋于协调；当管理层持股比例超过某一临界点，随着持股比例的增大，管理层逐渐取得了对企业的控制权，这其中包括对董事会的控制权、对董事和高管的人事任免权等，从而使管理层能够不受股东所有权约束，构建自主的"经理帝国"。

麦康奈尔（McConnell）和瑟韦斯（Servaes）对纽约证券交易所和美国证券交易所上市公司的托宾 Q 值[①]与管理层持股比例、外部大股东持股比例之间的关系进行检验。他们发现当内部所有权趋近 40%～50% 之前，托宾 Q 值一直处于不断上升的趋势，但是所有权超过这一比例之后，托宾 Q 值开始逐渐下降。同时发现托宾 Q 值和是否存在外部股东[②]以及外部股东的持股比例不存在显著相关性。研究结果只支持在 0～5% 内部所有权区间的发现。

科莱（Kole）指出，麦康奈尔（McConnell）的研究结果之所以存在差异是因为两者采用的样本公司的规模存在差异。默克（Morck）等采用了财富 500 强中的 371 家样本公司为研究对象，这些都是大规模公司，而麦康奈尔（McConnell）和瑟韦斯（Servaes）采用的样本公司的规模明显小于前者。虽然 Kole 得出了大致相同的结论，但她指出这种管理者持股比例与公司价值之间的正相关关系在小公司中可以维持到较高的比例，但在大公司中则只能维持在较低的比例。

凯尔西（Keasey）等学者以英国上市公司为研究对象，以公司市场价格和账面价值之比、股票收益率作为衡量公司绩效的指标。研究发现，公司绩效是管理层持股比例的三次函数，并且当管理层持股比例达到 12% 时，管理层防御效应开始替代利益协调效应。较之默克（Morck）等发现 5% 为管理层持股的激励效应开始发生转变的临界点，凯尔西等发现的临界点显然要高很多。研究认为，这是因为英国机构投资者发挥监督作用带来的协调效应更显著，以及市场环境的差异导致英国企业的管理层抵制收购的能力受到限制。米格尔（Miguel）和德拉托雷（de la Torre）发现，西班牙企业的内部所有权和企业价值之间也存在类似的非线性关系。卡林（Carlin）和亚达夫（Yadav）

---

① 影响货币政策效果的原因之一，被定义为一项资产的市场价值与其重置价值之比。它也可以用来衡量一项资产的市场价值是否被高估或低估。

② 该文没有明确界定"外部股东"（Outside Stockholder）；外部股东指的是非高管的大股东还是既不是高管也不是董事的股东，McConnell 与 Servaes 没有说明。

发现，英国企业合并之后管理层所有权和企业绩效改进正相关。克莱森斯（Claessens）和迪亚戈（Djanko）以捷克企业为研究对象，发现管理层持股对企业绩效不具影响力，但是企业的绩效随着新管理人员上任得到改进。当管理人员是由个人所有者而不是政府选派时，这一关系更为显著。泰勒（Taylor）和塞韦尔（Saywell）发现对澳大利亚企业而言，内部所有权和企业绩效之间仅存在微弱的曲线关系，并且这一关系在不同研究期间的稳定性不足，在不同企业规模样本组中也不一致。

（三）最终控制人与企业绩效

近年来的研究侧重从最终控制人控制权和现金流量权两权分离的角度来讨论控制权私利问题，这其中包括两权分离的程度以及实现两权分离的机制等方面的研究。所有权的适度集中有助于提升企业的价值，但是控制权和现金流量权的差异性过大则可能带来企业价值的减损。

研究以 27 个发达国家的大型企业为对象，检验投资者保护和控股股东所有权对企业价值的影响。研究采用一国法律所属法系和该国投资者保护的法规指数计量投资者保护，采用企业控股股东的现金流量权计量控股股东侵害中小投资者的激励，采用托宾 Q 值计量企业价值。回归结果表明，投资者保护较为完善的外部法律环境和较高的企业资产价值相联系，控股股东较高的现金流量权和较高的企业价值相联系。

克莱森斯（Claessens）和迪亚戈（Djanko）等学者以 1996 年亚洲金融危机之前东亚九国 2 658 家大型企业为研究样本，采用超额价值①计量企业价值，检验控股股东持有的现金流量权和控制权与企业价值之间的关系。研究发现，控股股东持有的现金流量权和企业价值呈正相关，持有的控制权和企业价值呈负相关，现金流量权和控制权之间的差异性越小，企业价值越高。如果进一步考虑控股股东的性质，现金流量权和企业价值之间的正相关性在股权分散的金融机构尤为显著，控制权和企业价值之间的负相关性在家族企业、股权分散的金融机构更为显著。但在控股股东为国家和股权分散的商业企业情况下，控制权和企业价值之间不存在相关性。研究结果主要受东亚经济中普遍存在的家族企业的影响。克莱森斯（Claessens）和迪亚戈（Djanko）继续以 8 个东

---

① 超额价值＝企业的实际价值/企业的估算价值。实际价值＝普通股的市场价值＋债务的账面价值。估算价值的计算较为复杂，先采用所有企业在某一行业分部的市值销售比计算出该行业的整体市值销售比中位数，再以单个企业每一行业分部的销售水平乘以该行业的市值销售比中位数，并将企业各行业分部的乘积相加，从而得出企业的估算价值。

亚国家中的1 301家上市公司为研究对象，研究大股东持有的现金流量权带来的正面激励、持有的控制权带来的负面防御效应对企业价值的影响，对企业价值采用市值账面价值比和托宾Q值进行计量。研究发现，企业价值随着控股股东持有的现金流量权的增加而提高，随着控股股东持有的控制权的增加而降低。

林斯（Lins）对18个新兴市场国家的所有权结构和企业价值之间的关系进行检验。研究发现控制权和现金流量权相分离在新兴市场具有相当的普遍性，并且将导致企业价值下降。有学者以韩国大型企业集团的并购活动为研究对象，考察集团内的企业是否从并购中受益，或者说并购行为仅仅是为控股股东做出利益输送行为提供了一个机会。研究发现，当集团中的某一个企业宣布进行并购时，该企业的股价通常会下跌，由此，集团的中小投资者会遭受损失。但是集团的控股股东则从并购中受益，因为并购提升了集团内其他未进行并购活动的企业的价值。因此Bae等认为，并购是集团最终控制人转移中小投资者财富的一种途径。有相关学者以意大利上市公司的所有权和控制权结构对高管变动和企业价值的影响为研究对象，发现当控股股东同时是高管人员、企业控制权完全由一名控股股东而不是若干核心股东控制、控股股东持有的现金流量权低于50％时，高管变动对企业绩效的敏感性较小，且企业的托宾Q值较低。伯特兰德（Bertrand）、梅塔（Mehta）和穆莱纳桑（Mullainathan）以印度企业为研究对象，以盈余意外[①]在企业集团内部的传播程度来检验利益输送问题。研究发现，当集团所有者持有的现金流量权比例较低时，集团内部存在相当显著的利益输送行为。还有学者以韩国企业为研究对象发现，只有当企业的控股股东持有较高的现金流量权的时候，企业才可能具有较高的获利能力；当企业是商业集团的一部分时，其获利能力将受到影响。林斯（Lins）和瑟韦斯（Servaes）发现，日本的企业如果成为产业集团的一部分，那么这些企业更容易发生多元化折价问题。戈顿（Gorton）和希姆德（Schimd）指出，如果德国的银行持有和投票权相对应的股份，那么银行对企业的控制与企业的资产收益率呈正相关。如果银行持有的仅是他人的代理表决权，那么银行控制权对企业的资产收益率没有影响。

在美国，最为普遍的两权分离机制，即不同的普通股股东具有不同的表决权。麦康奈尔（McConnell）和米克尔森（Mikkelson）以及津加莱斯

---

① 交易量反应研究方法无须估算实际盈余与预期盈余间的差异，具有简洁、直观的特点，但它只能说明公告日前后股票交易量是否发生了变动，即是否受到了公告的影响，而无法说明具体的影响程度。

（Zingales）的研究发现，在美国，一些股票偏离了"一股一权"的原则，较之具有次等投票权的股票，具有优等投票权的股票的交易价格有一定的溢价，这一溢价被认为是控制权私利的体现。戴克（Dyck）和津加莱斯（Zingales）对39个国家的大型控制权交易中具有投票权和不具有投票权的股权的溢价差异进行研究发现，投票权溢价在不同国家间存在相当大的差异，并且投票权溢价和一国投资者法律保护的程度呈负相关。

第二节　股权结构对财务报告质量的影响

一、管理层持股对财务报告质量的影响

研究学者于1995年以美国企业为研究对象，考察管理层持股水平与会计盈余信息含量之间的关系，提出会计盈余的信息含量、可操纵应计会计项目的规模随着管理层在公司的持股水平发生变化。管理层持股水平和会计盈余信息含量之间可能存在两种关系。第一，管理层持股和以会计数字为基础的契约性限制是可以相互替代的监督或激励机制。在管理层持股水平较低的情况下，公司治理将更为倚重契约性限制，管理层可能通过会计政策选择等自利行为做出反应，从而造成会计数据在计量经济绩效上信息含量不足。而持股比例较高时，管理层受到来自资本市场的压力也相对较小，兼之个人在公司股权投资方面的考虑，管理层所披露的会计信息将更加反映企业的经济实质而不是管理层的个人私利。第二，管理层持股比例和会计盈余质量之间具有内生性，即企业经营绩效计量上的困难影响了管理层的所有权水平。如果会计信息在计量企业经济绩效上信息含量不足，那么较高的管理层持股水平就可能是企业组织结构方面对此做出的一种应对。当管理层持股水平低于5％时，盈余和收益之间的相关性达到0.21；当持股比例超过45％时，两者相关性增加一倍；当管理层持股水平低于5％时，应计性调整的绝对值是管理层持股水平高于45％时的两倍多。

之后一系列研究也针对管理层持股水平和会计盈余信息含量这一问题，以不同国家的企业为对象进行了研究，这些研究进一步表明，盈余信息含量随着所有权环境不同有所差异。加布里埃尔森（Gabrielsen）等人以丹麦企业为研究对象，研究结果和加菲尔德（Garfields）等的发现正好相反。加布里埃尔森等发现，丹麦企业的管理层持股比例和会计盈余信息含量之间具有显著的负相关关系。他们认为，研究结果的差异是因为丹麦和美国的制度性背景存在差异。

第一，丹麦企业具有高度集中的所有权和控制权，这一点和美国高度分散的所有权结构存在相当大的差异；第二，美国法律限制银行等金融机构持有非金融企业的大型所有权，但是丹麦等国家的银行显然没有面临这些限制；第三，丹麦企业管理层在企业所持有的所有权规模要大于美国。管理层持股比例相当高、股权分散情况下管理层持股的"利益协调"效应不再发挥作用，代之以"管理层防御"效应。

2002 年有学者以新加坡企业为研究对象，对加菲尔德（Garfields）等的研究结果进一步发展，发现了在东亚经济环境中管理层持股水平和会计盈余信息含量之间存在非线性关系，并且外部非关联大股东对管理层的盈余操纵行为具有监督作用。荣格（Jung）等人对韩国企业的所有权结构和盈余信息含量之间的关系进行了检验，韩国企业的所有权结构也具有一些特殊性。研究发现，所有者兼管理人员所持有的股权比例越高，会计盈余对股权收益的解释力也越强；随着机构投资者和大型所有者持股比例上升，第一大股东持股比例和盈余信息含量之间不存在显著相关性。

二、最终控制人对财务报告质量的影响

相比之下，由于近年来才开始最终控制人研究，有关最终控制人对财务报告质量影响的研究相对较少。专业研究人员以 7 个东亚国家中 977 家上市公司的所有权结构为研究对象，检验上市公司最终控制人持有的控制权和两权分离程度对会计盈余信息含量的影响，研究提出"信息观"和"防御观"两个待检验假说。"信息观"认为，集中的所有权能够限制企业对外披露的信息，信息不透明阻止了企业将特有的信息传递给潜在竞争对手，从而避免了不必要的政治或社会关注，因此控股股东和中小投资者都倾向向公众披露尽可能少的会计信息。"防御观"认为，如果所有者对企业具有有效的控制权，那么也就控制了企业会计处理和财务报告的会计政策选择权，并且随着两权分离程度增大，外部投资人将预期控股股东提供会计信息是出于个人私利而不是为了反映企业潜在的经济实质。"信息观"预期最终控制人的控制权水平和盈余信息含量呈负相关，"防御观"预期最终控制人两权分离的程度和盈余信息含量负相关。研究结果支持了上述两个假说。

弗朗西斯（Francis）、席佩尔（Schipper）和文森特（Vicent）以具有不平等投票权的普通股为研究对象，检验了发行不平等投票权普通股的公司和仅发行单一投票权普通股的公司在会计盈余信息含量和股利信息含量上的差异性。研究认为，发行单一投票权普通股的公司，股票的现金流量权和控制权相

一致，控股股东承担了其决策行为的相应后果；发行具有不平等投票权普通股的公司，具有优先投票权的股票其投票权通常高于具有次等投票权的股票，但是这两类普通股的现金流量权是相同的，因此具有优先投票权的股东无须承担相应比例的行为后果。持有次等投票权股票的股东在企业的决策过程中可能处于一种被侵害、财富被转移的地位，这一类股东对企业披露的财务信息的置信度也就不高。有研究表明，当投资者判断当期会计盈余并不是未来盈余的可靠预期时，他们对企业未来价值的评价将更多考虑企业股利状况。因为在控制权高度集中、两权分离程度比较大的情况下，股利政策可以被视为抑制侵害的一种非法律性承诺。所以较之同一企业披露的会计盈余，具有次等投票权的股东将更为信赖现金股利所传递的信息。研究提出了两个待检验假设：较之单一类型股票的收益，次等投票权股票的收益与会计盈余之间的相关性较弱，与现金股利信息之间的相关性较强。研究结果支持了这两个假设，也证明了发行不平等表决权股票对企业会计盈余可靠性的影响。

第三节　我国上市公司股权结构研究现状

一、股权结构的概念和类型

（一）股权的概念

股权是股票所有者的权利，它给予持有者一定的权益，并要求其承担相当的义务。股权是股东根据自身地位可以向公司要求的权利。在企业所有股本中，具有不同属性的股份所占的比例以及它们内部的联系即为股权结构。

（二）股权的类型

股权结构可以按照股权集中度和股权属性这两个标准来进行划分。首先，按股权集中度，股权结构可划分为三种类型。第一种是股权高度集中型。在这种类型下，上市公司发行股票的大部分被绝对控股股东买下。绝对控股股东拥有的股份与其他投资者相比具有压倒性的优势，拥有绝对控制权。第二种是股权高度分散型，即不存在同一个人拥有一定数量的上市公司股票的情况，公司中没有大股东。在这种情况下，公司的所有权和经营权几乎没有交叉部分。第三种是公司有一位拥有公司大部分股票的大股东，但是达不到绝对控股状态，只能相对控股。其次，按照属性划分，股权可以分为两类，即流通股和非流通股。非流通股是指上市公司在对所有公众发行股票之前，其股东决定暂时不在市场上交易，在这一时间段，股票想要流通只能通过协议转让。流通股是指在上市公司的股份中，能够在交易所自由买卖的股票。

二、我国上市公司股权结构目前存在的问题

在现阶段中国的上市公司中，很多学者都用"一股独大"来形容股权结构。这意味着控股大股东持股比例高且稳定。股权高度集中问题在国有股控股方面尤为明显。由于中国上市公司大部分是由重组改制而成，因此股票的集中性相对很高，这类股权结构给公司的管理与整治带来了许多阻力。这种股权结构的不合理性主要表现为不同类型股份在总股权中所占比重相差太大，大股东处于一种绝对优势的地位。股权的过度集中会导致控股股东对公司的参与程度过高，从而导致董事包括独立董事、监事甚至中介机构缺乏独立性，进而导致较为严重的利益侵占问题。

（一）以股东为研究目标

对国有企业、上市公司所有权问题的讨论一直是我国理论界的一个热点，从早期的纯粹定性分析，到后来辅之以定量的经验性检验，我国企业股权结构的研究主要有以下几个特点：第一，多数研究以企业的直接股东为研究对象，研究范围主要包括股权构成（性质）和股权集中度两方面。第二，从服务国企改革出发，研究多关注国有企业、国有上市公司的股权结构问题。随着"国退民进"改革思路的提出，民营经济的股权结构问题开始受到关注，但在研究中多作为国有经济的比较对象。第三，有关不同性质所有权、不同程度股权集中度的研究结果存在较大分歧。第四，研究主要以市场整体为研究对象，案例研究近年才逐渐兴起。

这一类研究主要将股东性质划分为国家股东、法人股东以及社会公众股东三类，考察股权性质和股权集中度对企业各项治理机制和绩效的影响。对国有股在改进企业绩效中可能发挥的作用，现行研究存在不同的意见。在国有股相对集中的上市公司，代表国家行使股东权利和承担股东责任的主体主要有三类：国资委、财政局和企业主管部门等政府机关，国有资产经营公司或国有控股公司，代表国家持有股权的集团公司（或总公司）。受性质所限，这三类主体行使股东权利更有可能只是行政职能的延伸，而不是以寻求企业价值最大化为目的，兼之国有股普遍存在的"一股独大"问题，国有股比例越高，公司治理机制、公司绩效受到的负面影响就越大。虽然国有股比例的提高也意味着获得政

府保护、享受税收优惠的可能性上升，但总体上内部人控制和由此引发的道德风险将对企业绩效产生更大的负面影响。在国有股高度集中的情况下，股东大会成为大股东的"一言堂"。随着股权集中程度的提高，董事会受到内部人控制的趋势也不断增强。国有产权的不可转让性使流通股股东难以对公司的经营状况进行有效的监督和激励，经理人才市场和公司控制权市场难以形成。国有股对企业经营绩效影响的研究结果主要有三类：第一，国有股比例和企业业绩呈负相关；第二，国有股比例和企业业绩呈负相关关系不显著；第三，国有股比例和公司业绩呈正相关。

有关法人股对企业绩效的研究，基本都没有进一步将法人股区分为国有法人股、境内法人股和境外法人股，并且有关研究都将法人股视为不同于国家股的独立机构持股形式，认为法人股倾向长期投资，因此能为管理层提供更好的监督。周业安、刘小玄发现，法人股比例和净资产收益率呈显著正相关；许小年、王燕发现，法人股比例和总资产收益率、净资产收益率、市值与账面价值比呈显著正相关；张红军发现企业托宾 Q 值和法人股比例存在"U"形关系。与上述研究发现法人股比例与企业绩效呈正相关相反，也有部分研究发现两者之间不相关。陈小悦、徐晓东以净资产收益率、主营业务资产收益率为被解释变量，得出法人股比例与企业业绩相关性不显著的结论，通过具体考察时间变化的影响，进一步提出虽然法人股对企业绩效的正向影响不显著，但不断朝着显著方向发展。

由于我国上市公司流通股比例都相当低，通常认为市场上股权交易、股价波动不可能对管理层起到重大监督约束作用，因此流通股比例和企业绩效之间的关系应该是不显著的。陈小悦、徐晓东发现，在公司治理对外部投资人保护不力的情况下，流通股比例和公司绩效之间呈显著负相关，但是这种相关性随着考察时间的变化越来越不显著。张红军以社会公众持股比例为解释变量，发现社会公众持股比例和企业托宾 Q 值呈正相关，但未能通过显著性测试。

（二）以最终控制人为研究目标 [①]

目前国内直接以最终控制人为研究对象的研究还不多，从笔者所掌握的文

---

① 与国外股权集中上市公司的终极所有者可分为家族、政府、股权分散的金融机构和股权分散的企业不同，我国 3/4 以上的上市公司属于国有，国有上市公司的终极所有者都是国家。对这些上市公司而言，不同的只是行使国有产权的代理形式，如政府机构、国有资产经营公司、国有独资或控股公司代行所有者权利、承担所有者责任，这些机构只是代行国有上市公司终极所有者控制权的机构。

献来看，主要有刘芍佳、孙霈和刘乃全，苏启林、朱文，张华、张俊喜和宋敏，Fan、Wong、Zhang 和赖建清等几篇。

刘芍佳、孙霈和刘乃全的研究是笔者所掌握的文献中第一篇以最终控制人为研究对象、对我国国有上市公司股权结构和公司绩效之间的关系进行研究的文献。该文采用问卷调查的方式向上市公司收集股权构成情况，对上市公司控股主体进行重新分类。研究发现，84％的中国上市公司最终由政府控制，因此上市公司的股本结构仍然是国家主导型的。该文的研究贡献在于，提出尽管国有上市公司的最终控制人都是国家，但是同一最终控制人采取的不同控股方式将导致这些国有上市公司的经营业绩存在差异。

刘芍佳等采用年利润、年经济增加值（EVA）、净资产利润率、投资的经济增值率、销售增长、销售收入的利润边际六项指标衡量公司经营业绩。研究发现：第一，政府间接控制的上市公司的经营业绩要显著优于政府直接控制的公司，这一点与现有经济学文献中关于"政府官僚在公司治理中的根本性缺陷"相一致。政府部门直接控制的企业是一种典型的"换汤不换药"的传统国有企业，政府官员作为直接控制人不具有任何现金流量权，其改进企业管理与效率的动机是不足的。这一发现表明了代理问题在政府直接控制企业中的严重性。第二，投资管理公司控制的上市公司其经营业绩要低于实业公司控制的上市公司。投资管理公司绩效不佳的一个原因可能是投资管理公司在大量相互没有关联的项目或产业中过度投资，尽管以投资组合的形式来分散、规避风险的经济学原理能够为公司的投资行为提供一定程度的理论支持，但现实中经营失败的风险很可能由于在投资项目中监督投入及管理能力不足而变得更大。另一个原因可能是投资管理公司的经理人员既没有充分信息也没有足够的专业知识对各行业的下属公司实施有效的监督与控制。第三，专业化经营的实业公司作为控股股东的上市公司的经营业绩要好于多元化经营的大型企业作为控股股东的上市公司。尽管多元化经营可以减少市场交易成本，但现实中企业多元化经济的成本却往往超过其潜在收益。这是因为多元化经营的企业集团内部的资本配置过程并不都是有效率的，不完善的内部治理机制可能导致企业内部资金由高效率部门流向低效率部门。此外，多元化经营的高成本可能源自管理层的机会主义行为，即为了攫取控制权私利而进行过度的多元化经营。第四，部分上市公司的经营业绩要差于整体上市公司的经营业绩。从传统的代理成本观点看，部分上市公司与整体上市公司之间的一个关键性差异在于代理链的链级，部分上市公司比整体上市公司多了一层代理链，代理成本将随"委托—代理"层级的增加而增加。部分上市公司的较高代理成本可以从其资产经常被剥离并被挪作他用的现象体现出来，也就是所谓的向母公司输送利益的行为。

张华、张俊喜和宋敏对我国民营上市公司最终控制人问题进行了研究。其贡献在于分析了我国民营上市公司的最终控制权结构，并对可能影响民营企业控制权结构的多个因素进行了讨论，检验了民营企业所有权、控制权以及两者的分离对企业价值的影响。研究发现，我国民营企业的最终控制人多采取金字塔式持股结构控制上市公司。最终控制人持有的平均控制权为 32.15%，平均现金流量权为 18.93%，两者的平均差异程度为 8.3%。与所有权和控制权分离情况严重的东亚其他国家和地区相比，我国民营上市公司（不包括港、澳、台）的两权分离程度更为显著，并且民营上市公司的最终控制权结构还受到民营化时间、公司规模等企业特征的影响。研究以最终控制人对企业的所有权度量其对企业的"监督效应"，以最终控制人对企业控制权与所有权之差度量其对企业的"隧道效应"发现，前者对企业价值有正向影响，后者的影响则为负向，并且和东亚其他国家和地区相比，我国的"监督效应"比"隧道效应"① 更为显著。

Fan、Wong 和 Zhang 则同时对中国证券市场两类上市公司的最终控制权问题进行了研究。其贡献在于提出了国有上市公司和民营上市公司不同的控制级层假说；在横向上同时以两类上市公司为研究对象，比较了两类公司的最终控制权结构；在纵向上，时间跨度为 1993—2001 年，分析了不同时期上市公司控制权结构的时间性变化，并通过外部法律、市场环境的发展对这些变化做出解释。研究以最终控制人和上市公司之间控制链的级层为考察对象，以市场环境完善程度、法律环境完善程度以及地方政府的政治动因作为外部制度性因素，检验外部环境变化对控制链级层的影响。也有学者认为，金字塔式持股结构出现的原因，可以从"控制权私利"和"效率改进"两种不同的角度解释。而在其研究中，Fan 等尝试从效率改进角度对国有和民营上市公司的金字塔式持股结构和控制级层做出解释。对国有上市公司而言，随着市场和法律机制的发展，政府干涉企业经营活动或掠夺企业资源所带来的政治成本不断增大。因此，对这一类上市公司而言，"公司级层是限制政府掠夺行为的一种机制"。控制级层通过将决策权从政府部门转移给上市公司，限制了政府的控制或干涉行为，从而使国有上市公司的经营活动以经济目标而不是政治目标为导向。对民

---

① "隧道效应"是张华等（2004）的用语，对应的英文术语是"tunneling"，在本书中意译为"利益输送"。

营上市公司而言，建立控制级层则是为了隐藏最终控制人的身份、财富和交易行为，使自己免受政府的干涉。甚至市场和法律机制的发展意味着对私有产权保护的增强，这也就降低了民营上市公司通过建立控制级层隐藏个人投资的激励。研究表明，随着时间的推移，中国上市公司的外部市场和法制环境趋于成熟，国有上市公司的控制级层有不断增多的趋势，而民营上市公司的控制级层则在不断减少。

股权结构决定着企业的管理构架，并反映在企业的业绩中。导致上市公司股权结构不合理的原因主要有内部人控制严重和监事会起不到监管的作用，而解决股权结构不合理的办法主要有分散股权、引入双重股权结构等。笔者通过分析微软公司和美国的股权结构，结合我国国情提出建议：分散股权并非一蹴而就，想要解决股权结构不合理的问题还有许多方法，如适度引入职工股份、实施产权置换等。由于笔者的能力有限，本章节提出的建议也有一些不足，无法产生立竿见影的效果，想要寻找解决股权结构问题的方案还须做更多的研究。

第四节　我国上市公司股权结构特征

公司治理永远是企业绕不开的话题，股权结构可以反映企业话语权的归属，因此股权结构是公司治理结构的根本，所以探讨股权结构对公司经营管理的影响具有重要意义。而我国上市公司有着特殊的股权结构，资本市场随着经济的发展和制度的变迁不断调整。经过多年的发展，我国上市公司的股权结构特征如何值得探究。

一、最终控制人股权集中程度

在上市公司的控制链上，如果存在这样一个控制实体，无法追溯其背后的控制人，且其控制权比例超过某一设定比例，笔者就认定该上市公司为股权集中型上市公司，且该控制方为上市公司的最终控制人。这里所说的"无法追溯"有两种情况：第一，某一控制实体为政府或个人（家族），那么这些个体背后再无其他控制实体，就可以停止对控制人的追溯；第二，某一控制实体为股权分散的商业企业或金融企业，因为股权分散使这些企业不受任何实体控制，可以停止对控制人的追溯。这里的"设定比例"研究采用两个标准。第一，《企业会计制度》（2001）规定，当投资企业拥有被投资企业20％或20％以上的股权时，投资企业对投资的核算方法应由成本法转为权益法，因为投资企业对被投资企业有重大影响。本书以 20％和超过 20％的控制权作为判断企业股权集中与否、是否存在最终控制人的标准。第二，本书还采用了 10％和超过 10％的控制权这一较为"宽松"的控制权判断标准。研究发现，采用"20％"的设定标准时，1 087 家上市公司中 70 家上市公司属于股权分散型上市公司，占样本总量的 6.44％；1 017 家上市公司属于股权集中型上市公司，占样本总量的93.56％。采用"10％"的设定标准时，1 087 家上市公司中仅有 3 家上市公司属于股权分散型上市公司，占样本总量的 0.28％；1 084 家上市公司属于股权集中型上市公司，占样本总量的 99.72％。表 6-1 为中国与东亚、东南亚一些国家或地区以及 27 个发达国家的对比。

表 6-1　上市公司股权集中程度对比

国家或地区	20% 的控制权比例	10% 的控制权比例
中国内地	93.56%	99.72%
中国香港	93%	99.4%
印度尼西亚	94.9%	99.4%
日本	20.2%	58%
韩国	56.8%	85.7%
马来西亚	89.7%	99%
菲律宾	80.8%	98.3%
新加坡	94.6%	98.6%
中国台湾	73.8%	97.1%
泰国	93.4%	97.8%
27 个发达国家平均情况	63.52%	75.93%

通过表 6-1 可以看出，东亚、东南亚国家或地区上市公司股权集中情况明显高于 27 个发达国家的平均水平，中国内地上市公司股权集中情况也比东亚、东南亚一些国家或地区要高。

二、最终控制人类型

我国上市公司最终控制人通常分为国有和民营两大类，本书将两类性质的控制人做了进一步划分。国家作为上市公司最终控制人的，根据代理行使国有产权的不同形式，可进一步划分为政府直接控制和政府间接控制。政府直接控制指的是中央各部委、地方机关、国有资产管理部门等代表国家行使股东权利、承担股东责任，如水利部控股三峡水利、山东省财政厅控股泰山旅游、成都国有资产管理局控股倍特高新（现为高新发展）等。政府间接控制的形式包括国有资产经营公司、国有独资或控股公司、院校。国有资产经营公司指的是由地方政府组建并独资经营的投资管理公司，如深圳市投资管理公司控股赛格三星（现为华控赛格）、武汉国有资产经营公司控股武汉中商（现为居然之家）等。国有独资或控股公司指的是政府出资设立或控制的实业公司，如包头钢铁有限公司控股钢联股份（现为包钢股份）等。院校指的是各高等院校、研究所，这些院校通常隶属教育部、国务院国有资产管理委员会或国务院有关部委，如北大系、清华系等。本书之所以将其作为单独的政府间接控制类型，一方面是因为院校虽然隶属中央部委，但是不同于政府直接控制的形式，并且院校的特定性质也有别于国有资产经营公司、国有独资或控股公司等间接控制形式；另一方面也是因为近年来高校系上市公司在我国证券市场的独特表现。

民营上市公司的最终控制人主要分为个人（家族）、境内法人和外资三类。个人指的是上市公司的最终控制人为具有中华人民共和国国籍的自然人。如果上市公司的股东为同一家族的不同成员，本书将同一家族作为一个控制实体加以考虑，如德隆系的唐氏家族。境内法人指的是上市公司的最终控制人为注册地在境内、非国有性质的法人机构。外资则是境外法人机构。表6-2是我国上市公司最终控制人的构成情况，区分20％和10％控制权比例两种情况。

表6-2　中国上市公司最终控制人构成情况

最终控制人性质	20% 控制权比例		10% 控制权比例	
	数　量	比　例	数　量	比　例
国有上市公司	799	78.56%	841	77.58%
政府	61	6.00%	71	6.55%
国有资产经营公司	79	7.77%	85	7.84%

最终控制人性质	20% 控制权比例		10% 控制权比例	
	数　量	比　例	数　量	比　例
国有独资或控股公司	621	61.06%	644	59.41%
院校	38	3.74%	41	3.78%
民营上市公司	218	21.44%	243	22.42%
个人（家族）	121	11.90%	135	12.45%
法人	87	8.55%	97	8.95%
外资	10	0.98%	11	1.01%
股权集中型上市公司	1 017	100%	1 084	100%

通过表 6-2 可以看出，两种最终控制人划分标准下，国家作为最终控制人的上市公司占我国上市公司的 3/4 以上。在国有上市公司中，国有独资或控股公司是最主要的国有产权代理所有者形式，占全部股权集中上市公司的 60% 左右。民营上市公司中，个人（家族）是主要的最终控制人，其次为境内法人，外资控股在我国证券市场还相对较少。

三、控制权、现金流量权集中程度与两权分离情况

控制权（投票权）指的是最终控制人参与企业经营、财务等决策的权利，通常以重大决策中的投票权来实现，采用控制链上数额最小的持股比例计量。现金流量权（所有权）指的是最终控制人参与企业现金流分配的权利，是所有权的直接体现，采用控制链上各个控制环节的持股比例的乘积计量。控制权比例越高，最终控制人越有可能通过手中的控制权转移中小投资者财富。但是现金流量权的存在使最终控制人必须承担相应比例的行为后果，即现金流量权抑制了最终控制人侵害中小投资者的可能性。控制权的存在为侵害提供了可能，而现金流量权则抑制这种可能性，最终控制人的现实行为就是对这两权的侵害效益和侵害成本相权衡的结果。通常两权之间存在一定的差异性，即控制权大于现金流量权，差异越大，侵害发生的可能性也越大，所以两权的分离程度是最终控制人侵害可能性的一种表征。两权的分离程度采用现金流量权和控制权之比计量。

　　本书采用整个市场的数据来考察我国上市公司的两权状况。需要说明的是，一些上市公司的最终控制人持有的股份存在托管的情况，虽然最终控制人仍能行使该比例的投票权，但无权享有该部分股份可能带来的现金收益，因此这部分股份的现金流量权可视为零。表 6-3 为研究的样本企业控制权、现金流量权以及两权分离的情况。

表 6-3　样本企业控制权、现金流量权以及两权分离的情况

项　　目	控制权	现金流量权	现金流量权/控制权
均值	44.99%	40.35%	0.896 9
中位数	44.43%	39.70%	0.893 5
标准差	17.26%	19.45%	1.126 9
最小值	0.39%	0.39%	0.032 5
最大值	85.00%	85.00%	1.000 0
25% 位数	29.50%	24.40%	0.827 1
75% 位数	58.82%	56.72%	0.964 3
样本数	1 087	1 087	—

　　通过表 6-3 可以看出，我国上市公司的控制权和现金流量权的集中程度较高，两权的分离程度较低。具体数字可以和表 6-1 东亚、东南亚的国家或地区相比较，东亚、东南亚国家或地区的平均控制权为 19.77％，平均现金流量权为 15.70％，平均两权分离程度为 74.6％。可见，无论是控制权还是现金流量权的集中度，我国上市公司都大大高于东亚、东南亚国家或地区的平均情况，两权的集中度也更高。

　　表 6-4 进一步比较了国有和民营企业的两权状况。从中可以看出，国有企业的控制权和现金流量权的集中程度要高于民营企业，国有企业的两权集中程度也相当高。

表 6-4　国有和民营上市公司两权状况

项　目	控制权		现金流量权		现金流量权 / 控制权	
	国　有	民　营	国　有	民　营	国　有	民　营
均值	47.89	33.31	45.45	22.88	0.945 8	0.675 6
中位数	49.18	29.29	45.97	20.85	1.000 0	0.694 7
标准差	16.72	14.01	17.70	14.37	0.154 8	0.269 3
最小值	10.00	0.39	2.03	0.39	0.097 2	0.032 5
最大值	85.00	72.20	85.00	70.91	1.000 0	1.000 0
25% 位数	34.28	24.18	30.82	12.43	1.000 0	0.477 4
75% 位数	61.55	42.23	59.93	28.73	1.000 0	0.955 1
样本数	841	246	841	246	841	246

第七章　上市公司财务分析基础

如果您想购买一家上市公司的股票，或者正在考虑是否借款给一家企业，您就会很想知道以下这些问题：这家企业目前的经营实力怎样？这家企业赚钱吗？这家企业的偿债能力怎样？这家企业的前景如何？这家企业的财务信息是真实的吗？要解答以上问题，您可以从这家企业的财务报表中寻找答案。

财务报表是会计主体按照国家制定的会计准则，采用一定的格式对其一定期间内的财务状况、经营状况和现金流量进行综合性反映的一系列会计报表的总称，主要包括资产负债表、利润表、现金流量表、所有者权益（或股东权益）变动表和附注。值得注意的是，各类财务报表的格式一般由《企业会计准则》规定，但不同行业、不同时期，财务报表的格式会有所不同。本书将以现行一般企业财务报表为例，介绍财务报表分析的常用方法。从分析角度看，不同格式的财务报表，其分析方法大同小异，因此可以举一反三。

财务报表通过一系列的数据资料全面、概括地反映企业的财务状况、经营成果和现金流量。对财务报表使用者来说，这些数据是原始的、抽象的，许多信息被隐藏在表面的数据之下，还不能直接满足其决策需要。因此，财务报表的使用者应根据自己的需要和目的，采用一定的方法，对财务报表提供的数据做进一步加工处理，解读其中相关的有用信息，为自己的决策提供有效、可靠的支持。

不同的财务报表从不同的侧面披露了企业的财务信息，要对财务报表进行深入分析，我们首先就应该掌握这些报表的结构与信息特点，并了解其常用的分析方法和基本思路。

如果您找到了阅读与分析财务报表的方法，那么您将发现财务报表并不是枯燥的数据堆积，而是在用新鲜的语言描述这家企业正在发生的故事。

第一节　财务报表分析必备基础知识

　　资产负债表、利润表及现金流量表是传统概念中的三大财务报表，是企业财务报告的主要内容，反映企业利益相关者最想了解的信息。财务报表主要通过一系列的数据资料来对企业财务状况、经营成果及现金流量情况等予以全面地反映，对报表的使用者来说，这些数据是原始的、初步的，不能直接为决策服务。只有经过加工、分析、比较、评价和解释，才能满足使用者的需要。

一、三大报表的概念及作用

（一）资产负债表

　　资产负债表反映的是企业某一特定日期（月末、年末）全部资产、负债和所有者权益的情况，其基本结构是"资产 = 负债 + 所有者权益"。资产负债表利用会计平衡原则，将企业账面的资产、负债、所有者权益科目分为"资产"和"负债及股东权益"两大区域，经过一系列会计程序浓缩成一张报表，反映企业特定日期的静态财务状况。借助资产负债表能够全面了解企业当前资产的分布情况、负债情况、所有者权益情况，从而对企业财务结构及资金运行情况进行评估，并进一步分析企业变现能力、风险承担能力、偿债能力等。

（二）利润表

　　利润表主要反映的是企业一定会计期间的经营成果，其编制原则为"利润 = 收入 − 费用"，通过分析企业利润表，可以了解企业的收入、成本、费用、利润及各利润来源在利润总额中的分布情况以及利润来源之间的相互关系，进一步分析企业的盈利能力及经营效益、行业竞争力、管理层的管理能力等，从而了解该企业的投资价值。

（三）现金流量表

　　现金流量表所表述的是某一固定期间内公司现金及现金等价物的增减变动情况，现金流量表反映了企业的现金流入流出信息。这里所说的现金指的是现金及现金等价物，包括现金、银行存款、短期投资及其他形式的货币资金。通过现金流量表能够看到公司所有经济活动产生的现金收支情况，包括经营活动、投资活动、筹资活动，并且能够清楚地看到各项活动所带来的现金流量净增加额，这成为分析企业支付能力及变现能力的重要参考依据，对进一步分析企业适应市场变化能力、发展能力、生存能力有着重要的作用。

二、资产负债表

（一）资产负债表的结构与功能

资产负债表是最重要的财务报表，其包含的信息最丰富、最全面，它可以告诉我们以下问题：企业的经营实力如何？企业有多少现金？企业的应收款项有多少？企业资产的配置是否合理？企业的固定资产新旧程度如何？企业的负债重吗？企业上年度有盈利吗？总之，资产负债表是反映企业会计期初和期末的全部资产、负债和所有者权益情况的报表。通过资产负债表，我们可以了解企业在报表日的基本财务状况。

我国企业资产负债表采用账户式结构，分为左右两方，左方为资产，右方为负债和所有者权益，并且满足恒等关系：资产 = 负债 + 所有者权益，因此，资产负债表也被称为资金平衡表。一般企业的资产负债表模板如表 7-1 所示。

表 7-1　资产负债表模板

编制单位：　　年　　月　　日　　　　　　　　　　　单位：元

资　产	期末余额	期初余额	负债和所有者权益	期末余额	期初余额
流动资产			**流动负债**		
货币资金			短期借款		
交易性金融资产			交易性金融负债		
应收票据			应付票据		
应收账款			应付账款		
存货			……		
……			流动负债合计		
流动资产合计			**非流动负债**		
非流动资产			长期借款		

资　产	期末余额	期初余额	负债和所有者权益	期末余额	期初余额
可供出售金融资产			应付债券		
持有至到期投资			……		
长期应收款			负债合计		
长期股权投资			**所有者权益**		
固定资产			实收资本		
在建工程			资本公积		
无形资产			盈余公积		
……			未分配利润		
非流动资产合计			所有者权益合计		
资产总计			**负债和所有者权益合计**		

　　资产负债表的总体结构可以用表 7-1 描述。资产负债表的左方描述企业资金的构成情况，说明企业资金的来源，列示了企业采用什么方式取得资金。资产负债表的右边描述了企业负债及所有者权益的构成情况，说明了企业资金的用途。

　　通过阅读和分析资产负债表可以获取以下信息：企业的筹资方式有哪些？企业的筹资战略如何？企业上年度营利情况如何？企业的分配政策如何？企业的资产配置合理吗？企业的资金充裕吗？企业的应收款项是否过多？企业存货是否过多？企业流动资产数量与结构是否合理？企业有固定资产投资吗？企业目前的财务风险如何？

（二）资产负债表的重要项目

1. 货币资金

　　货币资金是指在企业生产经营过程中处于货币形态的资金，主要包括企业为了日常零星支付需要而持有的现金，企业在银行存款账户中存放的资金，外埠存款、银行汇票存款、银行本票存款、信用证保证金存款、信用卡存款、存出投资款等其他货币资金。货币资金是企业最活跃的资金，被称为企业的血液。其流动性强，是企业重要的支付手段和流通手段。同时，相对其他资产，货币资金的盈利性较差，因此企业持有的货币资金不能太少，也不能太多。货币资金的持有数量是否恰当是企业流动资产管理者关注的重点，也是报表使用者需要特别关注的问题。

2. 应收票据与应收账款

应收票据是企业持有的、尚未到期兑现的商业票据，其一般载有一定的付款日期、付款地点、付款金额等要素，持票人可以自由转让给他人。应收账款是指企业因销售商品、提供劳务应向购货方收取的款项，包括应由对方负担的税金、各种运杂费等。应收票据与应收账款统称为应收款项，是企业对外拥有的一种债权。应收票据与应收账款是企业对外提供的一种商业信用，可以促进企业的销售，其中也蕴含一定的收现风险。应收票据可以找银行贴现，但收现风险一般不会转移。因此，企业要重视应收款项的管理。一方面应制定一定的信用政策，另一方面应该加强对债务方的信用审查和监控。

3. 存货

存货是指企业在日常生产经营活动中持有的原材料、低值易耗品、在产品、产成品（商品）等。存货属于流动资产，其与非流动资产最大的不同是，企业持有存货的最终目的是销售。对于制造业来说，存货在流动资产中的占比较高，而且种类繁杂，因此企业必须不断提高存货管理水平，在不影响生产与销售的情况下，尽量减少存货的资金占用。

4. 交易性金融资产、可供出售金融资产与持有至到期投资

交易性金融资产是指企业持有的、将在近期交易的、以公允价值计量且其变动计入当期损益的债券、股票、基金、权证等金融资产；可供出售金融资产是指企业持有的、以公允价值计量的、无明确出售计划的股票投资、债券投资等金融资产；持有至到期投资是指到期日固定、回收金额固定或可确定，且企业有明确意图和能力持有至到期的非衍生金融资产。一般来说，交易性金融资产和可供出售金融资产可以是股票，也可以是债券，但持有至到期投资只能是债券。对于生产性企业来说，以上三类资产都不宜持有过多，否则有不务正业之嫌。

5. 长期应收款

长期应收款指的是企业融资租赁产生的应收款项和采用递延方式分期收

款、实质上具有融资性质的销售商品和提供劳务等经营活动产生的应收款项。可见，长期应收款与应收账款具有一定的关联。如果企业的长期应收款较大，应该考虑与应收账款合并分析。

6. 长期股权投资.

长期股权投资是企业为了对被投资单位实施控制或施加重大影响，或为了改善和巩固贸易关系而持有其股份的一种长期投资行为。通过分析企业的股权投资行为，可以了解企业目前的经营战略或将来的发展战略。

7. 固定资产

固定资产是指企业为生产产品、提供劳务、出租或者经营管理而持有的、使用时间超过 12 个月、价值达到一定标准的非货币性资产，包括房屋、建筑物、机器、机械、运输工具以及其他与生产经营活动有关的设备、器具、工具等。固定资产是企业的劳动手段，也是企业生产经营的主要资产。一般来说，企业的固定资产与流动资产之间存在着一定的关系，如果一个企业的固定资产过多，意味着固定资产可能存在闲置现象，也可能存在账实不符的情况。

8. 短期借款

短期借款是指企业为维持正常生产经营活动所需流动资金而向银行或其他金融机构借入的、还款期限在一年以内的各种借款。短期借款主要有经营周转借款、临时借款、结算借款、票据贴现借款等。

9. 应付票据与应付账款

应付票据是指企业在商品购销活动和对工程价款进行结算因采用商业汇票结算方式而发生的、由出票人出票、委托付款人在指定日期无条件支付确定的金额给收款人或者持票人的票据，它包括商业承兑汇票和银行承兑汇票。应付票据按是否带息分为带息应付票据和不带息应付票据两种。应付账款是指因购买材料、商品或接受劳务供应等而发生的债务，这是买卖双方在购销活动中由于取得物资与支付货款在时间上不一致而产生的负债。应付票据与应付账款都属于应付款项，是企业对外承担的一种债务。

应付票据与应付账款是对方企业给本企业提供的商业信用，其金额的大小一方面代表着企业的采购规模，另一方面也代表着企业的信誉高低，其中应付账款可以看成无偿占用对方资金的行为，是一种自然筹资。

10. 长期借款

长期借款是指企业向银行或其他金融机构借的期限在一年以上或超过一年的一个营业周期以上的各项借款，是相对短期借款而言的。长期借款是企业筹措长期资金的一种方式，其资金成本高于短期借款。

11. 应付债券

应付债券是指企业为筹集长期资金而实际发行的债券，它是企业筹集长期资金的一种重要方式，其资金成本与长期借款相当。目前我国企业发行债券的门槛较高，只有少数信用等级较高的企业可以发行债券，如上市公司、大型国企等。

12. 实收资本

实收资本是指按照企业章程，或合同、协议的约定，企业所有者实际投入企业的资本，是企业开展生产经营活动的物质基础，也是企业经营实力和规模的重要标志。同时，不同所有者投入资本的确认比例代表着该所有者与企业的基本产权关系。实收资本的构成比例是企业据以向所有者进行利润分配的主要依据。

13. 盈余公积

盈余公积是指企业从税后利润中提取的、企业可以自由支配的收益，实际上是企业扩大再生产的物质积累。盈余公积有法定盈余公积和任意盈余公积两种。

14. 未分配利润

未分配利润是企业未做分配的利润，属于所有者权益的组成部分。从数量上看，未分配利润是期初未分配利润加上本期实现的净利润，减去提取的各种盈余公积和分出的利润后的余额。如果企业当年亏损，则其亏损额将抵减以前年度的未分配利润，因此未分配利润可能为负。

三、利润表

（一）利润表的结构与功能

利润表是反映企业一定会计期间（如月度、季度、半年度或年度）生产经营成果的财务报表。企业一定会计期间的经营成果既可能为盈利，也可能为亏损，因此利润表也被称为损益表。它全面揭示了企业在某一特定时期内实现的各种收入，发生的各种费用、成本或支出，以及企业实现的利润或发生的亏损等情况。

常见的利润表格式主要有单步式和多步式两种。我国会计准则要求企业利润表采用多步式格式，即通过对当期的收入、费用、支出项目按性质加以归类，并按利润形成的主要环节列示一些中间性利润指标，分步计算出当期损益。一般企业的利润表模板如表7-2所示。

表7-2 利润表模板

编制单位： 年 月 单位： 元

项 目	本期金额	上期金额
一、营业收入		
减：营业成本		
营业税金及附加		
销售费用		
管理费用		
财务费用		
资产减值损失		
投资收益		
二、营业利润		
加：营业外收入		
减：营业外支出		
三、利润总额		
减：所得税费用		
四、净利润		

通过利润表分析，我们可以了解以下信息：企业的净利润在如何变化？通过净利润、利润总额和营业利润分析了解企业利润的主要来源是什么？企业营业收入在如何变化？说明了什么？企业的期间费用控制得如何？企业的投资收益如何？企业的营销策略有何变化？企业的盈利能力在怎样变化？企业的成长性如何？

（二）利润表的重要项目

1.营业收入

营业收入是企业在生产经营活动中，因销售产品或提供劳务而取得的各项收入，包括主营业务收入和其他业务收入。营业收入是企业利润的主要来源，同时，该企业营业收入占同行业相同产品总营业收入的比例可以表示本企业产品在市场上的份额，具有一定的战略意义。

2. 营业成本

营业成本是与营业收入密切相关的、企业提供产品或劳务所发生的成本，包括主营业务成本与其他业务成本，分别与主营业务收入和其他业务收入相对应。营业成本与营业收入的比例高低可以揭示企业的盈利能力水平，一般来说，该比例越高，企业的盈利能力越低。如果一个企业的营业成本与营业收入的比例越来越低，表示该企业的产品面临的市场竞争越来越强烈；如果一个企业的营业成本与营业收入的比例高于同行业水平，表示该企业在行业中的竞争地位较低，否则，竞争地位较高。

3. 销售费用

销售费用是企业在销售产品或提供劳务过程中发生的各项费用。销售费用与企业的销售规模或市场规模有密切的关系。

4. 管理费用

管理费用是一种费用归集比较复杂的期间费用，主要指企业行政管理部门为组织和管理生产经营活动而发生的各种费用。具体包括的项目有：企业管理人员工资福利费、办公设施及设备折旧费、工会会费、职工教育经费、业务招待费、房产税、车船使用税、土地使用税、无形资产摊销、咨询费、诉讼费、坏账损失、劳动保险费、董事会会费等。管理费用是个筐，各种费用往里装。在企业的期间费用中，管理费用往往金额较大，而且费用控制难度也较大。

5. 财务费用

财务费用指企业在生产经营过程中为筹集资金而发生的筹资费用。但企业在筹建期间或某重大项目筹建期间发生的利息支出，应计入开办费；与购建固定资产或者无形资产有关的，在资产尚未交付使用或者虽已交付使用但尚未办理竣工决算之前的利息支出应予以资本化，计入构建资产的价值，不计入当期损益。

6. 资产减值损失

资产减值损失是指因资产的账面价值高于其可收回金额而造成的损失。资产减值范围主要是固定资产、无形资产以及除特别规定外的其他资产减值的处理。资产减值损失的高低反映了企业资产的意外损失大小，有时对企业的绩效会产生较大影响。

（7）投资收益：投资收益是指企业在一定期间对外投资所取得的回报。投资收益包括对外投资所分得的股利和收到的债券利息，以及投资到期收回的或到期前转让债权取得款项高于账面价值的差额等。投资活动也可能遭受损失，如投资到期收回的或到期前转让所得款项低于账面价值的差额，即为投资损失。投资收益减去投资损失则为投资净收益。随着企业握有的管理和运用资金权力的日益增大、资本市场的逐步完善，投资活动中获取收益或承担亏损，虽不是企业通过自身的生产或劳务供应活动所得，却是企业营业利润的重要组成部分。

8. 营业利润

营业利润是指企业在营业活动中所获得的全部利润，是非常重要的利润层次。企业营业利润水平的高低决定着企业的盈利能力，一般来说，成熟、正常企业的营业利润具有较高的稳定性或规律性。

9. 利润总额

利润总额是指企业在生产经营过程中各种收入扣除各种应计耗费后的盈余，反映的是企业在报告期内所得税前的盈利水平，具有较强的综合性。

10. 净利润

净利润是企业本报告期内的利润总额扣除本年度的所得税后的净收益，反映的是企业所有者在本报告期内获得的总回报，也是衡量企业净资产收益率水平的基础。

四、现金流量表

（一）现金流量表的结构与功能

现金流量表是反映一定时期内（如月度、季度或年度）企业经营活动、投资活动和筹资活动对其现金及现金等价物所产生影响的财务报表，其中现金是指企业库存现金以及可以随时用于支付的银行存款和其他货币资金；现金等价物是指期限短、流动性强和易于转换为现金的投资。凡不能随时支付的定期存款和长期性投资均不能作为现金。

现金流量表主要包括三个方面的内容：一是经营活动所产生的现金流量，也就是企业在商品和劳务活动中所发生的现金收支活动；二是投资活动所产生的现金流量，也就是企业长期资产的购建和不包括在现金等价物范围内的投资及其处置的现金收支活动；三是筹资活动产生的现金流量，也就是导致企业资本及债务规模和构成发生变化的现金收支活动。三者构成现金及现金等价物的净增加额，为企业投资者和管理者提供十分有用的信息。一般企业的现金流量表的基本结构如表7-3所示。

表7-3 现金流量表模板

编制单位： 年 月 单位： 元

项 目	本期金额	上期金额
一、经营活动产生的现金流量：		
销售商品、提供劳务收到的现金		
收到的税费返还		
收到其他与经营活动有关的现金		
经营活动现金流入小计		
购买商品、接受劳务支付的现金		
支付给职工以及为职工支付的现金		
……		
经营活动现金流出小计		
经营活动产生的现金流量净额		
二、投资活动产生的现金流量：		
收回投资收到的现金		
取得投资收益收到的现金		
处置固定资产、无形资产和其他长期资产收回的现金净额		
……		
投资活动现金流入小计		
购建固定资产、无形资产和其他长期资产支付的现金		
投资支付的现金		
……		
投资活动现金流出小计		
投资活动产生的现金流量净额		
三、筹资活动产生的现金流量：		
吸收投资收到的现金		

项　目	本期金额	上期金额
取得借款收到的现金		
收到其他与筹资活动有关的现金		
筹资活动现金流入小计		
偿还债务支付的现金		
分配股利、利润或偿付利息支付的现金		
支付其他与筹资活动有关的现金		
筹资活动现金流出小计		
筹资活动产生的现金流量净额		
四、汇率变动对现金及现金等价物的影响		
五、现金及现金等价物净增加额		
……		

（二）现金流量表的重要项目

1. 经营活动产生的现金流量净额

经营活动产生的现金流量净额，也可称为经营活动现金净流量，是指与企业生产经营活动（销售产品或提供劳务）直接相关的现金流入与流出的合计数，包括与税费、企业职工各项支出等有关的现金流。

2. 投资活动产生的现金流量净额

投资活动产生的现金流量净额，是指与企业的投资活动（购置固定资产或对外投资）有关的现金流入与流出的合计数，包括与投资收益、处置子公司等有关的现金流。

3. 筹资活动产生的现金流量净额

筹资活动产生的现金流量净额，是指与企业筹资活动有关的现金流入与流出的合计数，包括与利息、股利分配等有关的现金流。

4. 现金及现金等价物净增加额

企业经营活动产生的现金流量净额、投资活动产生的现金流量净额和筹资活动产生的现金流量净额的合计数。

第二节　财务三大报表的主要关系

　　无论是上市公司，还是非上市公司，在对外提供的报表中，至少应该包括资产负债表、利润表和现金流量表这三大会计报表，这三张报表分别从企业财务及资产状况、经营成果和现金流量状况三个方面详细披露了企业在报告期内相关项目的变动及余额情况，信息量非常丰富。我们通常说的财务报表分析，很大程度上就是指对这三张报表的分析。

　　具体来说，资产负债表对企业在报告期期初和期末这两个时点的资产、负债与股东权益各具体科目的存量进行了披露；利润表对企业在报告期间的收入、成本费用和经营成果进行了披露；现金流量表对企业在报告期内的经营活动、投资活动和筹资活动三个方面的现金流入流出情况进行了详细披露。

　　虽然这三张报表反映了企业不同侧面的问题，但是它们本身有很多内容和问题值得我们将它们结合起来深入分析和探讨。也就是说，这三张报表本身及其内部项目之间存在着密切的内在关系，即勾稽关系。

　　总之，要对企业的财务信息进行全面的分析，就必须将这三张报表结合起来分析，甚至我们还需要将企业所有的财务资料（如附表、附注等）都纳入分析的视野。

　　要了解三大财务报表本身及报表之间的钩稽关系，首先需要了解资产负债表和利润表的编制基础是权责发生制，而现金流量表的编制基础是收付实现制。编制基础的不同，一方面使它们反映的内容不同，另一方面又使它们可以相互补充，从而更加全面、立体地反映企业的财务状况。

一、资产负债表内在的钩稽关系①

　　资产负债表是一张平衡表，其左边说明企业全部资产配置的情况，主要是说明企业的资金花在哪里；其右边说明企业的资金是从哪里来的，是借来的还

---

① 钩稽关系是指账簿和会计报表中有关数字之间存在的可据以相互查考、核对的关系。例如，每一总分类账户的期末余额与其所属各二级账户或明细分类账户的期末余额之和存在着相互一致可以核对的关系。又如，产品销售明细表的销售收入、销售税金、销售成本、销售费用、技术转让费、销售利润的合计数和利润表同一项目的金额也存在着相互核对的关系。注意利用钩稽关系，有助于减少差错，保证会计账簿、会计报表的准确性。

是自有的。借来的就是负债，自有的就是所有者权益（企业的净资产）。因此，资产负债表满足下列恒等式：

$$资产 = 负债 + 所有者权益$$

这个等式表达了资产负债表最重要、最基础的钩稽关系，是其他钩稽关系的基石。除此之外，资产负债表还有许多钩稽关系，下面简要加以说明。

（一）流动资产与流动负债之间的钩稽关系

流动资产是企业从事生产经营活动必不可少的，主要包括企业为满足支付需要而准备的货币资金、企业的应收款项、企业的存货等。流动负债也是企业从事生产经营活动中必不可少的，主要包括为满足短期资金需要向银行筹借的短期借款、采购物资形成的应付款项、应发未发的员工工资、应交未交的各项税款等。流动资产与流动负债之间存在一定的内在联系：①企业的流动负债到期偿还需要货币资金，流动资产可以在一个较短的时间内转化为货币资金，因此流动资产是流动负债的偿还保障。在正常情况下，流动资产应该大于流动负债，它们之间的比例关系依行业及企业特点不同而有所差异，但是一般应该在1～3倍。②企业的生产规模越大，则企业的采购量也会越大，因此其应付款项越多；同时，企业的原材料和存货都会相应增加，其销售量也会随之增加，因此应收款项也会增加。此外，货币资金和短期借款也会相应增加，最终会导致流动资产和流动负债都相应增加。一个正常的企业，其流动资产与流动负债之间的比例关系一般是恰当的、比较稳定的。如果发现某段时间内，其流动资产与流动负债发生异动，如流动资产大幅减少而流动负债大幅增加等，则需要引起高度关注，分析其是否存在问题，以及这种变化的原因、这种变化对企业有何影响等。

（二）流动资产与固定资产之间的钩稽关系

对于工业企业来说，企业的流动资产内部各项目之间是不断转化的，其流转过程如下：

货币资金→原材料→在产品→产成品→应收款项→货币资金

其中，从原材料到产成品的转化过程需要进行生产加工，这就需要厂房设备，因此企业需要配置相应的固定资产，它们之间存在一定的比例关系，可以称之为固流比例。当然，不同的企业、不同的生产流程或配套设备，其固流比例会有所不同。但是在一定的时期，对于同一行业的企业，它们之间的固流比例具有较强的可比性和稳定性。

（三）负债与所有者权益之间的钩稽关系

负债与所有者权益是企业资金的两类来源，负债筹资与权益筹资的特点有所不同，其中负债筹资具有较大的灵活性。因为权益筹资受到一定的限制，如企业不能随意发行股票，企业的留存收益也依赖企业的盈利情况等；而负债筹资形式多样，可借可还。同时，它们之间存在一定的替代关系，如权益筹资较多时，负债筹资就可以减少。但是，应该注意到，负债与所有者权益之间应该保持一定的比例关系，这种比例关系可以通过资产负债率加以衡量。对于一般的企业来说，资产负债率应该保持在 40％～60％，有些特殊行业则应该参照行业标准。如果企业的资产负债率过高或过低，则需要分析其原因，并分析其对企业的影响，思考应该采取何种方式加以调整。

二、利润表内在的钩稽关系

资产负债表与利润表的表间关系，即资产负债表中未分配利润期末数减去期初数等于利润表中的未分配利润。两表表内各项目之间的联系更是紧密。比如，利润表中确认的收入，在资产负债表中则体现为现金或应收款项的增加，也可能是预收账款的减少；产成品成本的增加必然是原材料消耗减少；折旧、摊销则会减少固定资产、无形资产等的账面价值；等等。这些报表项目之间的联系将资产负债表与利润表紧密联系在一起。

利润表是一张算式表，其最重要、最基本的钩稽关系是：收入－成本＝利润。具体而言，其包括以下算式：

营业收入－营业成本－营业税金及附加－销售费用－管理费用－财务费用－资产减值损失＋公允价值变动收益＋投资收益＝营业利润

营业利润＋营业外收入－营业外支出＝利润总额

利润总额－所得税费用＝净利润

净利润 ×10％＝盈余公积

除此之外，我们还应该关注营业收入与营业成本之间的钩稽关系。对于一个企业来说，在一定时期内，营业收入与营业成本大致呈正比例关系，可以用毛利率加以衡量。在没有发生较大的基本面变化的情况下，企业的毛利率一般是比较稳定的。如果企业的毛利率逐步上升，则说明企业的市场竞争力在逐渐增强，或者说企业所在市场的竞争程度有所缓解。如果企业的市场竞争力和产品市场的竞争程度都没有变化，由于企业产量和销量的增加，其毛利率也会有一定程度的增加。如果没有特别情况出现，一个企业的毛利率发生较大的不规律性变化，则需要重点关注与分析其原因。此外，营业收入与销售费用之间也存在一定的钩稽关系。一般来说，营业收入越大，其发生的销售费用就越多；否则，就会越少。

所得税费用与利润总额之间也存在较强的钩稽关系，因为所得税费用是经过对利润总额的纳税调整后计算出应纳税所得额然后乘以税率计算出来的。一般来说，应纳税所得额与利润总额相差不大，因此所得税费用大体上可以用利润总额乘以所得税率加以估算。如果所得税费用与利润总额之间没有比例关系，或者比例关系异常，则需要分析原因。

三、现金流量表内在的钩稽关系

资产负债表中的现金、银行存款及其他货币资金等项目的期末数减去期初数，应该等于现金流量表的现金及现金等价物净流量。也就是说现金流量表中现金流量的变化最终反映到资产负债表的现金及等价物一项。现金流量表中其他项目也与资产负债表有紧密的联系，如购置或处置资产会对资产负债表的资产项目产生影响；对外借款或者归还借款会对资产负债表的负债项目产生影响，股东分红或增加投资会影响资产负债表的股东权益项目等。

现金流量表实际上也是一张"平衡表"，但是这种平衡关系并不像资产负债表那么直接和明显。现金流量表从"经营活动产生的现金流量净额""投资活动产生的现金流量净额"和"筹资活动产生的现金流量净额"三个方面描述了企业在一定期间内的现金流入与流出情况，最终汇总成"现金及现金等价物净增加额"，然后用"现金及现金等价物净增加额"加上"期初现金及现金等价物余额"，即得到"期末现金及现金等价物余额"。

由于一个企业在没有较大的投资计划，或者没有出现较大经营困难的情况下，其期末现金及现金等价物不宜大起大落，其变化一般不会太大，这就意味着大多数情况下企业的"现金及现金等价物净增加额"不宜太多，很多时候都会向零回归。

那么，企业是如何做到这一点的呢？一般是通过"筹资活动①产生的现金流量净额"这个项目达到"资金平衡"的。经营活动产生的现金流量一般为正，它是企业创造现金流量的主要来源，是企业"造血功能"强弱的象征。如果一个企业经营活动产生的现金流量持续为正，并且余额越来越大，则说明这家企业处在成长期，生命力旺盛。投资活动产生的现金流量可正可负，很多时候为

---

① 筹资活动指导致企业资本及债务规模和构成发生变化的活动。

负，它主要表示企业使用资金进行各种长期投资的情况。若投资活动产生的现金流量为负，表明企业的长期投资活动活跃，对企业将来的发展有好处。例如，构建固定资产需要投入大量的现金，这种现金的投入可以扩张产能，最后从经营活动中收回现金。一般"筹资活动产生的现金流量净额"实现平衡的方法如下：

（1）如果企业的经营活动产生的现金流量能够满足企业投资活动现金的需求，那么就不必通过筹资活动来筹集资金，此时筹资活动产生的现金流量接近于零。

（2）如果企业的经营活动产生的现金流量不仅能够满足企业投资活动现金的需求，而且有大量的剩余，那么企业不仅不会通过筹资活动来筹集资金，还会偿还以前的负债，或者向投资者分配利润，此时筹资活动产生的现金流量为负。

（3）如果企业的经营活动产生的现金流量不能满足企业投资活动的现金需求，那么企业不得不通过筹资活动来筹集资金，此时筹资活动产生的现金流量为正。

因此，由于"筹资活动产生的现金流量"的调节作用，从较长的一个时间来看，企业的"期末现金及现金等价物余额"将保持稳定或缓慢增加的状态。

此外，还有资产负债表与现金流量表的第二钩稽关系，资产负债表中的"现金"必须是不受限制的，但是根据《企业会计准则》的披露要求：其一，资产负债表的"货币资金"项目中包含"使用受限的现金"。这就导致了公式必然难以平衡，并且无法简单地通过当期受限货币资金进行调整。因为期初货币资金又是上一年的期末货币资金，可能也需要调整，上一年的期初货币资金又会涉及上上一年的期末货币资金，如此类推至无穷无尽。其二，"现金等价物"不包括在"货币资金"中，但又不像 ASCII[①] 那样直接披露，而是可能置于其他金融工具中，这又可能导致钩稽关系分析的难度进一步加大。

首先，可将资产负债表中的"期末货币资金余额"划分为"期末使用受限的货币资金余额"和"期末使用不受限的货币资金余额"，即

期末货币资金余额＝期末使用受限的货币资金余额＋期末使用不受限的货币资金余额　　　　　　　　　　　　　　　　　　　　　　　　　（1）

---

① 计算机中用得最广泛的字符集及其编码。它是由美国国家标准局（ANSI）制定的 ASCII 码（American Standard Code for Information Interchange，美国标准信息交换码），已被国际标准化组织（ISO）定为国际标准，称为 ISO 646 标准。

其次，将现金流量表中的"期末现金及现金等价物余额"划分为"期末现金余额"和"期末现金等价物余额"，即：

期末现金及现金等价物余额＝期末现金余额＋期末现金等价物余额　（2）

公式（1）和公式（2）都是无需任何前提的恒等式，对二者做减法，用公式（1）减公式（2），得到：

期末货币资金余额－期末现金及现金等价物余额＝期末使用受限的货币资金余额＋期末使用不受限的货币资金余额－期末现金余额－期末现金等价物余额（3）

在公式（3）中，等号左边的项目可以从资产负债表和现金流量表中直接获取，关键是如何分析公式（3）等号右边部分。尽管《企业会计准则》没有限制"使用受限的现金"进入"货币资金"项目，但至少明确了两点：其一，"使用受限的现金"不能进入现金流量表。也就是说，我国上市公司的现金流量表中不可能有使用受限制的现金。其二，"货币资金"项目包含现金、银行存款以及其他货币资金等总账一级科目（个别大型上市公司可能还有自己的财务公司，因此，还可能包括法定存款准备金和超额存款准备金），但不包含短期投资项目，因此"现金等价物"一般不会放在"货币资金"项目中核算。

四、资产负债表与利润表之间的钩稽关系

利润表中的收入与费用和资产负债表中的资产与负债紧密相关，资产可以带来收入，但大多数资产在产生收入的过程中必定会产生与之相关的成本或费用。收入体现为资产的增加或者负债的减少，而费用则体现为资产的减少或者负债的增加。比如，在利润表中确认了收入，就意味着资产负债表有关项目可能发生以下变动——货币资金增加，或者应收账款增加，或者应收票据增加，或者预收账款减少；如果确认了费用，就会减少资产或者增加负债。营业成本的增加会减少存货；折旧费用、摊销费用会减少固定资产、无形资产或长期待摊费用。这种报表项目之间的关系使利润表与资产负债表紧密联系在一起。

企业利用资产从事经营活动会产生利润，如果企业运用宽松的会计政策，高估资产或者低估负债，就会使利润随之高估；反之，如果企业运用较为谨慎的会计政策，低估资产或者高估负债，则会使利润随之低估。一些企业利用会计政策的变化来调整利润，从某种角度来说是透支或存储资产账面价值的做法，只能是临时性的手段。

一般地，资产负债表中本年度盈余公积增量等于本年度的净利润的10%，这是一个非常重要的钩稽关系，有些虚构的假报表往往没有注意它们之间的这种比例关系而露出马脚。此外，资产负债表中未分配利润增量等于本年度企业

净利润减去盈余公积和本年度分配的利润金额，可以从所有者权益变动表中得到。如果企业报表不满足以上钩稽关系，则需要认真分析和求证其中的原因。

一般来说，资产负债表中的货币资金、应收款项和存货与利润表中的营业收入存在一定的正比例关系。如果仅有一项存在背离的情况，其实并不奇怪，但是如果全部发生背离，则需要认真分析其中的原因。资产负债表中投资类科目，如"交易性金融资产""可供出售金融资产""持有至到期投资""长期投资"与利润表中的"投资收益"存在一定的钩稽关系。当然，它们之间的钩稽关系并不明显。但是，如果资产负债表中投资类科目没有发生较大的变化，而投资收益发生了较大的变化，则需要加以关注，分析投资收益大幅变动的原因。资产负债表中的"短期借款""长期借款"和"应付债券"与利润表中"财务费用"存在一定的钩稽关系。一般来说，资产负债表中的负债项目余额越多，则财务费用也应该越多。

第三节　财务报表分析方针及重要性原则

企业财务报表是将企业一段时间（一般是一年）所发生的全部经济事项和交易的货币价值（财务）信息汇总呈现出来，在隐去各个业务的具体财务信息细节的同时，却给我们提供了一个总括性的财务信息，可以帮助我们更好地从整体上对企业的财务状况、经营成果和现金流量进行分析和把握，更加有利于我们对企业进行分析与判断，也更加有利于我们做出决策。

但是，财务报表结构复杂，数据繁多，如果没有一定的分析原则与总体思路，则犹如进入迷宫，不明方向，或者只看到一个个数据片段，无法得出恰当的、有用的信息，做出客观的分析与评价。一般认为，要学会财务报表分析，首先应该对财务报表的结构和专业名词术语有一定的认识，然后掌握和理解财务报表分析的基本思路，最后多实践。这样经过一段时间的积累，一定可以成为财务报表分析高手。

财务报表分析的基本思路可以用 16 个字表达——"从大到小、层层推进、大胆假设、小心求证"。所谓"从大到小"，是指当分析财务报表时，应该先从最大的方面看起，就像看到一片森林，森林里面有各种各样、大大小小的树木，如果我们首先关注某个具体的树木，就很可能先入为主，得出有失偏颇的关于这片森林的结论，正所谓"只见树木，不见森林"。因此，正确的方法是首先应该站在一个较高的角度，整体观察这片森林，在有了一个整体印象后，再对其局部特征加以分析，最后再落脚到某些值得关注的具体树木上，这样就可以对这片森林有一个全面而可靠的认知。所谓"层层推进"就是当我们观察分析完一个较综合的科目的特点或问题后，再进一步分析其下一级科目，从其下级科目中寻找答案，如总资产增加了，那么进一步就应该分析总资产是怎么增加的，是负债增加，还是所用者权益增加了？还是都增加了？还是一增一减？然后进一步分析这种变化是如何导致的，即寻找下一层次的原因。所谓"大胆假设、小心求证"，是指当我们发现报表中的一个分析点（一般是疑问点）时，需要首先思考导致这种情况的可能原因有哪些，此时应该尽量将所有可能都考虑到，然后再认真地通过报表的其他数据或报表外的其他信息加以求证，直到找到问题的最终答案。

重要性原则是指在财务报表分析过程应该抓住重点项目。所谓"重点项目"是指对分析的问题具有重大影响的项目或者是变化比较大的项目。例如，利用利润表分析企业的盈利能力时营业收入、营业成本、净利润等是重点项目，财务费用和投资收益一般不是分析该问题的重点项目。但是如果财务费用或投资收益变化比较大，则应该将其作为重点分析对象。重要性原则说明，在进行财务报表分析时，不一定要对财务报表的每一个项目都加以分析，以免喧宾夺主，但对所分析的问题具有重大影响的事项或科目则一定要进行深入分析。

一、财务报表分析的作用

财务报表分析工作的具体内容是以资产负债表、利润表、现金流量表为基础，通过利用不同项目之间的内在联系与钩稽关系，计算出不同的财务指标，揭示企业在盈利、资产使用、偿债等方面的真实情况，以供企业财务人员、管理层或外部金融机构等报表使用人做出决策使用，从而提高企业管理层及报表使用人决策的正确性及降低财务风险。企业财务报表分析的具体内容如下。

（一）揭示企业资金使用情况

企业资产负债表是反映企业流动资产、固定资产、负债及所有者投入存量状态的报表，通过对该报表中各项目之间进行对比分析，可以揭示企业资产使用效率及可变现情况，为企业强化资产管理及调剂资金使用方向提供参考依据。例如，将货币资金、应收账款、应收票据等可在一年内随时变现的资产与企业资产总额进行对比后，可以揭示企业在某一时点流动资产可变现情况，该计算结果可作为企业衡量偿债情况及选择融资渠道的参考依据。

（二）揭示企业盈利情况

企业通过对利润表中各项目间进行对比分析，可以揭示企业在某一个会计期间内的盈利情况，为企业改进生产工艺、扩大市场规模、降低生产经营成本提供决策依据。例如，将净利润额与主业务收入额进行对比，可以揭示企业每一元销售收入中可为企业创造的净利润是多少，以此判断企业收入的质量与获利情况；再将此指标与同行业先进企业进行对比，可以揭示企业在经营管理中存在的不足。

（三）揭示企业投资情况

投资人在对拟投资企业进行决策前，需详细了解该企业在近几年的营业收入、净利润及现金流量情况，以此作为编制项目可行性分析的基础，避免因投资失利造成经济损失。因此，投资人可先对自身到期偿债金额、资产负债率及每期营业收入实现等情况进行分析，以揭示企业是否有充足的资金可以用于投资项目，避免投资项目规模过大、时间过长造成企业资金回笼缓慢而出现资金链断裂。同时，通过对被投资企业利润表进行分析，可以测算投资期间该企业可实现的营业收入，以此计算投资项目的净现金流量，以此作为是否投资该项目的依据。

二、财务报表分析的重要性原则

重要性原则，是企业会计基本准则和财务报表列报准则对会计信息质量的基本要求之一。下面引用了《企业会计准则》有关重要性原则的规定，从重要性的定义与遵循重要性原则列报的基本要求等方面，分析研究财务报表列报的重要性原则。

（一）对重要性概念的解释

《企业会计准则——基本准则》第十七条规定："企业提供的会计信息应当反映与企业财务状况、经营成果和现金流量等有关的所有重要交易或者事项。"这是对重要性的规范，其基本要领是事关"重要交易或者事项"。

《企业会计准则——财务报表列报》提出："重要性，是指在合理预期下，财务报表某项目的省略或错报会影响使用者据此做出经济决策的，该项目具有重要性。"

在财政部印发的一些文件中，就直接将重要性定义为是指单位财务报表"错报或漏报的严重程度"，这一程度在特定条件下可能影响报表使用者的判断或决策。

以上财务报表编制重要性的概念，应从以下几方面进行解读：

（1）重要性概念是针对财务报表而言的。判断一项业务是否具有重要性，应根据其在财务报表中的错报或漏报对财务报表使用者所做决策的影响程度而定。如果一项业务在财务报表中的错报或漏报足以改变或影响报表使用者的判断，则该项业务就具备重要性，否则就不具备重要性。

（2）某项业务是否具有重要性，必须从财务报表使用者角度来评价。这是因为财务报表是为满足使用者的信息需求而编制的。财务报表的使用者包括：企业的决策者，如企业股东作为报表使用者，最关心的是企业的经济效益，即企业年度净利润；企业的债权人，主要关心企业的资金周转情况，关注企业现金流量表和利润表；政府，从整体上关心企业的资产负债表（规模）和利润表（净利润和税收）。当然，这里所谓的报表使用者，是指具有一定的理解能力并具备理性地做出判断和决策的报表使用者。

（3）对重要性的判断是根据具体环境做出的，受错报或漏报的金额或性质的影响，或者受两者共同作用的影响。不同的企业面临不同环境，因而判断重要性的标准也不相同。同一项目或金额对某个企业报表而言是重要的，而对另一个规模不同或性质不同的企业报表而言，则不一定是重要的。

（4）判断某事项对财务报表使用者是否重大，是在考虑财务报表使用者整体共同信息需求的基础上做出的。由于不同的报表使用者对财务信息需求可能差异很大，因此判断重要性时对个别财务报表的信息需求可能难以满足。

（5）误差容忍度与重要性的关系。会计上还有一个误差容忍度的概念，又可称为可容忍误差，是指财务报表的错报或漏报在多大程度上是可容忍的。要求编制财务报表不论在整体上还是在具体细节上绝对不存在差错是不现实的，但要求编制财务报表在整体上不存在重大错报或漏报，则是财务报表编制的追求目标，这样重要性与可容忍误差就成了含义相近或相同的概念。

（二）遵循重要性原则列报的基本要求

（1）性质或功能不同的项目，应当在财务报表中单设报表项目列报①。如交易性金融资产与可供出售的金融资产。交易性金融资产反映的是准备在近期内出售回购或赎回的金融资产，以及被指定为以公允价值计量且变动计入当期损益的其他金融资产；可供出售金融资产反映持有意图不明确、但也采用公允价值计量且可随时变现的金融资产。因此，交易性金融资产与可供出售金融资产应在资产负债表上分别单列项目反映。但是，对于性质和功能上不尽相同而不

---

① 列报，是指对交易或事项在报表中的列示和在附注中的披露的总称。

具有重要性的项目，也可以与其他项目汇总列报，如对于一次还本付息的债券投资分期计算的利息，虽然其与债券本金在性质和功能并不相同，但因为其对于持有到期投资中的债券投资本息合计并不具有重要性，因此在资产负债表上将其与其本金在持有至到期投资项目中汇总列报。对于计提了减值准备的若干资产项目，因为其准备金对于资产项目而言不具有重要性，因此在资产负债表均将其与被抵消项目汇总列报。

（2）性质和功能相似的项目，其所属类别具有重要性的，应当按其类别在财务报表中单独列报。比如，生产性生物资产和固定资产，在性质和功能上相似，但其各自在类别上具有重要性，因此资产负债表要求将其分别单独列报；再如，销售费用、管理费用和财务费用，其性质和功能也很相似，但由于其支付的类别对企业而言具有重要性，因此编制利润表时将其分别单独列示[①]。

（3）性质和类别相似的项目，一般可汇总列报。比如，原材料、在产品、库存商品、周转材料等，其性质和功能相似；又如，库存现金、银行存款和其他货币资产，其性质和功能也相似，在资产负债表上可分别汇总在"存货""货币资金"项目列报；再如，属于损益项目的主营业务收入和其他业务收入、主营业务成本和其他业务成本，由于性质和功能相似，在利润表中分别汇总作为"营业收入"与"营业成本项目列报"。

应当说明，性质和功能类似的项目，对其单独审视对于财务报表整体未必具有重要性，但汇总列报则可能具有重要性。

（4）某些项目的重要性程度不足以在财务报表中单独列示，但对报表附注却具有重要性，应当在附注中单独披露。

三、分析三大财务报表

（一）综合宏观分析

首先，要全面浏览报表，看表中科目是否异常或科目金额是否异常，从而探测企业是否有重大的财务方面问题。有的企业报表显示其他应收款科目余额较大，这就意味着企业资产有可能被占用，分析时就要了解企业的这种资金占用是长期还是短期，占用是否合理，是否是无息使用，是否有可能形成坏账等情况。

其次，要注意收集同行业信息数据。只有将企业与同行业相比较，才能发现企业真实的发展水平。比如，一家企业比上年同期销售增长了20％，单看

---

① 列示，通常指在财务报表内确认并反映信息。

这个指标好像企业发展不错，但是如果从整个行业发展来看，就有可能得到不同的结论，若该行业的平均增长率为 40％，那么低于此速度的极有可能会被淘汰。

此外，报表使用者在对企业财务报表开展阅读与分析的过程中，一定不能只关注三张主表，对报表附注及附表也应该仔细阅读，以便对报表上所反映的信息予以准确理解。另外，还应对注册会计师出具的审计报告中的意见予以重视。作为专业、公正的第三方，注册会计师所发表的评价也是很有意义的。

（二）详细分析

1. 资产类分析

分析时应重点关注企业资产的变现能力及支付能力如何。对流动资产分析时应重点关注不良资产，如长期挂账的应收款项、长期存于库房的存货等，这些虽属流动资产但实际却是无法流动的资产，会严重影响企业资产的质量。对长期投资主要是分析一年期以上的投资。企业长期投资增加，一般来说，是企业用于经营的资金有闲余，表明企业的成长前景看好。但这些还要结合公司控股情况、经营情况、历年投资回报情况分析。如果企业投资长期不见收益却仍在投入，那企业的成长前景也就岌岌可危了。对固定资产的分析重点关注折旧的计提，并要了解资产使用情况及账面价值与市场价值的差异，从而进一步了解企业资产的质量。对无形资产的分析，主要是看是否登记入账并在规定期限内摊销。特殊情况如商誉一般不予列账，除非商誉是购入或合并时形成的。分析时应特别注意。

2. 负债类分析

主要是流动负债及长期负债。对流动负债分析要注意是否按实际发生额记账，分析的关键在于要避免遗漏，要看是否有漏计、少计或不计息及少估应付费用，从而虚增利润的情况；同时还要了解短期负债的还款日，掌握公司现阶段的资金运行压力。对于长期负债，分析时应注意重点分析长期负债的债权人情况及债权人与企业之间的关系，对还款日也应进行标注登记。

3. 股东权益类分析

股东权益类分析主要是对实收资本、资本公积、盈余公积、未分配利润四个方面进行分析，通过对投入资本的不同形态及股权结构开展分析，了解公司的实力以及各要素的优先清偿顺序。

4. 对利润表进行分析

第一是逐项分析收入及费用项目。企业通过经营或者出租资产获得收入，而成本费用则是获得收入过程中形成的，是收入的扣除。因此，收入、成本费用的确认及扣除是否正确与企业盈利有着非常直接的关系。分析时应对收入、成本费用项目核算内容是否得当、确认原则是否正确予以重点分析；同时，要注意企业是否有非经营性业务利润，以及这些利润在企业利润总额中的占比。如果企业将非经常性业务利润扣除之后的净利润远远低于其利润总额，就可以认为企业的主要经营业务并不是企业主要的利润来源，企业仅凭偶然的、非经常性的业务获取利润，这样的利润水平很难长久维持，同样这也不能作为企业管理者在经营管理方面的业绩。

第二是进行结构及变动趋势分析。看企业的利润表不能单看某一年的，要结合以前 3～5 年度利润情况进行综合分析。若一家公司近几年连续盈利，而另一家公司前 3 年亏损，本期却利润丰厚，相比而言，肯定是前一家公司业绩相对可靠。通过对收入、成本费用各项目在总营业收入中的占比的分析，并与以前年度占比情况对比，分析各个项目的增减情况及变动趋势，可以对企业的财务状况及管理水平进行判定，进一步对企业的发展前景进行预测。

5. 对现金流量的结构分析

企业的现金流量由其筹资活动、投资活动及经营活动几个部分共同产生，通过对企业的现金流量及其结构开展分析，有利于对企业现金收支情况及资金来龙去脉进行了解，便于进一步对企业的资金实力、筹资能力、创现能力、经营状况等开展评价。分析时首先要分析三项活动谁占主导。比如，一家公司现金总流入中经营性流入占 22%，投资流入占 25%，筹资性流入占 53%，说明企业资金流入主要靠借款。其次，要对流入、流出进行结构及占分分析，并进行历史同期比较或同业比较，这样才可以得到更有意义的结论。

6. 现金流量表与利润表的结合

利润被看成评价企业经营业绩及盈利能力的重要指标，但仅仅以利润表的数据对企业的获利能力及经营业绩实施评价有些过于片面，结合现金流量表所提供的现金流量数据，尤其是经营活动现金净流量，则能更公正客观地反映企业的利润质量。现金流量表中其他项目与利润表数据结合也有此作用。将现金流量表当中"销售商品、提供劳务收到的现金"与利润表中"主营业务收入"进行比较，能够大致分辨出企业销售回款状况是否良好以及企业账面销售额数据是否可靠；将"分得股利或利润及取得债券利息收入所得到的现金"与"投资收益"进行对比，可以大致看出企业对外投资收益的质量等。

7. 现金流量表与资产负债表的结合

把现金流量表与资产负债表的相关指标结合起来进行综合分析，能够对企业的支付能力、盈利能力及偿债能力给出更加客观的评价。例如，对企业偿债能力进行分析，如果单纯地应用资产负债表中的流动比率等指标来评价可能过于片面，但要结合现金流量表中的经营活动现金净流量与流动负债之比、经营活动现金净流量与全部债务之比这些指标，则能更好地揭示企业的偿债能力；再如，对企业开展支付能力与盈利的分析，若是单纯依靠净资产收益率、每股收益等盈利指标作为参考依据，评价存在片面性，但若是在上述指标的基础上结合现金流量表的每股经营活动现金净流量与总股本之比、经营活动现金净流量与净资产之比等指标，则能更全面地反映企业支付股利能力及资本创现能力。

第四节　基于会计政策的财务报表分析

一、会计政策变更的内涵界定及原因分析

所谓会计政策，就是企业依照其所处的外部环境和内在条件，针对财务会计制定的指导性工作规范和文件，以及对所涉及问题的应对措施。所谓会计政策变更，也就是企业依照其所处的外部环境和外在条件变化，对其会计政策进行的调整和变更。会计政策自身所固有的指导性和原则性特质，决定了企业会计政策常常呈现出某种稳定性和可持续性特征。然而，在某种条件下，企业可能针对会计政策进行必要的调整。

针对引发会计政策产生变更的诱导因索加以深入的分析。首先，企业所处的外界环境变化引发其对会计政策做出必要的改变。例如，当国家统一财会政策出现变化后，或者当相关法律、法规进行调整后，企业都必须依照二者的变化取向进行相应的调整和变更。其次，企业出于获取准确性更高、实效性更优的会计信息的考虑，而针对其会计政策进行必要的调整和变更。这主要是因为企业原有的会计政策已无法与变化后的外界环境相匹配，其所上报的会计信息已无法准确地呈现企业的真实经营状态和财务状态。因此，企业不得不针对会计政策进行必要的调整和变更，以满足自身发展的需求。

二、会计政策变更对财务报表的影响分析

当会计政策出现变化后，企业需要依照其自身的条件做出相应的调整。倘若会计政策出现变化，那么最好的处理手段是未来适用法。倘若选择追溯调整法，就会引发当期和前期的财务报表出现变化，而未来适用法只是作用于本期

财务报表。就报表分析工作者来说，尽管在一致的会计政策条件下开展工作，对于利益相关方所产生的作用也是差异化的。例如，企业的股价会在年末出现明显飙升。就企业理层来说，把交易性资产纳入可出售资产能够从某种程度上减轻业绩压力，从而降低下一年度的业绩目标；就债权人而言，企业的偿债能力不会因为其偿债指标的变化而产生变化。因此，债权人的利益依旧可以得到可靠的保障，然而投资者的投资收益却会出现压力增加的问题。因为税收所固有的稳定性特质，会计政策的变更不会对政府产生丝毫作用。

（一）会计政策变更对财务信息的客观性产生直接影响

财务报表分析一定要以财务分析为基础，因此财务信息一定要准确、客观。财务信息不仅涵盖财务报表，还涉及企业所披露的会计政策的选择。从某种程度而言，财务信息的优劣对于市场经济的运作秩序和未来发展具有直接性作用。无论企业上市与否，会计政策都是其开展财务信息确认以及财务信息计量的重要参考。会计事项从最初的确认和计量至最终的确认和计量，需要选择并执行一定的会计准则、会计方法以及会计流程。企业财务信息的披露要立足一定的会计政策，其客观性取决于所选择的会计政策。

（二）会计政策变更对财务报表分析的可靠性产生间接影响

会计政策变更会对财务信息的客观性产生直接影响，而财务报表的编制必须要以某种会计政策下所揭露的财务信息为基础，财务报表的可靠性受到财务信息客观性的直接影响。因此，会计政策对于财务报表分析的可靠性产生间接性的影响，对其发挥着重要的作用。企业拥有一定的会计政策变更自主权，对利润进行一定的操控，可造成财务报表信息缺乏客观性。在利益相关方开展报表分析的过程中，其可靠不仅要依赖分析者的水平，而且要依于数据信息的客观性和真实性。倘若数据信息缺乏真实性，则以此为基础开展的报表分析就没有足够的可信度，就会使利益相关方以其为基础做出的决策存在偏差，继而引发损失，甚至导致企业的破灭。假如此问题广泛存于企业中，财务报表和报表分析都将无价值可谈，企业的运营环境和社会的经济秩序也将失去稳定性。

三、基于会计政策变更的财务报表分析策略

（一）明晰主次关系，对重点项目和关键数据给予足够的关注

在进行财务报表分析时，应当明晰主次关系，对重点项目和关键数据给予足够的关注。因为随着时间的推移和市场经济的不断深化，企业的内部机构数量越来越多，经营规模越来越大，因此在开展财务报表分析时几乎无法做到百

分百全面。当会计政策发生变更后，企业在进行财务报表分析时，要锁定重点篇幅，把关注的重点聚焦在财务报表的合计项目以及关键数据上，规避过度全面而不细致的问题。例如，对于银行信贷审批工作者来说，其应当重视的内容在于当会计政策发生变更后，企业的第一还款能力有没有受到影响，也就是说其形成现金的能力有没有受到影响；对于财务报表分析人员来说，需要注重企业生产经营、投资以及筹资等行为所产生的现金流是否可以维持企业的正常运营。同时还要注重现金流动的比率，从而判断企业的资本结构是否可以保障其现金流的有效性。

（二）强化重点领域的分析力度

开展财务报表分析旨在借助对现阶段财务状况的分析实现对企业运营状况的掌操，继而为其日后的运营发展提出较为准确的决策。因此，在开展财务报表的分析过程中，相比于对企业往期和本期的数据分析而言，对其日后运营发展方向的分析和判断更具价值性。然而，在现实中，相当一部分财务报表分析工作者依旧处于对往期和本期数据过多分析的误区。财务报表的分析工作者应当形成科学的分析理念，以发展的目光和前行的角度进行财务分析。

（三）以经济后果理念为准则，开展财务报表分析

以经济后果理念为准则，对会计政策产生的变更进行解析，才能从根源处锁定会计政策变更的现实价值，继而依据会计政策产生的变更制定匹配的处理方案，全面解析并且深入领会会计策变更的必要性，进而针对实际数据分析出会计政策变更对企业产生的作用。

第一，应当依照企业的实际条件，分析会计政策变更的合理性。企业的财务报表要依照有关法律法规的要求加以编制，并且要由会计师对其进行必要的审计。然而，尽管如此，企业的管理层依旧有很大的会计政策变更自由。从某种意义而言，会计政策依旧是企业管理层的意志产物。因此，分析企业会计政策变更的合理性是相当关键的，并且应当持续以质疑的眼光予以对待。

第二，就会计政策对财务报表产生的作用加以解析。在开展财务报表分析的过程中，应当着重关注两项内容。首先，不考虑以往会计政策的合理性，始终认为本期的会计政策变更都是合理的；其次，将企业会计政策变更前后的财务报表加以汇总。基于上述两个步骤，可以为后续阶段的经济后果学说提供详细的、准确的数据信息。

第三，借助经济后果学说对会计政策变更的实质加以全面考量。经济后果学说引发人们对会计政策变更实质的思考。人们逐渐了解到会计政策变更并不

是企业单纯依照相关法律法规的要求做出适当的调整，而是使利益相关方彼此展开博弈。从根源处看，会计政策产生变更的过程就是利益重新配比的过程。在此过程中，所有利益相关方都要对其自身利益进行重新考量，继而发挥对会计政策变更的加速作用或抑制作用，使会计政策处于对其自身利益有保障的状态，实现利益最大化的目标。

以石油工程公司为例，钻井的状况并不少见。依照责权配比的制度，可以选择成本法，把钻废井的成本费用支出纳入当期损益栏，也可选择递延法。每一个会计政策都会对不同的利益相关方形成差异化的作用，引发资产负债和利润出现对应的变化。通常而言，应当对全部利益相关方的权益加以全面考量。

总之，基于会计政策的财务报表分析，应当先将全部利益相关方的角色加以清晰地划分，明确全部受益者、受损害者、推动者和无作用者，这样才有助于会计报表分析工作者做出准确的、科学的判断。

第八章 上市公司财务分析具体内容

对财务信息的根源进行追溯发现，其主要是来自人类的生产生活实践活动，与经济的快速发展有着密不可分的关系。经济水平发展到一定阶段后，会在客观上产生经济管理的需要，这就要求进行财务信息的收集和处理，以便更好地满足经济发展和管理的实际需要，为人类生产生活的稳定进行创造良好的条件。人类生活以及社会进步都与物质有着密不可分的关系，而物质财富的生产和创造需要将具体的过程以及获得的结果进行记录，才能更深层次地了解具体的生产会产生怎样的所得和消耗，进而形成对生产效益的评估。基于这方面的原因，需要积极构建专门机构来履行这一职能，负责生产实践过程以及结果的收集和记录，于是财务会计机构应运而生。

第一节 上市公司偿债能力分析

偿债能力是指企业对自身债务和欠款的清偿能力。对于上市公司来说，其偿债能力在一定程度上反映出公司的运营状况和资信能力。本章将公司偿债能力分为短期和长期两个类型进行分析。

一、短期偿债能力分析

短期偿债能力指的是企业流动资产对流动负债及时足额偿还的保证程度，考验企业是否有充足的资金进行配置和流动。这体现出企业的机动性和灵活性，也是判断一个企业的决策执行和运营状态的标志。判断企业短期偿债能力需要考量的因素如下。

（一）流动比率

它是指企业流动资产与流动负债的比率，其计算公式为

$$流动比率 = 流动资产 / 流动负债$$

得出的结果越大，企业偿付债款的能力就越强，也可以说二者成正比关系，这对于债权人目的的实现大有裨益。在现实情况中，当流动资产和流动负债的比值为 1 ∶ 2 时，企业的运转会比较顺利。也就是说，企业既可以偿还债务，也可以开展正常的生产经营活动。当这个数值较低时，企业不能有较为充足的资金用于短期债务的清偿，也就加大了企业的融资难度，不利于生产经营规模的扩大；反之，当该数值过高时，则意味着企业的大部分资金用于债务的偿还，其主要业务的开展就没有启动资金，企业发展更没有助推力。但严格来讲，1 ∶ 2 这个数值只是实践中的大致经验，并不能代表绝对的科学和正确。企业还是要根据资金等实际状况来探求适合自身发展的数值。

（二）速动比率

它是指速动资产与流动负债的比率，计算公式为

$$速动比率 = 速动资产 / 流动负债$$

其中，

速动资产 = 货币资金 + 交易性金融资产各种应收 ± 预付款项

= 流动资产 − 存货 − 预付账款 − 待摊费

需要注意的是，报表所记载的应收账款项目一般可以定性为速动资产。速动资产不包括企业的存货，原因在于：一是实现存货的价值（将其售出）需要较长时间；二是存货的目的是用于销售并且获得收益，而不是用来抵消债务。

速动比率的数值和企业的短期偿债能力成正比，但也不是越高越好，应视现实情况而定。通过大量实践证明，该比值大于 1 时较为适宜，但并不唯一。鉴于不同行业的实际情况不同，同一行业不同企业的经营状况也不同，因而数值的确定还是存在差异的。

（三）现金比率

它是货币资金与交易性金融资产之和与流动负债的比值。首先将企业设定在经营状况不佳的语境中，并在此条件下对企业的偿债能力进行衡量和评测。从实际情况来看，当这个比值大于等于 20% 时，表明企业的短期偿债能力较强。其计算公式为

$$现金比率 = （货币资金 + 交易性金融资产）/ 流动负债 \times 100\%$$

该数值是和企业偿债能力成正比的，并且与上述两个衡量标准不同的是，此数值越高，企业就越能及时配置充足的现金偿还债务，债权人的权益就越可以尽快实现。该数值和上述两种数值还存在更大的差异，即在通常情况下，分析者不会主要依据这一比率分析判断公司的短期偿债能力。这是因为如果公司

预期无法依赖应收账款和存货的变现，而只能依赖现有的"现金"在未来偿还到期债务的话，意味着公司已处于财务困境。当然，如果公司已将应收账款和存货作为抵押品抵押给其他债权人，或者分析者怀疑公司的应收账款和存货存在严重的流动性问题，而公司又没有提足相关流动资产项目的减值准备，那么以现金比率分析判断公司短期偿债能力也是比较合适的选择。

（四）现金流量比率

这一因素的主要考量角度是企业的现金流量，其计算公式为

$$现金流量比率 = 经营现金净流量 / 流动负债 \times 100\%$$

二、长期偿债能力分析

关于此方面内容，还要做广义理解。最终来讲，企业所有类型的债务，无论期限和类型，都必须偿还。从学理上讲，判断和衡量企业长期偿债能力的指标主要有资产负债率、股权比率、权益乘数、利息保障倍数、现金利息保障倍数、有形净值债务率、或有负债比率、带息负债比率、长期债务与营运资金比率等。

（一）资产负债率

它反映的是企业的资金构成以及企业的真正资金实力，并且能据此判定企业的盈余状况如何。其计算公式为

$$资产负债率（又称负债比率）= 负债总额 / 资产总额 \times 100\%$$

当此数值比较大时，表明企业的融资能力较强，日常生产经营的资金主要靠融资和借贷款，企业自有的资金则能够进行再投资和储备。该数值极度偏大时，对企业来说是一个较为危险的信号。此时，企业的负债金额和所占比重很大，企业自身资金实力较弱，这对债权人的利益很不利。所以，企业在处理债务和正常生产经营活动的关系时需要综合分析和考量。一般此数值在60%上下时较为适宜。当然，每个企业实际情况不同，应当针对企业具体情况具体分析。

（二）股权比率

通过这一数值可判断企业资金架构是否科学合理，也可衡量企业处理权益和债务关系是否合理。其计算公式为

$$股权比率（又称资本负债率）= 负债总额 / 股东权益总额 \times 100\%$$

总的来说，此数值和企业的长期债务偿还能力成反比。当此数值较低时，企业通过债务的融资并没有较好地推动生产经营活动的开展和获得收益，也就是说企业过于保守和谨慎。所以，企业在谋求发展时，需要妥善处理企业债务和盈利之间的关系。

（三）权益乘数

其计算公式为

$$权益乘数 = 资产总额 / 股东权益总额$$

权益乘数是股权比率的倒数。股权比率与资产负债率也是此消彼长的关系。

（四）利息保障倍数

其计算公式为

利息保障倍数 = 息税前利润总额 / 利息支出 =（利润总额 + 利息支出）/ 利息支出

此数值的大小和企业偿债能力成正比。一般情况下要求此数值通常大于 1，否则企业就会资不抵债，所有收益还不足以支付债务利息。此时，企业的运营状态就会呈现消极局面，需要调整策略，挽救危机。从实际情况看，此数值在 3 左右比较合理。

（五）现金利息保障倍数

其计算公式为

现金利息保障倍数 = 息税前经营活动现金流量 / 现金利息支出

=（经营活动现金净流量 + 现金所得税支出 + 现金利息支出）/ 现金利息支出

由于并非所有的利润都是当期的现金流入，也并非所有的利息费用和所得税都需要在当期用现金支付，因此用利息保障倍数来反映企业支付利息的能力并不十分准确。对现金利息保障倍数的分析与利息保障倍数类似，在此不再赘述。

（六）有形净值债务率

其计算公式为

有形净值债务率 = 负债总额 /（股东权益总额 − 无形资产余值）×100％

此公式的计算方式更为合理，主要是因为其刨除了无形资产。因为无形资产不能估价，因此不能解决债务问题，所以应对所有收益进行提纯，保证数据的准确性和真实性。总的来说，此数值大小和企业偿债能力成反比。

（七）或有负债比率

其计算公式为

$$或有负债比率 = 或有负债总额 / 股东权益总额 ×100％$$

（八）带息负债比率

其计算公式为

$$带息负债比率 = 带息负债总额 / 负债总额 \times 100\%$$

带息负债总额一般包括短期借款、一年内到期的长期负债、长期借款、应付债券、应付利息等。

（九）长期债务与营运资金比率

其计算公式为

$$长期负债与营运资金比率 = 长期负债 / （流动资产 - 流动负债）$$

如果企业营运资金小于长期负债，说明借款给该企业存在较大风险。

三、其他影响长期偿债能力的因素

（一）长期资产市价或清算价格与账面价值的比较关系

当公司缺乏盈利能力时，拥有的长期资产如果具有较高的市价或清算价格，对于债权人利益的保障是十分重要的。但是，如果企业没有进行详细的信息披露，外部分析者可能难以得到这些信息并做出恰当的评估。

（二）长期经营性租赁对公司财务结构的影响

长期经营性租赁实际上也是一种长期筹资行为，但是在现行《企业会计准则》条件下，并不反映经营租赁资产和租赁负债。因此，如果某公司较同行业更多地使用经营租赁方式获取固定资产，那么根据其资产负债表数据计算的资产负债率就会偏低，而未来的支付义务（租赁费）却并未在资产负债率计算中得到体现。

（三）资产负债表外揭示的各种风险因素

风险因素多种多样，如公司是否面临重大汇兑损失，公司对境外投资是否面临重大损失，公司所处的产业是否面临重大的降价风险或成本上升压力，等等。

第二节　上市公司盈利能力分析

盈利是企业存在的根本目的，对于企业的生存发展至关重要。如何通过融资、投资、资产出租和生产经营等多种手段保持企业收益的持续增长是关键。对企业盈利能力的分析，特别是对上市公司盈利能力的分析主要是运用数据和各项信息进行测算，评估经济主体在发展历程中所用时间长短和创造利润多少的关系，从而得出结论。

利润表披露的财务成果是应计制下的一种货币收益信息，其表现形式主要是经营利润信息。分析利润表，可以掌握企业收益的相关信息。

在分析过程中会涉及几个专业概念，主要包括：

（1）商品经营盈利能力分析。此方面主要分析的是企业经营成本和收入的各项数据。

（2）资产经营盈利能力。此方面主要考量的是企业的总资产，包括资产的数额、周转速率以及由此带来的利润的多少。

（3）资本经营盈利能力。此方面主要分析的是净资产收益率，分析对净资产收益率关系密切的指标，主要有总资产报酬率、企业资本结构、所得税率等。

（4）非经常性损益分析。非经常性损益也是企业收入增减的一部分，虽然此种损益不是企业主要生产经营活动导致的，但此事项不能忽视，也要纳入考量。

（5）盈利水平及变动趋势分析。具体分为利润的稳定性分析与利润的增长性分析。评估盈利的变动水平，是在描述企业盈利额上升或下降的基础上分析引起变化的主要原因，这种纵向分析可以从绝对值与相对值变动两个方面进行。

一、商品经营盈利能力分析

商品经营是指企业对商品展开销售和买卖活动。商品经营能力分析就是考量其成本和收入两大方面内容。此评价的标准包括两大类：反映各种利润额与收入之间的关系，即收入利润率指标；反映各种利润额与成本之间的关系，即成本利润率指标。

以销售收入为基础的盈利能力分析评价指标如下。

（一）销售毛利率

其计算公式为

销售毛利率＝销售毛利／销售收入 ×100％＝（主营业务收入－主营业务成本）／销售收入 ×100％

销售毛利率与企业的获利能力成反比。销售毛利率有很明显的行业特点，同行业企业毛利率通常是比较接近的，若出现差异，往往是由于企业在价格制定和变动成本控制方面存在差距。此数值可以进行横向比对，从而为企业的进一步决策提供依据。

（二）营业利润率

其计算公式为

$$营业利润率 = 营业利润 / 营业收入 \times 100\%$$

与销售毛利率相比，营业利润率不仅考虑了变动成本（营业成本），还考虑了主要的固定成本（期间费用）和投资收益，在评价企业的盈利能力方面更进了一步。该比值和企业盈利能力成正比。

（三）销售净利率

其计算公式为

$$税前净利率 = 净利润 / 营业收入 \times 100\%$$

该数值和企业的盈利能力成正比。

（四）销售税前利润率

其计算公式为

$$税前净利率 = 净利润 / 营业收入 \times 100\%$$

该数值和企业的盈利能力成正比。

销售税前利润率计算公式为

$$税前利润率 = 税前利润 / 营业收入 \times 100\%$$

此数值和企业的盈利能力成正比。同时，该指标与销售净利率相对比，能够体现出所得税对企业盈利水平的影响。当然，此数值和政府政策、行业情况以及货币汇率密切相关。因此，即使税前利润率一样的企业，也会由于企业所得税的不同而导致最终的盈利能力不同。

二、商品经营成本利润率分析

（一）销售成本利润率

其计算公式为

销售成本利润率 = 销售总成本 / 销售总收入 × 100% = 主营业务成本 / 主营业务收入 × 100%

该数值和企业盈利能力成反比。同行业企业的销售成本率通常是比较接近的。

（二）营业成本利润率

其计算公式为

$$营业成本利润率 = 营业利润 / 营业成本 \times 100\%$$

该数值和企业盈利能力成正比。

（三）完全成本利润率

完全成本利润率可以分为全部成本费用总利润率和全部成本费用净利润率两种形式，具体计算公式为

全部成本费用总利润率 = 利润总额 /（营业费用总额 + 营业外支出）× 100 %

全部成本费用净利润率 = 净利润 /（营业费用总额 + 营业外支出）× 100 %

公式中的营业费用总额包括营业成本、税金及附加、期间费用和资产减值损失。该数值和企业盈利能力成正比。

（四）期间费用率

此数值计算公式为

期间费用率 = 期间费用 / 销售总收入 × 100 % = 期间费用 / 营业收入 × 100 %

该数值和企业盈利能力成反比。

三、现金流量指标对商品经营盈利能力分析的影响

不同的会计方法和假设会形成不同的报告期利润，这些指标如下。

（一）盈利现金比率

盈利现金比率也称盈余现金保障倍数，其计算公式为

盈利现金比率 = 经营活动净现金流量 / 净利润

通常，该数值和企业盈利能力成反比。如果该比率小于 1，说明有一部分收入没有真正转化为现金，此时公司会出现资金周转不开的危机。在实际分析过程中仅靠一年的数据还不足以得出正确的结论，需要进行连续的现金比率的比较。

（二）净资产现金回收率

其计算公式为

净资产现金回收率 = 经营活动净现金流量 / 平均净资产

这是对净资产收益率的补充，当企业具有尚未实现的债权和未获得的货款时，可以用此指标进行衡量，从而评估企业的盈利能力。

四、资产经营盈利能力分析

企业的资产经营指的是企业对其所有的资产（包括固定资产和流动资产等）

进行融资、运营、出租、出售等的行为，以追求资产的增值和资产盈利能力的最大化。资产经营盈利能力是指企业运用资产产生利润的能力。评价指标如下。

（一）总资产报酬率

总资产报酬率是指企业占用的全部资产的获利能力，也称总资产收益率、资产利润率，常用 ROA[①] 表示。其计算公式如下：

总资产报酬率 ＝（净利润 ＋ 利息费用）/ 平均资产总额 ×100％

该数值反映企业对拥有的资产进行盈利的能力，与投资者和债权人的利益密切相关。该指标能够帮助管理者重视资产的应用效率，加强对资产的管理，在有限的资产投入的情况下，尽可能多地获取利润。该数值和企业盈利能力成正比。

（二）净资产报酬率

它是在总资产报酬率计算的基础上将分母中的债务扣除，从而反映所有者投入获得的收益。此指标具体可细分为加权平均净资产报酬率和全面摊薄净资产报酬率。其计算公式如下：

加权平均净资产报酬率 ＝ 净利润 / 平均所有者权益 ×100％

全面摊薄净资产报酬率 ＝ 净利润 / 期末所有者权益 ×100％

企业获取的报酬最终归属于企业的投资者，净资产报酬率能够充分说明所有者的每一单位投资能够获取多少回报。在盈利能力分析时一般用第一个指标。但从投资者和潜在的投资者角度来讲，应用全面摊薄净资产报酬率指标将更加影响投资者的投资决策和投资倾向。该数值和企业盈利能力成正比。

（三）长期资本收益率

长期资本收益率是指企业的净利润加上扣除所得税后的长期负债利息费用之和与平均长期资本的比率。

长期资本收益率 ＝［净利润 ＋ 长期负债利息费用 ×（1－ 所得税税率）］/ 平均长期资本 ×100％

长期资本是指长期负债与所有者权益之和，来源于长期债权人和股东，平均长期资本是期初和期末长期资本的平均数。由于利息费用在税前扣除，能够抵扣所得税，因此需要将净利润加上扣除所得税后的长期负债利息费用。该数值和企业获利能力成正比。

---

① 资产回报率，也叫资产收益率，是用来衡量每单位资产创造多少净利润的指标，是评估公司相对其总资产值的盈利能力的有用指标。计算的方法为公司的年度盈利除以总资产值，资产回报率一般以百分比表示，有时也称为投资回报率。

五、现金流量指标对资产经营盈利能力分析的补充

现金流量指标是指全部资产现金回收率，其计算公式为

全部资产现金回收率 = 经营活动现金净流量 / 平均总资产 × 100%

现金流量指标作为对资产经营盈利能力的补充，反映企业可以调度流动资金用来生产经营的能力。该数值和企业盈利能力成正比。

六、资本经营盈利能力分析

与资金经营和资产经营相比，资本经营更重要，它对企业的发展和获得收益至关重要。如何扩大企业的资本规模，并且利用这些资本获得更多的收益，使投资者和债权人获得最大的回报，是企业必须重视的问题。

总的来说，评价企业资本经营能力的指标包括股东权益回报率、市盈率[①]、市净率[②] 和股利支付率、股利收益率、每股现金流量和每股股利等。

（一）股东权益回报率

这是企业所有股东最重视的问题，其计算公式为

股东权益回报率 = 净利润 / 期初所有者权益 × 100%

1. 基本每股收益

其计算公式为

基本每股收益 =（净利润 − 优先股股利）/ 发行在外的普通股的加权平均数

发行在外的普通股的加权平均数计算公式为

发行在外普通股加权平均数 = 期初发行在外普通股股数 +（当期新发行普通股股数 × 已发行时间 / 报告期时间）−（当期回购普通股股数 × 已回购时间 / 报告期时间）

基本每股收益率指标越高，说明股东获取的收益越多，股东的投资报酬情况越好；反之，则说明股东获取的收益少，股东的投资报酬情况差。

---

① 市盈率（Price Earnings Ratio，P/E or PER），也称"本益比""股价收益比率"或"市价盈利比率（市盈率）"。市盈率是指股票价格除以每股收益（EPS）的比率；或以公司市值除以年度股东应占溢利。

② 市净率（Price-to-Book Ratio，简称 P/B or PBR），指的是每股股价与每股净资产的比率。市净率可用于股票投资分析，一般来说市净率较低的股票，投资价值较高；相反，则投资价值较低。但在判断投资价值时，还应考虑当时的市场环境以及公司经营情况、盈利能力等因素。

2. 稀释每股收益

稀释每股收益是指当企业存在稀释性潜在普通股时，应分别调整归属于普通股股东的当期净利润和发行在外的普通股加权平均数，并据以计算稀释每股收益。其计算公式为

稀释每股收益 =（净利润 + 优先股股利）/（发行在外的基本普通股股数 ± 稀释性潜在普通股）

（二）市盈率和市净率

市盈率又称价格盈余比率，是股票的市场价格与其每股收益的比值。这一数据可以对股票市场的风险进行一定程度的预测。此指标具体包括静态市盈率和动态市盈率。

市盈率分析与宏观经济、公司行业、当前业绩以及未来业绩预期有密切关系。一般情况下，高科技、新能源、生物制药等具有广阔发展前景的上市公司市盈率较高，从事普通制造业等传统产业的上市公司市盈率普遍较低。不同证券市场的平均市盈率也不相同。规模较大并在主板市场的上市公司市盈率相对较低，而规模较小的中小板和创业板的上市公司市盈率相对较高。在应用市盈率指标进行分析时，需要注意同行业资料的比较，还要结合企业的未来盈利预测判断投资价值。市盈率指标过高，说明风险较大，但是发展潜力也较大。

市净率又称价格账面值比率，是普通股每股市价与普通股每股净资产的比值。它同样可以对股票市场的发展状态进行评估和判断。利用市净率进行分析的优势在于该指标适用于资产规模和净资产规模巨大的企业，如钢铁、汽车制造等行业的企业。

（三）股利支付率

其计算公式为

股利支付率 = 每股股利 / 每股收益 × 100%

此指标是对企业股利政策的说明和解释，其高低视企业的资金状况而定，没有固定的衡量标准。一般来说，在每股收益一定的情况下，该数值和企业盈利能力成反比；数值越大，其融资的可能性就越大。

（四）股利收益率

其计算公式为

股利收益率 = 每股股利 / 股票市价 × 100%

股利收益率是衡量投资股票回报的重要决策指标，股利收益是相对稳定的投资回报，股利收益率越高，就越能吸引投资者。

（五）每股现金流量和每股股利

每股现金流量计算公式为

$$每股现金流量 = 现金流量净额 / 发行在外普通股股数$$

现金流量不仅是企业日常经营的必要保障，也是企业寻找新的盈利机会的重要资本，还是企业分配现金股利的重要前提。每股现金流量指标与每股收益指标类似，不太适合进行横向比较，因为每个企业的股本规模设置存在较大差异。

每股股利计算公式为

$$每股股利 = 现金股利总额 / 发行在外普通股股数$$

每股股利反映了普通股获得现金股利的情况。股利和现金报酬成正比。股利分配状况与企业的盈利水平、现金流量状况和股利分配政策等密切相关。

七、非经常性损益及盈利水平变动趋势分析

（一）非经常性损益分析

所谓非经常性损益分析，是指企业经营业务之外其他项目的收入的增减（主要有资产出租出售、资金的再投资等行为），这部分损益也属于企业最终收益的一部分。我国现行的法律法规和行业制度规定，非经常性损益的类型主要包括以下几项：

（1）非流动资产处理损益。

（2）越权审批或无批准文件的税收返还、减免。

（3）计入当期损益的政府补助。

（4）计入当期损益的对非金融企业收取的资金占用费。

（5）企业合并的合并成本小于合并时应享有的被合并单位可辨认净资产公允价值产生的损益。

（6）非货币性资产交换损益。

（7）委托投资损益。

（8）因不可抗因素，如遭自然灾害而计提的各项资产减值准备。

（9）债务重组损益。

（10）企业重组费用，如安置职工的支出、整合费用等。

（11）交易价格显失公允的交易产生的超过公允价值部分的损益。

（12）同一控制下企业合并产生的子公司期初至合并日的当期净损益。

（13）与企业主营业务无关的预计负债产生的损益。

（14）除上述各项之外的其他营业外收支净额。

（15）中国证监会认定的其他非经常性损益项目。

以上这些项目能够使投资者和股东对企业盈利情况的把握更加全面和深入。

（二）盈利水平变动趋势分析

盈利水平变动趋势的分析主要是依据企业的利润表及相关辅助资料，从主营业务利润、营业利润、利润总额和净利润这四个关键利润指标入手，对利润水平变动总量和盈利能力变动趋势进行的分析。

应将企业连续几期的主营业务利润、营业利润、利润总额和净利润以及相关的成本费用和现金流量等项目的绝对额进行对比，比较这些项目的变化情况及分析企业盈利能力水平的变动和趋势。

（三）盈利水平变动的相对值分析

1.环比分析

环比分析主要是将主营业务利润、营业利润、利润总额和净利润以及相关的成本费用和现金流量等项目在几个会计期间内进行统计和列举，描绘出这些数据的变动幅度，从而为进一步决策和行动提供依据。

2.定基分析

定基分析就是选择一个固定的期间基期计算各分析期的主营业务利润、营业利润、利润总额和净利润以及相关的成本费用和现金流量等项目与基期相比的百分数。此种方法可将其走势准确描绘出来，具有较大优势。

第三节　上市公司成本费用分析

一、成本费用的相关概念

费用是企业生产经营活动的各项开支，从经济用途角度来看，可分为生产成本与期间费用。生产成本是指企业产品的设计、实验以及加工等流程的必要花费；期间费用是产品生产之后到销售之前的所有环节的费用，包括运输管理、仓储、广告等费用。

根据成本项目的构成内容不同，产品成本可以分为直接材料费、直接人工费和制造费用三大部分。分析时主要是将这三部分费用分别与预算成本指标或标准成本指标进行对比，找出差异，并分析差异产生的原因，分清主观因素和客观因素，以便采取措施，加强成本管理。根据成本计算依据不同，产品成本可以分为单位产品成本和产品总成本。从成本管理和控制的角度进行成本分析，其重点是分析单位产品成本差异及其产生的原因。

（一）成本费用报表的特点

成本费用报表是企业会计报表必不可少的一部分，是对生产成本和期间费用使用情况的记录。它属于企业的内部报表，不对外报送，所以其投资者往往不能获取到，对于财务分析会有一定影响。

成本费用报表是企业对各项开支费用充分了解的一个重要途径，通过此报表可以分析资金使用的结构和情况。因此，成本费用报表具有不可替代的重要作用。

1.灵活性

成本费用报表不是国家法律法规和制度强制规定的，所以其形式和内容完全由企业决定。每个企业对成本费用报表的规定不同，其编制时间、信息种类、格式等各不相同，具有很强的灵活性。

2.多样性

成本费用报表是企业编制的，不同行业的企业实际情况不同，即使是同一企业，不同部门基于其职能对成本数据的要求也不一样，这就决定了报表的多样性。

3.综合性

成本费用报表对企业的各部门（生产部门、销售部门和会计部门等）都具有重要作用。它所记录的各项信息复杂多样，各种指标、数值、比例等形式也多种多样。当这些不同种类的数据共同呈现在报表上，就能分析各个事项之间的关系，为企业了解经营状况和进行管理提供不可替代的依据。

（二）直接材料成本差异分析

直接材料[①]成本差异是指产品成本中实际消耗的直接材料费用与预算材料费用的差额。直接材料成本差异变动受直接材料价格和消耗量两个因素的影响，据此可以将直接材料成本差异分解为价格差异和用量差异两部分。价格差异是指材料实际单价脱离预算单价所产生的成本差异，简称价差。用量差异，是指单位产品实际材料耗用量脱离预算耗用量所产生的成本差异，简称量差。一般

---

① 指企业生产产品和提供劳务的过程中所消耗的、直接用于产品生产、构成产品实体的各种材料及外购半成品以及有助于产品形成的辅助材料等。

来说，价格差异大多属于客观因素，如市场调整价格或通货膨胀影响，但是也要考虑企业在采购中是否做到货比三家，是否注意节约采购费用等主观因素。材料消耗量差异一般属于主观因素，有可能是下料或加工中造成材料浪费，也可能是废品率过高，或者材料本身质量较差导致材料利用率降低，等等，要注意分清责任人。此外，还应该注意，有些产品消耗的各种直接材料间具有替代性，如生产食用色拉油的企业，在不影响口感的前提下，可以通过适当调整产品中不同种类油的配比，降低单位产品的直接材料成本。由于调整不同价格材料配比所引起的直接材料成本降低额，称为直接材料结构差异。分析时可以将其归入价格差异，也可以单独进行计算。

（三）直接人工成本差异分析

直接人工成本差异是指产品成本中实际直接人工费用与预算人工费用的差额。直接人工成本差异变动受小时工资率和工时两个因素的影响。据此，也可以将直接人工成本差异分解为小时工资率差异和工时差异两部分。小时工资率差异是指实际小时工资率脱离预算小时工资率所产生的成本差异，简称价差；工时差异是指单位产品实际工时脱离预算工时所产生的成本差异，简称量差。一般来说，小时工资率差异与企业工资水平有关，如果企业跟随社会普遍提高工人工资，或者工人的技术级别普遍比较高，小时工资率就会提高。工时差异反映企业的劳动生产率，属于企业可以控制的因素。

从直接人工成本差异的影响因素可以看出，企业要降低直接人工成本，可以从两个方面努力：一是在满足岗位技术要求的前提下，尽量选用技术级别和工资级别较低的工人，降低小时工资率；二是提高劳动生产率，降低单位产品消耗的工时数量。

（四）制造费用差异分析

制造费用成本差异是指产品成本中实际制造费用与预算制造费用的差额。制造费用中，绝大部分费用项目与产品产量没有直接关系，是相对固定的费用。因此，对于制造费用，主要是分析其总额的变动情况，查明制造费用预算的执行情况，分析制造费用超支或节约的原因，搞清楚哪些是主观原因，哪些是客观原因，以便明确经济责任，制定改进措施，降低制造费用。在实际工作中，通常是按费用项目编制制造费用明细表。可以采用比较分析法，将实际制造费用项目与预算指标或上年实际指标进行对比，找出制造费用变动的原因；也可以采用结构分析法，分别计算每个费用项目占制造费用总额的比重，与预算或上年实际进行对比。最后，在此基础上，找出占制造费用比重较大、同时变动幅度也比较大的项目，进行重点分析。

（五）设置和编制成本费用报表的要求

作为内部报表的成本费用报表在编制时除应遵守会计报表的一般要求外，还应根据企业生产的特点和管理要求注意以下四个方面的问题。

1. 成本费用报表的专题性

根据企业不同部门的不同需求，成本费用报表记录的内容是不同的，很有针对性。成本费用报表的专题性是报表设置需要考虑的重要问题。所谓专题性，就是对某一方面或者某些方面进行详细描述。

2. 成本费用报表指标的实用性

成本费用报表的指标设置应以适应企业内部成本管理的需要为标准。成本指标既可按全成本进行反映，也可按变动成本和固定成本来反映。

3. 成本费用报表格式的针对性

成本费用报表格式既要满足各种需求，又不能有太大工作量，要保持科学性和有效性。

4. 成本费用报表编制的及时性

为了反映成本计划和费用预算的执行情况，成本费用报表可以像财务报表那样定期按月、季、半年、年编制，从而为企业进行成本预测、编制成本计划提供必要的成本信息。在日常成本核算过程中，为了及时反馈成本信息和提示存在的问题，还需要以旬报、周报、日报甚至班报为形式编制不定期成本费用报表，从而使有关部门及时了解生产耗费的变化情况和发展趋势，并采取相应的措施改进工作，加强成本控制。

二、成本费用报表的相关种类及分析

（一）成本费用报表的种类

成本费用报表是企业基于不同职能部门的要求自行编制的，从报表的种类、格式、编制报表项目、编制方法到报送时间和报送对象，都不是由国家统一规定的，而是由企业根据自身生产经营过程的特点和成本管理的要求确定的。一般情况下，企业编制的成本费用报表形式和内容各不相同。尽管如此，为了加强企业成本的日常管理，有必要对成本费用报表进行科学的分类，通常按不同的标准进行如下分类。

1. 反映成本水平的报表

通过本期实际成本与前期平均成本、本期计划成本的对比，充分把握企业成本的运用情况，对企业当前的成本水平进行评估，从而为企业接下来制定节约成本的策略提供参考。具体包括产品生产成本表和主要产品单位成本表等。

2. 反映费用支出情况的报表

这类报表反映企业日常经营活动的各项开支。通过此类报表可以分析费用支出的合理程度及变化趋势，有利于企业制定费用预算，考核费用预算的实际完成情况，以明确有关经济责任。

3. 反映成本管理的专题报表

这类报表反映企业日常经营活动各项开支的某些特定、重要的信息。通过对这些信息的反馈和分析，可以有针对性地采取措施，加强企业成本管理。具体包括责任成本表、质量成本表等。

（二）成本费用报表按其编制的时间分类

成本费用报表按其编制的时间不同可分为定期报表和不定期报表两大类。定期报表一般按月、季、半年、年编制，如产品生产成本表、主要产品单位成本表、制造费用明细表等。但为了及时反馈某些重要的成本信息，以便管理部门采取对策，定期报表也可采用旬报、周报、日报乃至班报的形式。不定期报表是针对成本管理中出现的问题或急需解决的问题而随时按要求编制的报表，如发生金额较大的内部故障成本，须及时将信息反馈给有关部门而编制的质量成本报表等。

成本费用报表按其编制的范围不同可分为全公司报表、车间成本报表和班组成本报表等。各种成本费用报表一般需要反映本期产品的实际成本、本期经营管理费用的实际发生额以及实际成本或实际费用的累计数。成本费用分为以下几方面。

1. 生产成本

生产成本是指一定期间生产产品所发生的直接费用和间接费用的总和。主要包括以下几方面：

（1）直接材料，即产品的原料和构成来源。

（2）燃料和动力，专指用于加工生产的部分。

（3）直接人工，专指用于产品加工生产的人员的各项开支和费用。

（4）制造费用，专指除了加工生产支出的其他费用的统称。通常包括生产部门管理人员的职工薪酬，以及生产单位固定资产的折旧费、仓储管理费、水电费等必要开支。

2. 期间费用

期间费用亦称期间成本，一般包括销售费用、管理费用和财务费用三类。

（1）销售费用主要有：①产品自销费用；②产品促销费用；③专设销售机构费用。

（2）管理费用主要包括：①企业管理部门发生的直接管理费用；②企业直接管理之外的费用；③工会经费、职工教育经费、劳动保险费、待业保险费；④提供技术条件的费用；⑤业务招待费；⑥其他费用，如绿化费、排污费等。

（3）财务费用主要包括：①利息净支出；②汇兑净损失；③金融机构手续费；④企业发生的现金折扣或收到的现金；⑤其他财务费用。

与生产成本相比，期间费用的特点如下：首先，与产品生产的关系不同。期间费用的发生是为日常生产经营活动服务的，和产品的加工生产没有直接关系。其次，与会计期间的关系不同。期间费用跟其他期间和阶段没有任何关系，有关系的只是费用发生的当期。而生产成本中若有拖延部分，则会影响到下一个期间。

（三）成本费用分析的一般方法

成本费用分析旨在通过对企业一定时期内的各项开支使用情况加以剖析和总结，为提高企业的资金使用效率、节约成本和进行决策提供可靠依据。

通过成本费用分析，企业可对管理水平和生产经营进行进一步的检测和评估，做到开源节流中的节流，减少各项开支，确保每一分钱用得其所。这是企业实现发展和管理的重要手段。

1.对比分析法

此方法是将企业的同一项开支在不同时间段和不同地域进行横向和纵向的对比，从而掌握这些支出项目发生变化、产生差异的原因，为企业制订具体的解决方案提供依据。对比的客体多种多样，如实际产品成本与计划产品成本对比、本期制造费用与前期实际制造费用对比等。此时要注意对比的条件和前提要具有共同点。倘若对比客体不具有可比性，可以转换对比角度和范围，寻找共同点。在实际工作中，对比分析法常用以下几类指标进行对比分析。

（1）实际指标与成本计划指标或定额指标的对比分析。通过此对比可以掌握企业加工生产的实际进度，相应地调整计划和预算。

（2）本期实际与前期（上期、上年同期或历史先进水平）实际指标的对比分析。通过此方法可以描绘出对比客体的变化和发展走势，从而掌握企业的实际情况。

（3）本企业实际成本指标（或某项技术经济指标）与国内外同行业先进指标的对比分析。此对比分析旨在寻找存在的缺陷和不足，从而取长补短。

2.比率分析法

顾名思义，比率分析法是通过相关数据和事项所占比重的对比，以全面把握企业的发展状况。比率分析法主要有以下两种：

（1）相关指标比率分析法。此方法分析的数据和事项之间虽然内容和类型不同，但是存在一定的关系。企业在发展的实际情况中，要对比的数据和项目很广泛，每一种对比分析在一种角度上都有意义，如产值成本率、成本利润率等。

$$产值成本率 = 成本 / 产值 \times 100\%$$

$$成本利润率 = 利润 / 成本 \times 100\%$$

（2）构成比率分析法。此方法又叫比重分析法，具体来讲，就是将一些重要的数据和事项在整体中所占的比重进行横向对比，来分析成本开支的结构和组成，从而判定各项成本的运用和费用开支的效率高低。

$$直接材料费用比率 = 直接材料费用 / 产品成本 \times 100\%$$

$$直接人工费用比率 = 直接人工费用 / 产品成本 \times 100\%$$

$$制造费用比率 = 制造费用 / 产品成本 \times 100\%$$

无论采用相关指标比率分析法，还是采用构成比率分析法，企业在进行成本费用分析时都可将本企业比率的实际数与计划数（或前期实际数）进行对比分析，也可将本企业比率的实际数与其他企业相同时期的构成比率指标进行对比分析，从而反映本企业在不同时期下与其他企业存在的差异，反映企业产品成本的构成是否合理。

3.趋势分析法

从对比方法本身来说，它采取的是一种纵向的角度，通过同一数据和事项在不同时期费用开支的情况来描绘此事项的走势，从而判断和评估该事项的发展态势。具体到对比时，绝对值和相对值均可。

（四）成本费用分析内容

1.全部产品成本费用分析

这是对企业各项开支进行把握和理解的最全面、最详尽的角度和模式，包括从产品的设计实验、生产加工到广告销售等各个环节和阶段的成本消耗情况，从全局角度来剖析。

2.可比产品成本费用分析

可比产品是指企业本计划期间以前生产过的，并在本计划期继续生产的产品，重点是检查分析可比产品或本费用阶段指标降低目的是否实现，存在问题时则要分析可能原因。

3.单位产品成本费用分析

这是一种横向对比，即将企业自身的产品成本消耗与同行业具有较强竞争力的企业进行对比。

（五）生产成本差异分析

具体来说，在各种因素相同或者类似的条件下，企业对某一产品的加工和生产所耗费的成本和行业标准水平相比，如果前者较高，则说明在某一环节企业的花费是不合理的。通过成本差异，企业可以分析导致这种结果出现的关键问题，从而采取相应措施。

成本差异分为价格差异和数量差异。价格差异是指成本项目实际价格脱离标准价格所产生的成本差异，它集中反映各生产投入要素的实际价格与预算价格之间的差异；数量差异是指成本项目实际单位耗用量脱离标准耗用量所产生的差异，它集中反映各投入要素的利用率情况。

成本差异计算的通用模式：

$$实际数量 \times 实际价格 = （1）$$
$$实际数量 \times 标准价格 = （2）$$
$$标准数量 \times 标准价格 = （3）$$
$$价格差异 = （1）-（2）= 实际数量 \times （实际价格 - 标准价格）$$
$$数量差异 = （2）-（3）= 标准价格 \times （实际数量 - 标准数量）$$

按照成本项目内容，成本差异分析具体可分为对直接材料、直接人工、变动制造费用和固定制造费用的差异分析。

1. 直接材料的差异分析

直接材料差异包括材料用量差异和材料价格差异。其中，

$$材料价格差异 = 实际数量 \times （实际价格 - 标准价格）$$
$$材料用量差异 = 标准价格 \times （实际数量 - 标准数量）$$

2. 直接人工的差异分析

此项目分为直接人工[①]效率差异和直接人工工资率差异。

$$直接人工工资率差异 = 实际工时 \times 实际工资率 - 实际工时 \times 标准工资率$$
$$= 实际工时 \times （实际工资率 - 标准工资率）$$
$$直接人工效率差异 = 实际工时 \times 标准工资率 - 标准工时 \times 标准工资率$$
$$= 标准工资率 \times （实际工时 - 标准工时）$$

出现这些差异的原因是人工素质、工作时间、工资标准、生产设备、原料质量不同导致的费用不同。这些差异由相对应的职能部门负责。

---

① 直接人工，是指企业在生产产品和提供劳务过程中，直接从事产品生产的工人的工资、津贴、补贴和福利费等。

3. 变动制造费用的差异分析

变动制造费用差异由变动制造费用效率差异（"数量"差异）和变动制造费用耗费差异（"价格"差异）构成。

变动制造费用效率差异是指按生产实际耗用工时计算的变动制造费用与按标准工时计算的变动制造费用之间的差额，其计算公式为

变动制造费用效率差异 = 实际工时 × 标准分配率 − 标准工时 × 标准分配率 = 标准分配率 × （实际工时 − 标准工时）

变动制造费用耗费差异是指实际发生的变动制造费用和按实际工时计算的标准变动制造费用之间的差额，其计算公式为

变动制造费用耗费差异 = 实际工时 × 实际分配率 − 实际工时 × 标准分配率 = 实际工时 × （实际分配率 − 标准分配率）

4. 固定制造费用的差异分析

固定制造费用在生产经营过程中因各种因素的变化而变化，由固定预算来制约和管理。固定制造费用的差异包括预算差异和生产能力利用差异，其中，

固定制造费用的预算差异又称固定性制造费用耗费差异，其计算公式为

固定制造费用预算差异 = 固定制造费用 − 固定制造费用预算

固定制造费用的生产能力利用差异又称"固定性制造费用数量差异"，是指固定制造费用按应消耗的标准小时数（预定分配率）计算的分配数与固定制造费用预算数之间的差额。其计算公式为

固定制造费用生产能力利用差异 = 固定制造费用预算数（应消耗的标准小时数 × 固定制造费用分配率）

= （以工时表现的正常生产能力 − 按实际产量计算的标准工时）

× 固定制造费用单位工时标准分配率

固定制造费用生产能力利用差异具有如下特点。

（1）预计业务量等于应耗的标准小时数，差异为零。

（2）若预计业务量大于应耗的标准小时数，则说明业务目标未完成，生产能力利用程度较低。

（3）若预计业务量小于应耗的标准工时数，则说明超额完成业务，生产能力利用程度较高。

第四节　上市公司发展能力分析

从发展历程来看，一个企业从创立到壮大，其发展的能力是逐步增强的，具体表现为生产经营规模逐步扩大、市场占有率不断提高、利润收益逐渐增多等。对企业的发展能力进行分析，可以评估其运行的前景，有利于投资者制定投资策略和决定投资规模。这对企业的生产发展也至关重要。

一、企业发展能力的概述及基本表现形式

企业的发展能力，最关键的就是其盈利能力和潜力，对于上市公司尤为如此。因为它涉及大量的资金和极其复杂的债权债务关系，众多股东和投资者的权益依赖它的发展。甚至它还能影响社会的安定。所以，只有通过各项数据和指标对其进行一系列的研究和评估，才能较为科学地评判一个企业，特别是上市公司是否具有发展能力以及其潜力的大小。其表现形式分为：

（1）企业发展能力取决于企业持续增长的销售收入与核心经营活动的企业剩余收益。通过发行新股、提高财务杠杆、降低股利支付率、提高销售利润率与资产周转率等指标都可以评价企业的发展能力。

（2）市盈率与市净率是很好的预示企业发展能力的指标，甚至可以考虑直接用市盈率或市净率来表示企业发展程度与增长机会。

（3）企业发展能力是指在保持一定财务资源情况下企业销售所能增长的最大比率，尤其要考虑通货膨胀率对可持续增长率数值的影响。其公式为

$$销售净利率 \times 总资产周转率 \times 留存收益率 \times 资产权益率$$

（4）潜在收益成长率计算公式为

$$g = ROE \times (1 - D/E)$$

式中，g 为可持续增长率；ROE 为期初净资产收益率；D/E 为负债权益比率。

对于企业发展概念的理解往往是多角度的，通常意义的发展由企业价值概念来表达，它是企业财务资源使用效果的综合体现。

二、企业发展能力与其他财务专项分析的关系

具体来讲，这些关系指的是：第一，上述内容是前提和基础。三个指标有机结合，从不同角度和方面来剖析问题，大大提高了评测的科学性和准确性。

第二，企业发展能力分析起到一个连通器的作用，它将企业预算、财务状况和市场价值相衔接，具有很高的科学性和合理性。进行企业发展能力分析要避免绝对化，同时要关注分析结论的特定环境性，主要包括以下方面：

（1）不同行业和地区发展水平不同，因此，进行横向发展能力对比必须要有相类似的前提和基础。主要原因在于小企业资源的极度有限性。无论是人力、财力，还是自身产品、品牌以及研发能力等方面，小企业均处于弱势地位。而且同为小企业，在企业增长的不同阶段所关注的关键因素也可能完全不同，因为各个小企业在规模和增长空间上有着天壤之别。

（2）即使同一地区、同一行业，甚至企业的性质相同，也要视具体情况才能判定可比性。比如，国有控股非上市公司与国有控股上市公司，虽然性质上都是国家控股，但依旧不能同日而语的。究其根本，这是因为不同的企业受市场体制尚未完全确立等环境因素的制约，如民营企业与国有企业，作为两种不同性质的企业所拥有的财务资源（资本）的创利能力不具可比性。

（3）在一定条件下，企业的运营模式存在漏洞和缺陷，导致其发展能力不强。究其根本，资金规模只是企业发展的一方面因素。这是一个综合性的课题，如何合理运用和配置这些资金，从而达到最高效率，是不可忽视的。更为重要的是，如果企业能充分利用自身内部资源并以此带动一定比例的企业外部资源，就会极大地促进发展能力的提升。

因此，即使是同行业企业的比较分析也要关注分析对象与参照对象（或标杆企业）在比较起点上的差异，否则结论就没有太大意义。企业所处行业并不是决定企业发展潜力的唯一重要因素，只能说企业选定了具体行业后就会显示出该行业所具有的基本特征。

三、上市公司发展性财务指标分析

（一）销售收入的增长

企业的营业成长性可以用许多财务指标来衡量，通常表现为销售收入的成长性以及利润的成长性。

从销售本质特点进行分析，对于任何企业来说，企业销售的增长决定着企业的发展，是企业发展前进的动力，是企业在这个竞争激烈的社会中存活的根本所在，也是企业实现利润和稳定现金流的重要源泉。因此，我们在对企业进行综合分析时，其销售增长能力是一个必要的分析方面，它关系着企业的成长性。在世界 500 强公司的评比中，销售规模是最为重要的财务指标；我国创业板对上市公司的规定，也特别强调公司的成长性，主要就是用公司营业收入的增长指标来评判的，如规定营业收入的增长率不低于 30％。反映销售收入增长的公式有：

$$销售收入增长额 = 本年销售收入 - 上年销售收入$$

$$销售收入增长率 = （本年销售收入 - 上年销售收入）/ 上年销售收入 × 100％$$

销售收入增长额是反映销售收入增长的绝对指标，但无法反映不同规模企业销售收入的相对增长状况。

销售的高增长反映了净销售额的相对变化，和销售计算的绝对量对比，消除企业规模的影响更加重要，这样也更能反映企业的发展情况。最好的方法就是通过分析销售收入的组合来分析销售收入规模和销售收入增长的速度。利用该指标进行企业成长性分析时，需要注意以下几点：

（1）对于一个企业，如果要确定其是否具有强有力的成长性和发展性，需要分析其销售效率是否增长。如果净销售额的增长是依赖于主要资产的相应增加，换句话说，如果收入增长速度低于资产的增长速度，则这种销售增长是无效的。在正常情况下，该企业的收入增长速度必须高于资产增长速度，只有这样，销售公司才能表现出良好的增长态势。

（2）如果指标大于 0，可能是企业的销售增长，该指标值越高，投资价值越高，表示企业拥有良好的发展前景；如果指标小于 0，可能是企业产品销售下降，或者企业市场份额很可能会萎缩。

（3）在现实工作中运用到该项指标的时候，必须综合分析企业上一年的销售水平、行业内未来发展前景状况、企业市场占有情况以及其他影响企业发展的潜在因素。同时，要确定比较的标准，只有在同规模、同类型企业当中进行比较才更有说服力。

（4）销售收入增长率是一种相对指标，不是绝对指标，也存在基数影响的问题。假如增长的基数相对比较小，如销售的收入基数仅有 1 000 万元，若销售额增长 400 万元，则销售收入增长率可达到 40％，属于高成长性；但如果销售收入基数高达 1 亿元，销售收入增长 1 000 万元，销售收入的增长率只有 10％左右。由此可见，必须将销售收入增长率与销售规模以及社会实际情况等因素结合起来进行综合分析，这样才能保证数据的科学性与准确性。

（二）销售收入平均增长率

销售增长率也可能受到销售短期波动的影响。为了消除销售的短期异常波动的影响，应客观、合理地反映长期销售收入的增长情况。一般企业计算的销

售收入平均增长速度为三年，平均销售增长率的速度增长也称为三年销售复合增长率。其计算公式为

$$三年销售平均增长率 = \left(\sqrt[3]{\frac{本年销售收入}{三年前销售收入}} - 1 \right) \times 100\%$$

这个数据指标可以反映企业销售增长的长期趋势，企业可以根据这个长期发展趋势制定应对策略。如果它呈上升趋势，说明之前运用的销售策略是有效的，可以继续沿用；如果它呈下降趋势，说明企业已经在走下坡路，也说明当下运用的销售策略和技巧不好，无法起到理想的效果，应该及时调整策略。如果它的趋势比较平稳，说明当下的销售策略没有起到理想的效果，应做出完善和调整，使它有一个较大的突破，走上升路线。

除此之外，就是最常见的情况，有起有落，这样就要具体分析高峰值与低峰值的数据，比对两组数据，然后得出到底是哪些具体的销售策略和技巧起到的作用最大，使调整方案更具有针对性，也可以避免未来出现销售业绩下滑的趋势。除了可以看出长期趋势之外，还可以看出它的稳定程度，即在一个长期趋势中，可以看出它的波动情况。分析长期趋势和稳定程度等信息，可以将企业的整体情况做一个大致的梳理和预测，发现它的成长点，评估其继续发展的潜力。

该指标越高，表明企业主营业务增长势头越好，市场扩张能力越强。

（三）利润的成长性

1. 税前利润的增长

对于利润来说，最重要的毫无疑问就是收入，但是收入的增长和利润的增长并不是同步的。原因有很多，如营业成本、期间费用、公允价值变动收益、资产减值损失、营业外收入等都有可能导致二者不同步。从可持续发展的角度来考虑，应分析企业经常性税前利润的增长，以反映企业的成长性。

反映税前利润增长的公式为

税前利润增长额 ＝ 本年税前利润 － 上年税前利润

税前利润增长率 ＝（本年税前利润 － 上年税前利润）／ 上年税前利润 ×100％

税前利润增长额对于反映税前利润而言是非常重要的，是一项重要的指标，但其不能反映规模不同的企业税前利润的相对增长状况。

从税前利润增长率的计算公式可以很明显地看出，它反映税前利润是呈相对变化的，而不是呈绝对变化的；还可以看出它的变化程度和稳定性如何。将税前利润增长率与计算绝对量的税前利润增长额进行比较，还可看出是否存在误差，有没有出现绝对的增长，可以判断企业的发展是否处于一种良性循环的状态。当

然在这一比对过程中要消除营业规模的影响，使数据更具有科学性，也更能反映企业的整体发展水平以及未来的发展状况。企业可以通过这些数据及时地调整销售策略和方案，完善销售技巧，以免出现不必要的损失和麻烦，避免让企业陷入困境。利用该指标进行企业成长性分析的时候必须注意以下几点：

第一，指标大于 0，意味着企业本年的税前收入有所增加。指标值越高，表明收入增速越快，企业发展前景越好。一般地，税前利润增长率达到 40% ~ 50% 甚至以上，表明企业具有高成长性。指标小于 0，意味着企业销售萎缩，也可能是毛利润降低或期间费用增加。

第二，在实际运用该指标的时候，一定要将企业多年的税前利润、成本费用变化情况、企业销售规模、行业未来发展前景、企业市场占有情况以及其他影响企业发展的潜在因素结合起来加以综合分析。同时，必须确定比较的标准，只有在同类企业、同规模企业中进行比较才有意义。

第三，税前利润增长率作为相对指标，其受基数的影响会很大，如果基数增长得很小，对于税前利润而言就是有利的，说明税前利润提高较为容易。

2. 税前利润平均增长率

与销售增长率一样，税前利润增长率也可能受到销售、毛利、费用等短期波动的影响。如果上年因特殊原因而使税前利润减少，而本年可以恢复正常，就会造成税前利润增长率偏高；反之，就会造成税前利润增长率偏低。为了消除税前利润短期异常波动的影响，以客观合理地反映企业在相当长的时期内，税前利润是如何增长的以及它的增长是否呈良性循环，是否在走上坡路，一般在实际运用中计算出三年的税前利润平均增长率，称为三年利润复合增长率。其计算公式为

$$三年税前利润平均增长率=\left(\sqrt[3]{\frac{本年税前利润}{三年前税前利润}}-1\right)\times100\%$$

该项指标可以反映企业的税前利润增长趋势和稳定程度，体现企业的发展状况和成长性。该指标使企业成长的曲线更加平滑，不会受短期回报剧烈波动的影响，在销售增长率的基础上，充分考虑了成本因素、费用因素等，可以作为判断企业价值的核心成长性财务指标。

3. 税后利润的增长与经常性损益的增长

在所得税税率不变的情况下，税前利润与税后利润的增长率几乎一致。但在现实中存在很多的变化因素，如税率变化因素等，这些都会导致税前利润与税后利润增长率出现不一致。

税后利润增长的计算公式为

税后净利润增长额＝本年税后净利润－上年税后净利润

税后净利润增长率＝（本年税后净利润－上年税后净利润）／上年税后利润 ×100％

$$三年税后净利润平均增长率=\left(\sqrt[3]{\frac{本年税后利润}{三年前税后利润}}-1\right)\times100\%$$

一般重点关注经常性损益的成长性，以考察企业可持续的成长性。计算公式为

经常性利润增长额＝本年经常性利润－上年经常性利润

经常性利润增长率＝（本年经常性利润－上年经常性利润）／上年经常性利润 ×100％

$$三年利润平均增长率=\left(\sqrt[3]{\frac{本年经常性利润}{三年前经常性利润}}-1\right)\times100\%$$

四、企业资产成长性分析

能够直接反映企业资产增长能力的数据有很多，应从这些数据中找到那些最可靠的，信度和效度最高的，最准确、最科学、最具有权威的数据来表达企业资产增长能力。其中一项就是财务比率，它还包括企业总资产增长率、净资产增长率和固定资产增长率。这些数据可以直接说明企业资产增长的能力，当然除此之外，凡是能保证资产快速稳定增长的企业都是一些成长性比较好的企业。关于成长性，不能只看到企业资产的增长能力，还要根据市场占有率情况、行业内竞争对手的情况以及影响企业发展的其他多种因素进行综合分析，这样才能保证分析的客观、科学、公正、合理。对资产的增长情况进行更加细致的分析，找出影响企业增长的具体因素，并提出相应的策略加以应对，就可以得出更加准确有效的结论。分析方法也很重要。目前，主要的分析方法有两种，即绝对增长量分析和相对增长率。这两种分析方法不是独立存在的，而是相互补充的，将这两种分析方法统筹起来综合考虑，得出的分析数据和结果才是完善的、科学的，当然也才具有信度和效度。单独的某种方法都存在一定的漏洞，用两种分析方法可以弥补彼此的短处，更能满足分析者的要求。

（一）总资产增长率

总资产增长率是一项很重要的影响因素。其计算公式为

总资产增长率＝（本年期末总资产－本年期初总资产）／本年期初总资产 ×100％

企业经营周期内资产规模扩张的速度越快，也就意味着总资产增长率越高。但同时不能忽略资产规模的过快扩张与管理效率之间的矛盾，必须尽可能地避免盲目扩张，关注企业可持续的扩张能力。

与销售增长率以及税前利润增长率等指标的原理基本上是一样的，该指标的计算公式为

$$三年总资产平均增长率=\left(\sqrt[3]{\frac{本年年末总资产}{三年前年末总资产}}-1\right)\times100\%$$

（二）固定资产成新率

固定资产成新率指标高，表明企业技术性能较好，企业固定资产比较新；反之，该指标值较小，表明企业设备陈旧，技术性能落后，将严重制约企业未来的发展。

应用固定资产成新率指标分析固定资产新旧程度时，应注意折旧方法的不同和生产经营周期的不同等因素对固定资产成新率的影响。由于技术进步可能导致一些崭新的设备因技术落后而淘汰，所以固定资产成新率高低并不是判定公司资产增长能力的唯一标准。

五、股东权益成长性分析

（一）净资产的增长

总体来说，投资者对净资产的增长状况比对总资产的增长状况关注程度要高。在公司股本没有发生变化的情况下，净资产的增长是企业不断盈利且留存利润不断增加的结果。其计算公式为

净资产增长额 = 本年净资产 − 上年净资产

净资产增长率 =（本年净资产 − 上年净资产）/ 上年净资产 ×100%

净资产增长率在分析时具有滞后性，仅反映当前情况，而且有时候容易受当期的偶发因素影响而产生剧烈波动。利用三年净资产平均增长率指标，能够反映企业净资产增长的历史状况以及企业稳步发展、可持续发展的基本趋势。其计算公式为

$$三年净资产平均增长率=\left(\sqrt[3]{\frac{本年年末净资产}{三年前年末净资产}}-1\right)\times100\%$$

该指标越高，表明企业净资产的可持续增长能力越好，抗风险和保持可持续发展的能力越强。

（二）股本规模的增长

如果发生增资扩股，公司的净资产增长不一定完全源于留存收益。因此，在对资本扩张进行分析时，要特别注意股东权益各类别的增长情况。当然，能反映企业成长性的另外一个重要的财务指标便是股本规模的扩张。其计算公式为

$$股本增长额 = 本年股本额 - 上年股本额$$

$$股本增长率 =（本年股本额 - 上年股本额）/ 上年股本额 \times 100\%$$

上市公司股本增加主要有两个原因：一是发行股票；二是通过内部权益类资产转换。

股本规模的扩张，将给投资者带来较大的填权效应，这反映出企业的成长性。理论上讲，企业若通过增资实现股本规模的扩张，会带来股权稀释效应，不利于现有投资者的短期利益；若通过转增股本或送股实现股本规模的扩张，不会给投资者带来实质上的利益，只是降低了股价。但在实践中，若企业盈利能力能保持高速增长，投资者则希望企业能高比例送配，以分享填权效应带来的价值增长。总的来说，企业是将增资与转增送配结合起来实现股本规模扩张的，这种股本规模扩张的方式具有可持续性。在分析股本规模扩张时，需要结合企业盈利来综合分析。

三年股本平均增长率指标，能够反映企业股本增长的历史状况以及企业可持续发展的基本趋势。其计算公式为

$$三年股本平均增长率 = \left(\sqrt[3]{\frac{本年年末股本额}{三年前年末股本额}} - 1 \right) \times 100\%$$

（三）现金股利增长率

现金股利是帮助投资者实现投资收益的一种非常重要的方式。现金股利增长率是衡量企业成长性的一个重要指标。从企业价值评估理论可以看出，股利增长率与企业价值有密切的关系，股利增长率越高，企业股票价值越高；反之，股票价值越低。

现金股利增长率 =（本年现金股利额 - 上年现金股利额）/ 上年现金股利额 $\times 100\%$

要想反映长时期的股利增长情况，一般计算三年股利平均增长率（也就是它的复合增长率）。其计算公式如下：

$$三年股利平均增长率 = \left(\sqrt[3]{\frac{本年现金股利额}{三年前现金股利额}} - 1 \right) \times 100\%$$

利用股利增长率来分析企业发展能力，可以从以下方面理解：

（1）所有者权益的增长包括两种类型：一种是外来资金的投入导致资本的扩张，在报表上体现为实收资本或股本的增加；另一种是留存收益的增加导致资本的扩张，在报表上体现为盈余公积和未分配利润。企业的盈利并非全部形成留存收益，这取决于企业的股利分配政策。

（2）股利并不是越多越好，也不是越少越好，这里存在着企业与其股东、股东短期收益与长期收益的博弈，考虑股利的增长会向市场传导积极的信息，因此股利增长也可以从另一个方面影响企业的发展。

六、上市公司发展性的影响因素分析

（一）企业竞争能力分析

企业竞争能力，是指企业生产的产品在品种、质量、成本、价格、销售渠道、盈利模式、管理能力等各方面所具有的优势。在市场经济中，竞争力最直观地表现为一个企业能够持续地比其他企业更有效地向消费者提供产品或服务。

1.市场占有率

企业竞争能力综合表现在产品的市场占有率上，企业目前的市场占有情况对企业未来的竞争能力也会产生重要影响。

市场占有率是一个基本指标，能够反映企业市场占有情况。市场占有率是指在一段时期或者一定范围内，一家企业的某种产品的销售量能够占据市场上同类商品销售总量的比重。市场占有率一般与同等水平的竞争对手进行对比，观察企业之间竞争能力的强弱，实际上这对每家企业都是一种激励。有竞争就会有压力，当然也就会有动力。一般来说，一家企业的市场占有率越高，就说明它的竞争能力越强，当然综合来说它的抵御风险能力也比市场占有率低的企业要强，相对应地，企业的市场谈判能力也比较强，在遇到风险之后，可以通过及时调整产品价格的形式来应对风险，成功渡过难关。而低市场占有率的企业就不容易抵御这些风险，即便调整价格，也不能影响市场的大局，反而容易让自己亏损，时间一长，难免会面临破产的危险。这就是市场占有率的巨大影响。当然以上这些都是根据大部分情况来说的，也不是绝对的。既然市场占有率对企业有着如此大的影响，哪些因素可以影响市场占有率呢？例如，进入市场时间的长短、市场的需求状况、产品的竞争能力和生产规模等，都可以影响市场占有率。

2.市场覆盖率

除了市场占有率，市场覆盖率也是反映企业竞争能力的又一重要指标。市场覆盖率实际上是指本企业的某种产品销售的地区数量或者范围占同种产品销售地区或者范围总数的比率。那么影响市场覆盖率的因素有哪些呢？据调查，不同地区的需求结构可以影响市场覆盖率。因为一个地区的需求越旺盛，那么它的市场覆盖率就会越高。这也跟一个地区的经济发展水平、民族风俗习惯有关系。当然社会如此发达，做一个产品肯定存在许多竞争对手，那么就需要与竞争对手一较高下，利用自身的优势去进行市场竞争。如果是外来的产品，当地政府部门会有地区经济保护政策，限制企业拓展市场，如此一来，企业市场覆盖率也会受到影响。一般来说，一个企业的市场覆盖率越高，那么它抵御风险的能力也就越强，当然它的竞争能力也就越强。

（二）产品竞争能力分析

1.产品质量的竞争能力分析

产品的性能好坏、精度、纯度、物理的特性及化学成分等都是产品的内在质量特征。除此之外，产品的外在质量特征包括产品的外观、质量、形状、色泽等。市面上产品的质量特征主要表现为其性能好坏、寿命长短，是否安全、可靠、经济实用，以及它的外观是否美观，等等。产品质量是最重要的，也是企业竞争的最重要部分。一家企业如果产品质量没有保证，销售将会受到影响，利润也会降低，严重影响企业的市场竞争力和企业的发展潜力，甚至会导致企业衰退，甚至破产。不管是哪方面的影响，都会降低企业的竞争力，只是降低的程度不同罢了。所以产品质量的保证是一个重要环节，直接决定企业在市场上有无竞争力，并且已经成为企业发展的首要条件。

2.产品成本和价格的竞争能力分析

企业生产的产品如果仅考虑产品的质量，一味挑选高质量的原料采购，最后的产品价格一定非常高，在一些经济条件不是很好的地区，它的销路就会受到影响。所以，在生产产品的时候，不仅要考虑其质量，还要考虑当地消费者的经济承受能力。综合考虑这些因素，生产与之匹配的产品，这样的产品才能有很好的销量，才能打开市场，获得盈利，当然也才会促进企业的发展。实际上，在中国，大多数人的消费观还是偏向选择价格较低的产品。换句话说，是选择物美价廉的产品。因此，企业竞争的重要手段之一就是价格竞争。企业要学会熟练地运用市场规律，灵活地调整价格，以灵敏的嗅觉来适应复杂多变的市场需求。当然刚开始一定要以物美价廉的产品迅速占领市场，这一步对企业的生存发展来说至关重要。既想获得盈利，又要保证产品的质量，必须学会控制产品的成本。成本的高低是影响产品价格的决定性因素。成本越低，就越有可能通过降低价格来迅速占领市场，提升企业的竞争力；反之，产品的成本越高，那么价格可调整的余地就越小，企业的竞争能力也就越弱。

3.企业竞争策略分析

企业根据市场发展以及竞争对手的情况制定的经营方针，就是企业的竞争策略。常见的低成本领先战略、差异化战略、集中化战略等都是企业常用的竞争策略。

（三）企业周期分析

企业所面临的周期现象有很多种，主要有经济周期、企业生命周期、产业生命周期以及产品生命周期等。

经济周期是宏观经济由波峰到低谷，再由低谷到波峰的反复交替过程，即由繁荣到衰退，再由衰退到繁荣的交替过程。

产业生命周期不是某个生命周期的某个作用决定的，而是由产业内各种产品的生命周期的综合作用形成的，比产品的生命周期表现得更为复杂，可以分为导入期、增长期、成熟期、衰退期四个阶段。

（四）可持续增长能力分析

企业可持续增长能力是指企业在从事创造财富事业时，在一个较长时期内，不断地实现自我超越、自我壮大、由小变大、由弱变强、持续不断地取得收益，并且这些收益值不低于以市场平均利润率计算的收益值。一个企业发展能力的核心内容就是可持续增长能力。

企业保持可持续增长能力有两个条件：一是不增发新股；二是保持目前经营效率和财务政策。其中，经营效率指的是资产周转率和销售净利率；财务政策指的是资本结构和股利支付率。可持续增长率的计算公式如下：

$$可持续增长率 = 净资产增长率 = 留存权益 / 所有者权益$$
$$= （净收益 / 所有者权益）×（留存收益 / 净收益）$$
$$= 净资产收益率 × 留存收益率$$
$$= 净资产收益率 ×（1- 股利支付率）$$

可持续增长率的高低取决于企业净资产收益率和股利支付率两个指标，即可持续增长率在净资产收益率最高而股利支付率最低时最高。其中股利支付率通常指现金股利支付率。

将可持续增长率计算公式进一步分解，可以为进一步深入分析影响可持续增长的因素提供帮助。可持续增长率的分解公式为

可持续增长率 =（净利润 / 销售额）×（销售额 / 平均资产额）

×（平均资产额 / 平均净资产）×（1- 股利支付率）

=销售净利率 × 资产周转率 × 权益乘数 ×（1- 股利支付率）

　　由此可见，企业的业务销售政策、资产运营政策、融资政策和股利政策是影响企业可持续增长率的四个经济杠杆。利用这一经济杠杆原理，可以通过测算销售利润率、资产周转率、权益乘数及股利支付率四个指标的影响程度，进行因素分析。

第九章 上市公司财务风险及防范

随着现代社会的发展，社会经济活动越来越复杂，市场竞争也越来越激烈，我国企业面临的风险比以往任何时候都更为严峻。作为我国经济运行中最具有发展优势的经济体，上市公司更应该树立自己的风险意识，加强风险调控，尽力降低风险带来的损失。

第一节 财务风险的概念

对于企业来说，财务活动是生产经营活动的前提条件，是企业在筹资、投资、供产销经营环节资金使用回收、企业实现财务成果与分配等一系列活动的有机统一。在这一系列财务活动中都可能存在风险，因此需要管理者特别关注。其中，上市公司作为我国市场经济的先锋、现代企业制度的代表、资本市场投资价值的源泉，其在面临各式各样的财务风险时更是首当其冲。因此，上市公司更应重视经营中的财务风险。

一、财务风险的定义

目前，对企业财务风险含义的理解主要有两种观点。第一种观点把企业的所有经营风险都看作财务风险，认为企业的各种经营风险产生的结果最终都会反映到企业的财务收支变化上，即都会表现为经济利益的增加或减少。这种观点认为企业的财务风险和经营风险只是从不同的角度来看待和分析问题，两者在本质上其实是一样的。这种观点虽然能够促使管理者重视风险的财务后果，但这样一来就使财务风险包含的内容过杂，涉及范围过广，不利于管理和划分责任。第二种观点认为财务风险属于经营风险的一种，指的是企业在生产经营中资金运动中所面临的风险。现今随着市场经济的发展，企业的财务活动日趋复杂和多变，企业所面临的财务风险已不能与过去同日而语，将企业财务风险进行单独的分析和控制，不仅是需要的，而且是必需的。本书所采用的是第二种观点，将财务风险视为经营风险的一种。具体来说，财务风险是指由于公司财务结构不合理、融资不当使公司可能丧失偿债能力而导致投资者预期收益下降的风险，简单来说即公司由于未来收益的不确定性而产生的风险。财务风险具有客观性、全面性、不确定性、收益性或损失性、激励性等特征。

二、财务风险的成因

财务风险的实质是企业负债经营所产生的风险，它是企业在财务管理过程中必须面对的一个现实问题。具体到上市公司来讲，企业财务风险产生的原因有很多，既有公司外部的原因，也有公司自身的原因，而不同的财务风险，其形成原因也各不相同。

（一）外部原因

上市公司财务管理宏观环境的复杂性是上市公司财务风险产生的外部原因。经济环境的变化、市场环境的变化、科学技术进步等因素，都可能使上市公司管理系统不能适应复杂多变的宏观环境，进而产生财务风险。

上市公司财务风险外部环境可以进一步细分为一般环境和特殊环境。一般环境指的是具有普遍意义的宏观社会大环境，这种宏观大环境对处于该环境中的所有组织都会发生影响。这些因素存在于公司之外，但对公司财务风险的产生有着重大的影响，具体包括经济环境、法律环境、市场环境、社会文化环境等因素。

1. 经济环境

经济环境的变化主要包括国家产业结构、经济周期、国民生产总值、国际收支和汇率、利率、通货膨胀等方面的变化。这些宏观因素的变化会导致经济发展具有不确定性，会对上市公司的财务状况产生重大影响，这也是引发上市公司财务风险的主要诱因。

2. 法律环境

法律环境指的是企业在和外部发生经济往来时所必须遵守的各种法律法规和规章制度。市场经济条件下，国家行政干预逐渐减少，而经济手段和法律手段的使用则日益增多。法律变更的不可预测性以及法律环境对企业及其管理约束条件的刚性，对于企业经营政策和财务目标的确定有一定影响，尤其是上市公司，因为它相对于其他企业形式来说法律约束更多，也更为严格。

3. 市场环境

市场环境主要指国内外的政治形势、自然灾害等因素。市场环境风险是指以上因素的变化导致的市场供求关系不确定性可能给企业经营带来的不利影响。其中，政治环境对所有企业的影响是根本性的。

4. 社会文化环境

社会文化环境是指企业所处的社会结构、社会风俗和习惯、信仰和价值观念、行为规范、生活方式、文化传统、人口与地理分布等因素的形成和变动。社会文化环境风险是指由于社会信念和社会价值等与国家政策或企业经营事务不一致所引起的企业经营盈利的不确定性。当这些因素在不同利益群体间的差距扩大时，会使社会不稳定，进而会影响到企业的正常生产经营活动以及企业的定位。

特殊环境，是对某一具体组织来说有着直接、经常性影响的具体特定环境。一个企业的特殊环境通常包括顾客、竞争者、供应商以及相关群体等。顾客是企业面临的数量最多、范围最广的公众群体，直接决定企业赖以生存的市场状况和市场容量，对企业的生存有着至关重要的作用。企业的竞争者包括直接竞争者、潜在竞争者和相关竞争者三类。对于不同类型的竞争对手，企业应该采取不同的方式区别对待，才能将竞争者可能给企业带来的财务风险消灭于无形之中。至于供应商方面，由于企业接受供应的情况与企业生产产品的情况有着直接密切的联系，如供应商的供货质量直接决定企业产品的质量，供应物品的交货期决定企业的交货期，因此供应商的状况构成了企业赖以生存和发展的重要环境因素，企业在进行财务风险因素分析时也应予以特别关注。除此之外，企业还应关注与自己有其他密切联系的相关群体，如政府机构、金融机构、新闻媒体等组织机构。

（二）内部原因

从企业内部来看，企业财务风险的产生主要受企业内部财务管理和经营管理水平的影响。具体表现在以下几个方面。

1. 企业财务管理人员对财务风险的客观性认识不足

企业风险是客观存在的，只要有财务活动，就必然存在着财务风险。然而在实际操作中，许多企业的财务管理人员风险意识淡薄，认为只要管好、用好资金，就不会产生财务风险。

2. 财务决策缺乏科学性导致决策失误

信息不对称或存在道德风险等因素会使企业在制定财务决策时产生失误，从而给企业带来巨大的财务风险，因此应制定科学的财务决策来避免失误。

3. 企业内部财务关系混乱

企业在内部各部门之间及企业与上级企业之间在企业资金管理及使用、利益分配等方面存在着权责不明、管理不力的现象，使企业资金使用效率低下、资金流失严重，资金的安全性和完整性也无法得到保证。这种情况在上市公司中尤其明显，主要表现为集团公司中的母公司和子公司的财务关系混乱，资金使用没有进行有效的监督与控制，从而给企业带来财务风险。

4. 企业资本结构不合理

在企业资产总额中，自有资金和借入资金比例不当，对企业收益产生负面影响而形成财务风险。

对于企业来说，日常生产经营活动应对可能产生财务风险的因素加以监控，从而使企业对潜在的财务风险防患于未然。

三、财务风险的表现与分类

（一）财务风险的表现

企业出现财务风险时会有多个方面的表现，主要有产品积压，销售额非正常下降，现金流量不足，不能及时偿还到期债务，现金大幅度下降而应收账款中的坏账大幅度上升，原材料成本上升，销售利润连续下滑，产生大额负债，过度的贷款，等等，企业应对这些情况进行动态监测，严加防范。

（二）财务风险的分类

本书所讨论的财务风险指的是企业在生产经营的资金运动中所面临的风险。这种财务风险可作如下分类。

1. 根据财务风险的影响程度分类

（1）轻微财务风险。轻微财务风险是指那些风险损失较小、后果不太明显、对经营主体的生产经营管理活动并不构成重要影响的风险。这种风险一般无碍大局，仅仅会对经营主体形成局部或轻微弱小的伤害。

（2）一般财务风险。一般财务风险是指给企业造成的损失适中、后果明显但并没有构成致命性威胁的财务风险。这类财务风险往往会使经营主体遭受一定的损失，并给其生产经营管理等方面带来较长时期的不利影响，或留有一定的后遗症，或产生后续效应。

（3）重大财务风险。重大财务风险是指给企业造成的损失较大、后果较为严重的财务风险。这类财务风险往往会威胁到经营主体的生存，使企业发生重大损失，一时不能恢复，甚至会导致破产。

依据财务风险的表现层次和影响的重要程度来划分，往往是为了方便企业管理层据此决定采用何种等级的处理措施。需要注意的是，采用这种财务风险的分类方法来划分结果并不是绝对的，风险类型可能会随着情况的变化而相互转化。一方面，一般财务风险和轻微财务风险在一定条件下经过一定时期的积累后，很有可能会由质的变化转化为重大财务风险；另一方面，重大财务风险在一定条件下也可能会逐步衰减，对企业经营活动的影响程度逐渐降低，渐渐蜕变为一般财务风险或轻微财务风险。

2. 根据资本运动的过程分类

资本运动是企业财务管理的核心内容，企业就是通过对资本运动的管理来实现其价值最大化的，相应地，企业的财务风险也就蕴含在整个资本运动过程中。资本运动主要包括资本的筹集、运用、耗费、收回及分配这几个环节，简单地可以分为筹资、投资和利润分配三个环节。同时，这三个环节也决定了企业的财务结构。据此也可以对财务风险进行划分。

（1）筹资风险。筹资风险即企业在筹资活动中，受到各种难以预计或控制的因素影响，致使企业的投资报酬率达不到预期目标，给财务成果带来不确定性而产生的风险。

（2）投资风险。投资风险即企业在投资活动中在投入一定量资金后，因市场需求变化而使其最终收益与预期收益偏离的风险。企业对外投资主要有直接投资和证券投资两种形式。

（3）资金回收风险。资金回收通常包含两个过程：首先，从成品转化为结算资金；其次，从结算资金转化为货币资金。在这两个转化过程中所产生的资金转化的时间和金额的不确定性就是资金回收风险。资金回收风险的存在，主要受国家宏观经济政策，尤其是财政金融政策的影响。

（4）收益分配风险。收益分配风险是指由于收益分配可能对企业今后的生产经营活动产生的不利影响。这种不利影响有些是显而易见的，有些是潜在、不易被人察觉的。

3. 根据表现和差别分类

（1）战略性财务风险。战略性财务风险即会对企业经营和竞争的长期战略造成影响的综合性财务风险。一般会通过企业赖以生存的市场表现出来。

（2）总体性财务风险。总体性财务风险即可能在一段时间内对企业整体造成损害的财务风险。典型的总体性财务风险就是汇率风险和利率风险。

（3）部门性财务风险。这类风险比较具体，即企业内部不同部门分别面临的财务风险。这类风险突出表现在关系密切的特定部门。

4. 根据财务活动频率分类

（1）普通时期财务风险。普通时期财务风险主要指在企业的平时日常经营财务活动中所涉及的财务风险，包括筹资风险、投资风险、资金回收风险和收益分配风险等。

（2）特殊时期财务风险

特殊时期财务风险是指企业在进行重大的财务活动、重大的财务决策时所涉及的财务风险，如并购风险和破产与清算风险。

根据企业经营财务活动的频率来对财务风险进行划分，能够为企业对财务风险制度化与程序化管理的完善打下良好基础。例如，对普通时期的财务风险应该通过尽可能地完善公司治理机制来实现；而对于特殊时期的财务风险，由于一般企业不具备足够的经验，或者由于风险所产生的后果严重，就需要企业的管理层来重点对待。

四、财务风险的特征

只有充分了解财务风险的基本特征，才能认清财务风险，进而采取针对性措施，正确处理财务风险。归纳起来，企业财务风险主要具有以下几个特征。

（一）客观并存性

客观并存性是指财务风险贯穿各种财务管理活动的始终，且不以人的意志为转移而客观存在。资金筹集、资金运用、资金积累分配等财务活动过程中，即使采取相当的措施来控制风险，降低其发生的可能性，降低可能的损害程度，也不可能完全消除风险。

（二）潜在不确定性

尽管财务风险客观存在，但是财务风险的发生毕竟仅是一种可能，要变为现实还要有赖于其他相关条件。客观条件的错综复杂和动态变化导致人们对风险不能完全确定。这些不确定性大致包括随机性和模糊性。风险的这种特性决定了风险识别和评价的不确定性。随着人类认识水平的提高，随机性的问题可以通过统计学中的概率来认识，模糊性的问题也会越来越清晰。

（三）可认知性

就像财务管理有一定的规律可循一样，财务风险也是可以认知的。人们可以根据以往发生的一系列类似事件的统计资料，经过分析总结规律，对风险发生的频率及其造成的损失程度做出统计分析和评估，进而对可能发生的风险进行预测与衡量。

（四）行为相关性

人们可以把财务风险看作财务决策者行为和客观环境的函数。在特定客观环境下，不同的财务决策行为直接导致不同的财务风险，即采取的不同策略和不同的管理方法会面临不同的财务风险。行为相关性为人们控制财务风险提供了理论基础，人们可以通过不同的财务决策来处理财务风险。

分析以上四个特征可以发现，财务风险是客观存在的，虽然具有潜在的不确定性，但是可以认知并衡量它，进而采取一定的措施控制它。那么应该如何系统地认知并控制财务风险呢？目前并没有一个确切的回答，需要为此展开广泛而深入的研究和讨论。下文尝试对财务风险的研究方向做一个粗略的规划。

五、财务风险的研究方向

目前关于财务风险的认知和防范讨论基本停留在原来财务管理的理论水平，机械地由财务管理的筹资管理、投资管理、资金回收管理和收益分配管理四个过程推导出财务风险，包括筹资风险、投资风险、资金回收风险和收益分配风险，并根据以往的财务管理知识和经验对这四类风险进行分析和处理。

笔者以为，这个研究思路存在很大缺陷，它把财务管理风险简单化，低估了财务风险的复杂程度。事实上，筹资、投资、资金回收①和收益分配②在财务管理中是紧密相连不可分割的，每一个环节的变化都会导致后续活动风险的变化。把财务风险放在财务管理这个动态过程中进行系统化研究，会取得更大的成果。笔者认为，财务风险的研究方向应该包括如下三个方面。

（一）如何识别财务风险

识别财务风险通俗来讲就是对财务风险进行认知，这是进行财务风险控制的前提，是开展财务风险管理工作的第一步。财务风险的识别内容至少应该包括风险的种类、发生的原因和可能的后果。识别财务风险既要避免对财务风险视而不见，又要避免滥而无用，做到全面而不过度。

财务风险识别既包括传统的做法，如从筹资风险、投资风险、资金回收风险和收益分配风险等角度入手研究相关识别财务风险的模型，也包括识别系统性的财务风险、结构性的财务风险以及外源性的财务风险等课题。人们需要了解的信息不应该局限于已有的财务数据，还应该包括行业数据、社会环境、地理环境等相关的因素。这些因素的函数模型对不同地区或者不同行业会有很大不同，应以实证研究为基础。

---

① 资金回收是指企业取得经营收入，收回垫支资金。在正常情况下，资金回收额要大于资金耗费额，这个差额就是企业实现的生产经营成果。资金的顺利回收，既是补偿资金耗费的必要，又是再生产得以为继的前提。

② 收益分配，是指企业资本的提供者对收益总额进行的分割。

财务风险识别应该坚持的原则包括：

（1）系统性的原则

因为财务风险不是孤立存在的，而是和多种复杂的因素伴生在一起，互相影响，所以必须有系统的眼光才能看清这个系统的风险。

（2）科学严谨的原则

风险识别如果流于形式就不可能达到应有的效果，其本身的识别方法和识别原则必须经得起实践的考验。

财务识别方法的研究，既应该立足财务风险管理特点，寻找适合国情和组织实际情况的方法，也要借鉴其他风险管理领域已经存在的相对成熟的风险识别方法，如头脑风暴法、专家调查法、统计推断法、时间序列预测法等。

（二）如何评估财务风险

根据以上的讨论，财务风险包括可能性和后果两方面的因素，因此应该从这两个角度来研究财务风险的评估。

财务风险的可能性和后果可以用概率分布的概念推断风险事件的范围，即特定事件后果的概率分布。它可能是静态分布、二项分布、泊松分布，也可能是其他分布。这个分布的结果对于风险管理的投入力度和主要投入方向是最重要的决策信息，其准确性是特定风险处理成本下能否达到最佳风险控制的决定性因素。

（三）如何处理财务风险

做了各种识别并评估了的财务风险，需要深入研究其处理对策，包括风险规避、风险转移、风险降低和风险的有条件接受四个课题。部分内容在传统的财务管理领域已经涉及，需要针对财务风险的特点，协调应用各相关工具和对策处理财务风险。建立财务风险预警指标体系和财务风险预案也是财务风险研究的一个方向。

针对系统性的财务风险，充实财务管理原则和财务方法，甚至建立财务风险管理体系（作为内部控制体系的分支）是比较高层次的财务风险研究方向。

六、防范财务风险的意义

（一）有利于提高企业的经济实力

企业要想实现发展必须保证其经济实力，即具有融通资金的能力。因此，防范财务风险有利于稳固企业发展的根基，为企业的发展提供动力和支持。只有保证了财务安全，才能够推进企业进一步发展。

（二）有利于提高金融市场的安全

市场经济下的企业需要通过金融途径促进企业的生产和经营，提高经济效益。只有有效预防和避免财务风险，才能实现企业市场份额和竞争力的提高。

（三）有利于市场经济的完善和发展

企业作为市场的重要组成部分，其发展程度与市场经济效益息息相关。资金的融通带动了企业经济效益的提高，也必然会带动企业在市场经济中发挥更大的作用。从宏观经济角度来看，企业是国有经济发展的动力；从微观经济角度来看，实体企业活力的增加，发挥了实体企业的基础作用。因此，国家鼓励实体企业扩大规模、创新以发展市场经济。

七、防范企业财务风险的措施

（一）政府建立健全市场经济体系，完善市场准入机制

随着中国经济高速发展，市场经济活跃程度也越来越高，市场经济环境应该随着市场经济的发展不断完善，为企业等市场主体提供安全的经营环境。我国的市场经济还处在发展中，相关的制度缺失，没有严格的监管制度，法律规范中还存在很多空白。因此，很多领域存在导致市场秩序混乱的金融行为。这非常不利于我国市场经济的发展和完善，也不利于企业的财务安全。因此，我国必须建立完善的市场经济法治体系，制定具有公正、公平的官方标准，维护市场秩序，建立科学完善的制度保障体系。

另外，政府必须规范市场的准入规则和条件。由于企业的建立和发展伴随着巨大的财务风险，因此企业的发展必须建立在较强、稳定的经济实力的基础上。只有拥有较强的经济实力，才能够具有抵御不同经营风险的能力。

（二）企业建立健全组织机构内部监督体系

在企业发展的过程中，不仅需要建立强有力的外部保护和监督机制，还必须建立内部的监督机制强化企业自身的体系。企业内部监督体系主要针对的是企业所做的关于经营方面的各类决策、工作人员的工作能力和水平以及具体的工作实务，及时提醒、指出、纠正工作中的问题，通过完善的内部监督体系，减少遇见财务风险的概率。

（三）政府建立完整的外部企业监管体系

政府在市场经济中发挥的作用是，既要为市场立规矩，制定"游戏规则"，营造一个诚实守信、尊重知识产权和鼓励创新的社会制度环境，又要分担市场风险，改变市场主体的风险收益对比关系。政府的监督能够通过强制性手段管

理市场经济秩序，通过监督程序保证市场经济正常运行，发挥政府在市场经济中的指导监督作用。

第二节　上市公司财务风险管理

现代企业正面临着越来越多的竞争，风险也不可避免地随之而生，尤其是在我国市场经济发展不健全的情况下，财务风险更是企业所不能避免的。企业管理层应意识到，对财务风险进行有效的管理和控制，是企业能否顺利实现企业预期目标的关键。

一、风险管理的含义

（一）企业风险管理的含义

风险管理起源于 20 世纪 30 年代的美国保险业，于 20 世纪 50 年代发展成为一门管理科学，并随着经济技术的迅速发展，先后在发达国家和发展中国家被企业广泛应用。例如，目前大部分企业，尤其是上市公司，都增设了风险管理机构，专门配备风险管理经理或风险管理顾问负责企业的风险识别、风险测定和风险处理等工作，以此来降低企业风险、稳定企业利润。

风险管理是一个过程，它由董事会、管理当局和其他人员执行，应用于战略制定并贯穿于企业之中，旨在识别可能会影响主体的潜在事项，管理风险以使其在风险容量之内，并为主体目标的实现提供合理保证。

具体来讲，人们可以将企业风险管理定义为企业对所面临的风险进行识别和评估，针对不同风险制定和实施相应战略，并对该战略实行监控的过程。它体现了企业从战略制定到日常经营过程中对待风险的信念与态度，其目的是确定可能影响企业的潜在风险并对其进行防范与管理，从而为实现企业的目标提供合理可靠的保证。

企业在对风险进行管理时，管理层需要仔细评估企业面临的风险，采取措施降低最严重的风险，并确保余下的风险处于企业能承受的范围内。在这个过程中，企业所采取的风险管理对策可以随着风险变化而变化。风险管理是一个持续的动态过程，可以将其看作一个圆形的过程。它要求对风险进行持续识别、评估，处理监控和复核，并应用监控及复核所产生的反馈结果改进风险的识别、评估和处理过程，这个过程是不断循环、相互促进完善的。

有效的风险管理可以帮助企业将风险降低到能够接受和控制的水平，并帮助管理层对未来可能存在的机遇做出明智的选择。一般来说，企业在对风险进行管理时，可以分为以下四步程序：风险识别、风险评估、确定风险评级和应对计划以及风险监察。

（二）财务风险管理的含义

财务风险主要指的是企业的财务结构不合理、融资不恰当使企业可能丧失偿还债务的能力，使投资者预期收益下降的风险。它是客观存在的，是企业在财务管理过程中必须要面对的一个比较现实的问题。企业对于财务风险不可能完全消除，可采取有效的措施来控制降低财务风险。

从上述对风险管理的介绍可以看出，企业风险管理的最终目标是为实现企业目标提供合理的保证。财务风险管理的内涵与风险管理相差不大，只需将重点放在企业财务领域所产生的风险管理上。具体来讲，企业财务风险管理指的是企业积极采取各种科学有效的方法，在充分认识其所面临的财务风险的基础上，对各类风险加以预测、识别、控制和处理，以最低成本确保企业资金运作的连续性、稳定性和效益性的一种理财活动。它是一个处理源于金融市场的不确定性的过程，涉及评估一个企业面临的财务风险并据此制定与内部优先事项和政策相一致的管理战略。

二、影响企业财务风险管理的因素分析

（一）资本结构不合理

资本结构是指企业的长期资本构成及其比例关系。资本结构的不合理将使企业财务负担沉重，偿付能力严重不足，导致财务风险的产生。从企业负债结构来看，长期负债较少短期负债过多，企业对银行的依赖较大。企业过分依赖银行，当出现支付危机时，一方面使自己失去信用而加大其财务风险，另一方面又因逾期借款而使融资成本加大。

（二）投资缺乏

企业投资包括对内投资和对外投资。在对外投资上，很多企业投资决策者对投资风险的认识不足，盲目投资，导致企业投资损失巨大，财务风险不断。企业对内投资主要是固定资产投资。在固定资产投资决策过程中，很多企业对投资项目的可行性缺乏周密系统的分析和研究，使投资决策失误频繁发生；投资项目不能获得预期的收益，投资无法按期收回，给企业带来了巨大的财务风险。

（三）资金回收策略不当

现代社会企业间广泛存在着商业信用。一些企业为了增加销量，扩大市场占有率，大量采用赊销方式销售产品。相当多的企业在信用销售过程中对客户的信用等级了解不够，盲目赊销，造成大量应收账款失控，相当比例的应收账款长期无法收回，直至成为坏账。资产长期被债务人和存货占用，导致企业缺少足够的流动资金① 进行再投资或归还到期债务，严重影响企业资产的流动性及安全性。

（四）收益分配政策不规范

股利分配政策对企业的生存和发展有很大的影响。分配方法的选择会影响投资者对企业状况的判断和企业的声誉，从而影响企业资金的来源，也可能影响企业潜在投资者的投资决策。与国际上广泛采用的股利政策相比，我国企业较少分配现金股利，代之以配股或送红股的方法分配利润，这无助于投资者形成正确的投资理念。

三、化解企业财务管理风险的措施

（一）构建财务风险识别与预警系统

一般来讲，企业的经营主要是为了追求更大的经济利润，它是企业能够得以生存和稳步发展的基础。因此，在进行财务风险管理中，必须要建立较为健全的财务风险识别系统和财务风险预警系统。由于企业进行财务管理的主要目的是对企业的流动资金进行有效管理，以保证企业资金链的正常运转，因此财务风险识别与预警系统的建立十分必要。

（二）改进企业内部的财务运作状况

做好企业财务的风险管理，还需要健全和改进企业内部财务运作状况的管理机制，具体可以从企业内部的各个部门入手，逐一了解部门财务管理的状况，并结合企业整体的财务管理状况，总结和分析出管理漏洞的所在，以求全方位了解企业内部所有的财务状况。只有这样，才能建立健全一整套完善的企业财务管理机制，从而全面加强和做好企业内部的财务管理工作。

（三）通过资金预算控制财务风险

强化资金预算控制是从根本上保证资金运作效率的有效途径，也是控制财

---

① 流动资金是指企业流动资金情况。广义的流动资金指企业全部的流动资产，包括现金、存货（材料、在制品、产成品）、应收账款、有价证券、预付款等项目。

务风险的客观要求。预算是面向未来的财务计划，在企业管理中处于核心地位，其实质是减少风险、降低交易成本的一种内部控制机制；其目的是满足各部门、各环节对资金的合理需求，准确测算和供应资金，实现资金价值最大化。

（四）利用科学管理方法防范财务风险

一般来讲，长期投资的风险大于短期投资风险，股权投资风险大于债权投资风险，所以企业选择投资方式时，应尽可能采用风险低的债权投资和短期投资。转移法，即企业在遵循合法、合理、公平、公正原则的基础上，采取转嫁风险的措施，包括保险转移和非保险转移。保险转移是指企业通过购买财务保险将财产损失的风险转移给保险公司；非保险转移是将某种特定风险转移给专门机构或部门。

财务管理是企业管理工作的核心内容。对于现代企业的财务风险，人们不能够完全消除它。财务风险一方面给企业带来损失，威胁企业的生存发展；另一方面也为企业在瞬息万变的市场经济大环境中创造发展的空间，给企业带来机遇。

四、财务风险管理的必要性

在市场经济条件下，企业面对复杂激烈的竞争市场，必须树立起风险意识，加强对财务风险的管理，将风险管理机制引入企业，这样才能使企业适应瞬息万变的市场经济要求，增强企业竞争力。具体来讲，企业实行财务风险管理的必要性体现在：企业财务风险管理为企业全面、经济和有效地管理风险提供了可能；有助于改善企业的财务规划和管理，这也是企业治理的核心；可以帮助管理层做出更加合理的投资决策，它也是企业经营决策中的数据库和信息库；为稳定企业财务活动，加速资金周转，保证资金安全和增值提供了可能；为企业提供了一个相对安全稳定的生产经营环境；对企业实现和超额实现经营目标，战胜风险、提高效益、增强竞争力，最终立于不败之地具有重大作用。

五、财务风险管理的程序

财务风险管理是风险管理的一个分支，是在综合历史风险管理经验以及现代科技发展成就的基础上发展起来的新的管理学科，它的实行程序基本与风险管理的程序一致，是一个持续不断的过程。而且当企业所处市场环境和需求发生变化时，企业的财务风险战略也必须进行相应的发展和完善。与企业的一般风险管理类似，企业对财务风险的管理程序也可以分为四个阶段。

（一）识别财务风险

风险识别指的是在风险后果出现之前，通过分析和检测对风险做出的定性判断，即要对财务风险的有无进行鉴别和判断，对尚未显现的风险进行系统的识别和归类，分析财务风险的成因，从而为管理财务风险的决策提供依据。企业在对风险进行识别时，应尽力识别所有可能对企业正常经营产生影响的风险，不仅应包括整个企业面临的较大的财务风险，还应该包括与企业某一个项目或较小的业务单位相关联的不太主要的财务风险。识别财务风险是财务风险管理的基础。

用来识别财务风险的方法有很多，分析的角度也因人而异，各不相同，最简单的方法就是从企业的财务报告入手，通过深入研究各个会计科目，分析各种资产和负债的性质和风险特征，考察资产与负债的多样化和匹配程度，从而发现潜在的财务风险。人们可以通过计算反映企业偿债能力的比率来评估和分析企业所面临的财务风险。例如，可以计算企业的流动比率、速动比率、现金比率、现金流动负债比率①等，如果这些比率与同行业的其他企业相比偏低，企业就有可能面临因短期偿债能力不足而破产的财务风险；还可以计算反映企业资产营运能力的比率，如总资产周转率、存货周转率、应收账款周转率等，如果这些比率与同行业其他公司相比偏高，就说明企业的周转速度较快，投资风险较低。

另外，除了对财务报表正文的内容加以关注外，财务报表里附注的内容也要特别留意。附注中通常包括企业的承诺、担保以及与衍生金融产品有关的业务，这些业务往往会给企业带来很大的风险，应对这一部分加以特别关注。

（二）分析、评估和度量财务风险

在识别财务风险后，企业应该对风险进行分析、评估和度量，即在风险识别的基础上运用各种方法，对风险的大小和类别进行分析、评估和计量。这是风险管理程序里最重要的一步，直接决定企业对风险的态度和决策结果。

企业常用来分析评估企业财务风险的方法主要有以下几种。

1.财务杠杆分析法

这种方法主要是通过对财务杠杆系数（DFL）②的分析来衡量财务风险的大小以及杠杆利益的高低。财务杠杆系数的计算公式为

---

① 负债比率是企业全部负债与全部资金来源的比率，用以表明企业负债占全部资金的比重。负债比率是指债务和资产、净资产的关系，它反映企业偿付债务本金和支付债务利息的能力。

② 财务杠杆系数，是指普通股每股税后利润变动率相对于息税前利润变动率的倍数，也叫财务杠杆程度，通常用来反映财务杠杆的大小和作用程度，评价企业财务风险的大小。

$$DFL = (\Delta EPS / EPS) / (\Delta EBIT / EBIT)$$

由公式可以看出，财务杠杆系数可以用来表示固定利息的存在使税前利润（$EBIT$）[1] 增长所引起的每股收益（EPS）[2] 的增长幅度。可以说，企业财务风险的大小主要取决于财务杠杆系数的高低。一般来说，DFL 越大，股权资本收益率对于息税前利润率的弹性就越大。也就是说 DFL 越大，如果息税前利润率上升，则股权资本收益率会以更快的速度上升；如果息税前利润率下降，那么股权资本利润率会以更快的速度下降，因此风险就越大。反之，DFL 越小，财务风险就越小。

2. 期望权益资金收益率及其标准差分析

企业期望权益资金收益率的高低与企业全部资金的投资收益率和企业的资金结构有直接联系，用公式表示如下：

期望权益资金收益率=全部资金投资收益率+负债资金/权益资金×

（全部资金投资收益率-负债资金利息率）

当企业负债资金利息率一定且小于投资收益率时，企业期望的权益资金收益率的大小，主要取决于企业负债筹资的比重，也可以说取决于企业愿意承担的财务风险的程度。当企业期望的权益资金收益率较高时，企业必须用较多的负债资金，即需要承担较高的财务风险；反之，企业可以承担较小的财务风险。

3. 从企业收益状况来分析财务风险

除了上述两种用指标来测度的方法外，人们还可以通过分析企业的收益状况评估企业的财务风险。具体来讲，就是通过分析经营收益（经营收入扣除经营成本、管理费用、销售费用、销售税金及附加等经营费用）、经常收益（在经营费用基础上扣除财务费用）、期间收益（在经常收益基础上与营业外收支净额的合计）发现潜在的财务风险。例如，如果经营收益为盈利而经常收益为

---

① 税前利润是企业交纳所得税以前的计税利润。第二步利改税后，国家与企业的分配关系发生了重大变化，企业实现的大部分利润以所得税和调节税的形式上缴国家，剩余部分留归企业。因此，在利润分配中产生了税前利润和税后利润两个概念。按照税法规定，企业交纳所得税的计税利润是指企业每个纳税年度的收入总额（包括营业外收入）减除成本、费用、国家允许在所得税前列支的税金以及营业外支出后的余额，即企业的利润总额。

② 每股收益即每股盈利（EPS），又称每股税后利润、每股盈余，指税后利润与股本总数的比率，是普通股股东每持有一股所能享有的企业净利润或须承担的企业净亏损。每股收益通常被用来反映企业的经营成果，衡量普通股的获利水平及投资风险，是投资者等信息使用者据以评价企业盈利能力、预测企业成长潜力进而做出相关经济决策的重要的财务指标之一。利润表中列示了"基本每股收益"和"稀释每股收益"项目。

亏损，说明企业的资本结构不合理，举债规模大、利息负担重，存在一定风险；如果经营收益和经常收益均为盈利，而期间收益为亏损，则此时可能出现了灾害及出售资产损失等，若问题较严重，便可能引发财务危机，此时需要对此种情况进行密切关注；如果从经营收益就开始亏损，说明此时财务危机已经开始显现，需要马上采取行动进行控制与管理；如果三种收益均为盈利，那么说明此时企业状况良好，属正常经营。

4. 从风险价值来评估企业财务风险

风险价值模型建立在正态分布曲线基础上，衡量的是在一段给定时间和给定概率水平下，企业由于正常市场变动而遭受的最大损失。它可以用来衡量贸易投资和金融价格风险。其中，风险价值限额可以用于对交易活动进行选择。改变投资组合可能会降低标准差，因而也就将风险价值降低到可接受的水平。

5. 其他方法

除了上述几种方法外，其他可用于分析企业财务风险的还有决策树和决策矩阵、仿真模型、情景模拟、失败和影响分析、违约和事件分析等方法。其中，决策矩阵是一种将结果与环境进行比较的方法。仿真模型可用来评估那些可能有太多结果从而用到决策树或具有相关现金流量的项目。而情景模拟是确定不同未来情况的过程，即在可以推测关于市场、产品和技术的未来发展允许扣除的情况下模拟未来不同的可能情况，可用于制订应急计划，以应付威胁或危险的到来。

（三）确定财务风险的应对策略并实施

企业可以选择的应对风险策略有风险规避、风险降低、风险转移和风险保留四种。公司管理人员可以从中选择一个策略来实施，也可以选择多个策略组合使用。风险规避是指公司放弃或停止与该风险相关的业务活动来减轻风险带来的损失；风险降低是指公司在对成本收益进行权衡后，采取适当的控制措施，降低不利后果发生的概率，从而降低风险或减轻损失，如可以采取套期等降低风险；风险转移是将风险转移给另一家公司，如将某一工程项目的风险转移给承包人；风险保留是最后选取的方案，一般是因为此时没有其他备选方案可用，包括风险接受、风险吸收和风险容忍三种。

（四）对财务风险进行监察

财务风险的监察包含两个方面的含义：一方面指企业对已经识别的财务风险所采取的控制措施目标的实现情况进行监察；另一方面指企业应该对日常经营中可能存在的潜在的风险进行监察。监察是风险管理中至关重要的一部分，企业必须定期对风险的当前状况进行监察。

（五）对财务风险进行日常防范

财务风险是企业在财务管理过程中必须面对的一个现实问题，是客观存在的。当财务风险出现时，企业管理者只能采取有效措施来降低风险，尽力减少风险带来的损失，而不可能完全消除风险。因此，企业应密切关注日常经营中财务风险的产生，建立机制防范财务风险，防患于未然，这才是对财务风险最好的处理办法。企业可以采取以下措施对企业财务风险进行防范。

1. 建立合理的资本结构

企业的筹资活动可以通过负债筹资和权益筹资两种途径进行。其中，权益性资本不仅不能抵税，而且具有不可回收性，因此权益资本的成本要高于债务资本的成本。正是由于这个原因，很多企业在筹集资金时都倾向使用债务进行筹资，但过度依赖债务筹资会引发很多风险。财务风险的本质就是企业负债比例过高。企业在进行筹资时，应该设计合理的资金结构，克服片面强调财务安全、过于依赖权益资本筹资，以及片面追求低成本、忽视财务风险而过度举债这两种极端倾向。企业应该综合权衡两种筹资渠道各自的成本和风险，使企业的综合成本和风险达到一种平衡，即一方面应保持适当的负债，降低资金成本；另一方面还应该控制负债的规模，保证谨慎的负债比率，避免到期无力偿债或资不抵债，以此来有效防范财务风险。

2. 树立风险意识

企业应该加强企业管理的基础设施建设，并注重培养经营者和财务管理者的风险意识，加强业务培训，增强他们在日常经营活动中认识、分析和防范风险的能力，提高管理决策水平。企业树立风险意识最好的方法就是塑造一种风险文化。这种风险文化实际上是企业内部控制制度在人们意识形态上的一种延伸和表现，是一种自觉的行为，也是在管理者做决策、员工在日常工作情况下所表现出来的风险防范和应对意识，是一种理性的应对。但这并不是说事事都要持怀疑态度，裹足不前。

3. 建立实时、全面、动态的财务风险预警系统

企业财务风险预警系统是指贯穿企业经营活动的全过程，利用财务会计、金融、企业管理、市场营销等理论，采用比例分析、数学模型等方法，以企业的财务报表等相关财务资料为依据，通过对一些财务指标的综合分析、预测，及时反映企业的经营情况及其财务状况的变化，并对企业各环节发生或可能发生的经营风险发出预警信号，为企业管理层提供决策依据的一种监控系统。建立财务风险预警系统可以从短期和长期两个方面来看。首先，建立短期财务风险预警系统应该编制现金流预算，可以通过现金流量分析来完成。编制现金流

预算可以将企业动态的现金流动情况全面反映出来。为了准确编制，企业应该将预期未来收益、现金流量、财务状况及投资计划等可以衡量的数量化形式加以表达，并将各个具体目标汇总起来建立企业全面预算，预测未来现金收支状况。其次，建立长期财务预警系统，应首先评价企业的经济效益，可以从企业的获利能力、偿债能力、经济效率、发展潜力等方面入手。这方面可以使用的指标包括流动比率、应收账款周转率、产销平衡率和股东权益收益率等。

4. 处理好企业内部的财务关系

要厘清企业内部各种财务关系。首先，应明确各部门在企业财务管理中的地位、作用及应承担的职责，并赋予其相应的权利。其次，在利益分配方面，应兼顾企业各方面的利益，调动企业各方面参与财务管理的积极性，真正做到责、权、利相统一，使企业内部各种财务关系清晰明了。

5. 合理有效利用防范风险的技术方法

可供企业选择的用来防范风险的方法有很多种。企业可以通过企业之间联营、多种经营、及时对外投资及投资多元化等方式分散财务风险。在制定企业经营的具体理财方式时，要在保证财务管理目标的前提下，尽量选择风险较小的方案。企业可以在遵循公平、公正、合法、合理原则的基础上，采取保险转移等方式转移风险；还可以通过提高产品及服务质量、改进产品设计、开发新产品及开拓新市场等手段进行价值链优化，以此来降低因产品销售下降而产生的不能实现预期收益的财务风险。

本章接下来的这几节将会对在上市公司经营中经常出现的几种常见财务风险的分析和防范进行详细的论述。

第三节　不同类型的财务风险的分析与防范

一、筹资风险的分析与防范

（一）筹资风险的含义与分类

资金在公司经济运行中起着非常重要的作用，可以将其视为公司经济运行的血液，是公司生存和发展的必要条件，也是公司从事持续生产经营活动的前提。公司为了自身的生存与发展，会不断产生对资本的需求，这就需要公司不断地筹集新的资本。依据不同的分类方法可以将筹资分为不同的种类：根据资金权益性质的不同可以分为权益性资本筹资和债务性资本筹资；根据资金使用期限的长短可分为短期性筹资和长期性筹资；根据资金来源的不同可以分为内部筹资和外部筹资；根据筹资活动是否以金融机构为媒介，可以分为直接筹资和间接筹资。

　　筹资是上市公司理财活动的起点，在筹资过程中会产生一定的风险。筹资风险是指市场因素、经营管理因素、决策因素等的存在，使筹资及其效益产生不确定性。对筹资风险进行管理是上市公司财务风险管理的首要环节和主要内容。

（二）筹资风险管理

　　在对筹资风险进行管理时要从以下几个方面来进行：

　　第一，筹资机会、筹资规模和筹资组合的风险管理。上市公司的筹资机会指的是在某一特定时间所出现的一种客观的环境。上市公司在选择合适的筹资机会时应注意，筹资环境的几个主要方面符合企业的情况即可，并不是所有的方面都得符合企业的要求。即企业在筹资决策时，不可能追求到无筹资风险的方式，而只能尽力降低所能预见的筹资风险，将筹资风险控制在合理的范围之内。同时，要注意筹资机会因筹资方式的不同而不同，如一个时期通过发行股票筹资的风险很大，但这并不意味着此时发行债券的筹资风险也大。

　　筹资规模指的是上市公司在一定时期的筹资总额。筹资规模的确定必须要和公司经营活动的周期以及财务状况相匹配，确定方法主要有实际核算法和财务报表分析法等。

　　筹资组合是指上市公司筹资总额在各种类型资金间的分配关系，包括各种类型的资金质的规定和各种类型资金数量的比例关系。在进行筹资组合选择时，不仅要考虑筹资的风险和资金成本，还需要与公司现有的资本结构相配合，要将筹资的机会和规模都考虑到。

　　第二，流动性风险管理。流动性指的是企业随时满足当时现金需要的能力，不仅包括企业在一定时期内偿还到期债务的能力，还包括满足企业进行扩大所需要资金的能力。在进行筹资风险管理时应注意保持企业具有良好的流动性，但过犹不及，管理流动性也要注意不能使流动性过剩，产生机会成本。

　　第三，上市公司的资本结构管理。资本结构通常是指企业各种长期资金筹集来源的构成和比例关系。由于短期资金的需要量和筹集经常发生变化，而且在整个资金总量中所占比重不稳定，因此不列入资本结构管理范围，而是将其作为营运资本管理。通常情况下，企业的资本结构由长期债务资本和权益资本构成，指的是长期债务资本和权益资本各占多大比重。这是决定上市公司整体资金成本和财务风险的重要因素，应在进行筹资风险管理时予以特别关注。权益资本是公司举债的基本保证，债务资本能为权益资本产生财务杠杆作用。对资本结构风险的防范就是在筹资的时候注意调整资本结构，利用财务杠杆，均衡筹资风险和资本成本负担，将资产结构和资本结构有机结合，形成经营风险和筹资风险之间的良性循环。

（三）筹资风险常见类型的分析与防范

下面对上市公司筹资过程中常见的几种风险的分析和防范进行详细介绍。

按照常用的分类方法，筹资风险可分为负债筹资风险和权益筹资风险。

1.负债筹资风险分析与防范

（1）负债筹资的定义

负债筹资是指企业通过向金融机构借款、发行债券和融资租赁等方式筹集所需资金。与权益资金相比，负债资金具有不分散企业的控制权、成本低（减税作用、财务杠杆效应）、融资速度快等优势。负债筹资的风险主要表现为利息率风险、期限结构风险、流动性风险、筹资数量不当风险、偿还风险和资本结构风险。

（2）负债筹资风险的含义

在我国现阶段，企业在经营过程中普遍面临的问题之一就是资金短缺问题，负债筹资是企业普遍采用的筹资方式之一，这种方式有很多优点。例如，负债筹资所筹措资金是企业的负债而非资本金，所以债权人一般不能分享企业剩余利润，也没有企业经营管理的表决权，因而不会改变或分散企业的控制权。另外，相对于发行股票筹资，负债筹资成本比较低，只需要按期偿还本息，不用再负担其他经济责任。而且负债筹资可以给企业带来杠杆效应并具有节税功能。除此之外，负债筹资速度快，较容易取得，而且富有弹性，企业需要资金时借入，资金充裕时归还，非常灵活；而且由于企业负债要求企业定期支付一定的现金流，给管理者造成一定压力，从而在一定程度上有利于阻止管理者的过度消费和投资行为。

虽然负债筹资运用得当会给企业带来收益，但是如果运用不当，也会产生风险，使企业陷入困境，甚至造成企业破产。负债筹资风险指的是企业在通过负债进行筹资时给企业筹资及经营带来损失的可能性。因此，企业在看到负债筹资有利的同时应注意防范负债筹资所带来的风险。

（3）负债筹资风险产生的原因及影响因素

负债筹资风险产生的原因可以分为内因和外因。外因包括企业的预期现金流入量和企业的资产流动性、企业所处的金融环境等；内因包括企业的负债规模、负债利率和债务期限结构等。这些因素都有可能使企业在负债筹资时产生财务风险。

企业负债筹资的风险受以下因素的影响：一是企业投资利润率和借入资金利息率的不确定性，即当企业投资利润率低于借入资金利息率时，企业使用借入资金将会降低自有资金利润率，发生亏损，更为严重的甚至会破产；二是企业经营活动的成败，即如果企业经营管理不善，长期亏损，那么企业就不能按期还本付息，这样就会给企业带来偿还债务的压力，同时使企业信誉受损，不能有效地筹集资金，导致企业陷入财务风险；三是利率变动，利率水平的高低直接决定着企业资金成本的大小，而利率具有很大的不确定性。

（4）负债筹资风险的分类。具体来讲，上市公司负债筹资风险又可以分为利用商业信用发行债券筹资的风险和通过向银行借款筹资的风险。

①债券筹资的风险分析与防范。公司债券具有公众性、流通性等特点，它的主要风险包括：债券发行风险，即债券是否能够正常顺利地发行出去，这取决于债券品种的设计、利率的高低等因素；偿债风险，公司债券有固定的到期日和利息费用，偿债风险较高，无论公司是否盈利，都应该按时支付利息，这样在上市公司经营状况较差时，容易陷入财务困境。另外，相比于长期借款的限制条件，公司债券一般要更为严格，这可能会对上市公司财务的灵活性带来不利影响，严重的还会影响公司今后的筹资能力。

为了防范一般公司债券的风险，上市公司在设计债券品种时，应该仔细考察利率水平、市场行情和公司的资金需要，进行充分的研究和讨论，在综合考虑各方面的基础上，选择债券的品种，制订还款计划，保证债券的顺利发行和按期偿还，把风险降到最低。

可转换公司债券是20世纪70年代后期诞生于西方证券市场上的一种金融衍生工具，是公司债券与股票的融合与创新，兼具债券和股票期权双重属性。具体来讲，可转换公司债券指的是一种发行人依照法定程序发行、在一定期间内依据约定条件可以转换为股票（通常为普通股）的公司债券。如果债券持有人在规定的时间内没有执行转换的权利，那么发行公司就需要一如既往地支付利息，并到期还本。从本质上讲，可转换债券是在发行公司债券的基础上附加一份期权，并允许购买人在规定的时间范围内将其购买的债券转换成指定公司的股票。

对于上市公司来说，相对于发行新股或配股，发行可转换债券能够以较低的成本筹集到较多的长期资金，并且能暂避新股发行对每股净资产、每股收益等指标的摊薄效应[1]；而且可转换债券一般都规定了较长的期限，这些优点都符合大中型投资对资金的要求，因此公司也常常选择发行可转换债券作为一种筹资渠道。如果公司未来发展较好，还能吸引投资人把债券转换为股票，增加公司的自有资本，壮大企业的发展后劲，有利于公司的长期经营。如果公司未来股价没有像预期的那样上涨，则公司履行还本付息的义务。因为转债的利率通常比一般的公司债券的利率低2%～5%，所以公司的债务负担与发行普通债券相比较而言是比较低的。

不过可转换公司债券在给发行人带来巨大收益的同时，如果操作不当，也可能会使发行人面临巨大的风险。这些风险有以下几个方面：

第一，发行时机选择不当的风险。上市公司在发行可转换公司债券时，如果发行时机选择不当，会直接导致可转换债券发行和转股失败。

第二，回售风险。由于可转换债券持有人具有行使转换权的选择权利，如果股价下跌，会触发回售条款，发行可转换债券的公司就不得不在短期内支付巨额债券本息。此时如果公司现金存量不足，就会面临支付困难，从而导致财务危机。

第三，不转换风险。如果公司的经营状况不佳，公司股票在市场上的表现较差，投资者出于投资安全性的考虑将放弃转换权而选择继续持有债券。此时公司的资产负债率将因大量的债券存在而偏高，使公司偿债压力增大。

第四，转换风险。如果公司经营状况良好，那么可转债持有人行使转换权的动机将特别强。公司如果发行在外的可转债[2]比例过高，导致可转债大量转股，这将对老股东利益产生损害，产生股权稀释效应，损害原股东的利益，也影响公司的控制权。

第五，利率风险。可转换债券的利率一般应稍稍低于同期银行存款利率，当遇到国家宏观政策调整时，会使公司承受利率波动的风险。

上市公司防范可转换债券筹资的风险，应从以下两个方面入手：一是要谨慎选择发行时机。一般来说，可转债的发行以宏观经济从谷底开始走出、股市

---

[1] 摊薄效应是指公司因发行新股或可转债转股导致股本扩大，每股收益下降的现象。

[2] 可转换债券是债券持有人可按照发行时约定的价格将债券转换成公司的普通股票的债券。如果债券持有人不想转换，则可以继续持有债券，直到偿还期满时收取本金和利息，或者在流通市场出售变现。如果持有人看好发债公司股票增值潜力，在宽限期之后可以行使转换权，按照预定转换价格将债券转换成股票，发债公司不得拒绝。该债券利率一般低于普通公司的债券利率，企业发行可转换债券可以降低筹资成本。可转换债券持有人还享有在一定条件下将债券回售给发行人的权利。发行人在一定条件下拥有强制赎回债券的权利。

由熊市走向牛市、市场利率下降为较佳时机。二是要合理设计可转换公司债的要素。在设计可转换公司债时需要特别注意的是要合理确定转换价格、票面利率、转换期限以及赎回和回售条款。上市公司应根据自己的特色和需要设计可转换债券的要素，吸引不同偏好的投资者，但设计可转换公司债券的要素时还要确保公司资本结构的安全。

②银行借款筹资风险的分析与防范。银行借款筹资风险是指经营者利用银行借款方式筹集资金时，由于利率、汇率及有关筹资条件发生变化而使企业盈利遭受损失的可能性。它具有可估计性、客观性、短期性和一定程度的可控性等特点。

银行借款根据时间期限的长短可以分为短期银行借款和长期银行借款。

短期银行借款主要用于上市公司流动资金的周转和使用，按目的和用途又可以分为生产周转借款和商品周转借款、临时借款、结算借款等。短期银行借款主要有两个方面的风险：一方面，由于短期银行借款的还款期限一般在一年以内，时间较短，因此上市公司必须能够保证可以及时获得充足的现金收入，否则一旦情况有变公司将会面临更大的资金短缺风险；另一方面，如果公司短期借款的偿还发生问题，会连锁影响到其他债务的偿还，同时会对公司的声誉和形象产生不良影响，影响公司的销售，也会增加公司今后的筹资难度。

长期银行借款除了与短期借款具有相同的特性以外，还具有计划性和约束性。长期借款的风险有以下几点：首先，长期借款筹资数额较大，期限较长，增加了企业的整体财务风险；其次，还款计划和约束性条款对企业的制约性强，上市公司必须严格遵守，因而在财务上和生产经营上受到种种制约，并可能会影响今后的筹资、投资活动。另外，若上市公司不能按计划还款或违背了条款要求，可能会被诉诸法律，或被要求立即还款，从而影响公司的经营。

上市公司在向银行借款时，首先应根据需要选择借款银行。在选择时，一方面可以根据国家制定的与企业所从事项目有关的法律法规选择有优惠政策的银行；另一方面，应选择可以帮助企业分析潜在财务问题、提出解决问题的建议和方法的银行。其次，上市公司应根据自身的情况和各类借款的特点选择适当种类的借款，确定合理的借款额度和还款期限及方式，同时要做好还款计划并认真执行。另外，上市公司还应制定应急措施，以防止公司的自身经营状况和市场情况突然发生变动，并且在借款谈判时尽量争取有利于公司发展的条件。

2. 权益筹资风险分析与防范

公司权益性筹资主要包括吸收直接投资、发行股票和企业内部收益留存三种形式。上市公司的权益筹资风险主要指股票筹资风险。股票筹资风险是指由于股票发行时机选择欠佳，发行数量不当、发行价格过高或过低、筹资成本过高及股利分配政策失当等给公司造成经营成果损失的可能性。

（1）上市公司普通股筹资的含义

对于上市公司而言，普通股筹资是指其上市后的后续筹资，包括向现有股东配股和增发新股融资。配股是指向原普通股股东按其持股比例，以低于市价的某一特定价格配售一定数量新发行股票的融资行为。增发新股是指上市公司为筹集权益资本而再次发行股票的融资行为。

与其他筹资方式相比，利用普通股筹资具有以下优点：没有固定利息负担；没有固定到期日；筹资风险小；能增加公司的信用，为使用更多的债务资金提供强有力的支持；筹资限制较少。

（2）普通股筹资风险分析

利用普通股筹资也会给公司带来一定的风险。第一，新股上市失败风险。如果股票对投资者有吸引力则易于推销；若没有吸引力，则可能会带来破产的风险。而且利率的变化也影响股票的发行，利率下降则股票需求增大，股票价格上升，利于股票发行；反之，则不利于股票发行。如果股票上市失败，前期投入的费用将成为损失。第二，普通股的资本成本较高，会使企业承受更多的压力。债券利息是作为费用从税前支付的，而普通股股利则需要公司从净利润中支付，因此普通股筹资不具有抵税作用，会使企业在日常营运中承受更多的压力。第三，以普通股筹资会增加新股东，这可能会分散公司的控制权，削弱原有股东对公司的控制，增加公司运营的不稳定性。第四，发行新股会使公司面临被恶意收购的危险。第五，发行新股，会使新股东分享之前积累的盈余，从而降低普通股的每股收益，进而可能会引起股价的下跌，引发连锁反应。第六，目前我国证券市场还不够完善，股票价格可能未反映出真实的价值，如果投资者盲目认购股票，就会造成股票价格对其真实价值的进一步背离，恶性循环，最终会使投资者对公司的股票失去信心，对企业本身经营前景失去信心。

（3）普通股筹资风险的防范

上市公司在使用发行股票的方式进行筹资时，应充分认识到股票筹资中存在的风险，并采取积极的措施进行防范。具体来讲，公司应从以下几个方面着手：首先，公司在发行股票时，股票的发行规模除了要符合国家有关规定外，与公司实际的资金需要量相符，还应考虑公司的整体资本结构；其次，公司在选择股票发行方式时，应充分结合公司自身情况及各种发行方式的特点进行选择。另外，股票的发行价格和发行时机也都应该在认真分析公司外部和内部情况后，结合环境做出最优选择。

二、投资风险的分析与防范

（一）投资风险的含义

企业的投资活动构成企业生产经营活动的起点，任何企业的正常运作都离不开投资活动。投资风险就是在投资过程中由于各种不确定因素的作用，从而对投资过程产生不利影响，结果与预期产生偏离的可能性。上市公司的投资行为基本上是由风险的大小、收益的高低及其对风险的偏好决定的。投资风险管理是财务风险管理的重要组成部分，上市公司在投资决策过程中，应充分考虑投资风险因素，在有效控制投资风险的情况下，力求公司收益最大化。

（二）投资风险的分析与防范

上市公司的投资活动按照不同的分类标准可以分为不同种类，最常用的分类标准是按照企业投资的对象分为实业投资和金融投资，也可以称为直接投资和间接投资。直接投资指的是企业把资金投放于各种生产经营条件下，以便获得利润的投资，是对生产性资产的投资，主要是项目投资。间接投资是指企业把资金投放于金融工具中，以便获得股利或利息收入，主要指的是证券投资。

1. 项目投资风险的分析与防范

（1）项目投资风险的分析

项目投资风险的分析方法可以分为定性分析方法和定量分析方法。在某些情况下，项目投资风险可以通过科学的或历史的证据进行客观计算。例如，油气开发井问题就是如此。一旦勘探公司发现了油田并绘制出它的一般结构图，在油田界内钻出来的开发井具有商业价值的概率就可按合理的精确度加以确定，并据此进行投资风险的分析，这种方法即属于定性的分析方法。目前，定量分析也常用于分析项目投资风险，主要有敏感性分析、概率分析以及现代数学分析等。其中敏感性分析、风险贴水两种方法更为普遍。但在使用时应注意这些方法都存在一定的局限性。敏感性分析主要是单因素分析，这种方法主要有两个假定：一是考虑某特定因素变动时，其他因素不变；二是每个因素等比例变化。这显然与现实情况是相悖的。为克服这一缺点提出了双因素和多因素敏感性分析，但仍然存在没有考虑各因素变动时的相关性和方法烦琐、适用性差等缺陷。同样，风险贴水法也有其自身的不足，该方法并没有足够的理论支持。另外，人们无法合理地确定风险贴水的大小。除了这些方法，最近常使用的还有风险调整贴现率法和肯定当量法。前者是通过调整净现值公式中的分母，即折现率来考虑风险因素；后者则是通过调整净现值公式中的分子，即现金流量来考察风险因素。在实际使用中，公司应根据实际情况来选择项目风险的分析方法。

（2）项目投资风险的防范

鉴于项目投资风险对项目成败和项目收益的重要性，公司需要对项目投资风险进行有效的预防和管理。在进行项目投资时，公司对投资风险的管理应按照以下程序进行。首先，公司应当在进行项目投资前，仔细了解市场情况，对投资项目进行谨慎的选择。其次，公司在项目投资过程中，应该找出影响项目投资风险的因素并进行归类，对风险进行识别，了解风险的性质、原因和后果，为项目管理者能够采取正确的措施降低风险造成的损失打好基础，这是进行项目投资风险管理最重要的一步。只有全面正确地识别投资过程中所有潜在的风险，才能有的放矢，采用正确的办法，达到事半功倍的效果。再次，项目管理者应对项目投资风险发生的概率、后果和损失的严重程度进行估计和预测，并对项目投资进行合理的风险评价。最后，公司应统筹考虑项目投资的状况和公司长远的投资目标，针对投资风险制定相应的风险管理措施，以减少风险事件发生的可能性并对已出现的风险进行治理。

2. 证券投资风险的分析与防范

（1）证券投资风险的分析

证券投资是现代社会最主要和最基本的投资方式，是典型的风险投资。由于证券市场的运行受各种因素的影响和制约，证券的市场价格与收益充满了不确定性，这就给证券投资活动带来了不同程度的风险。证券投资是一个风险与收益共存的过程。

证券投资风险有多种，大体上可分为系统风险和非系统风险两大类。系统风险是指影响所有同类证券价格的因素所导致的那部分证券投资风险。例如，政治、经济以及市场等都是导致系统风险的原因，它们使所有同类证券的价格以相同方式变化。系统风险包括利率风险、通货膨胀风险、市场风险等。而非系统风险指的是某一企业或行业特有的风险，如投资者由于受到发行债券方本身各方面的影响而导致的收益的不确定性，主要有违约风险、破产风险和经营风险等。除此之外，对免税债券还存在税收政策变动风险，对股票债券还存在操作性风险，等等。

（2）证券投资风险的防范

证券投资风险管理的目标，就是要在投资盈利的前提下，尽量回避或转移风险，即寻求风险与收益的最佳结合。证券投资风险防范可以从以下几个方面做起：第一，选择恰当的投资时间（包括进入证券市场的时间和在证券市场里进行投资的时间）和合适的投资品种；第二，通过投资组合来分散风险；第三，加强证券投资的风险管理，从多个方面对证券进行分析，尽量降低损失发生的可能性。

三、流动性风险的分析与防范

（一）流动性风险的含义和表现

流动性风险是指经济主体由于金融资产流动性的不确定性变动而遭受经济损失的可能性。这一定义实际上包含两方面的风险：一是流动性不足风险；二是流动性过剩风险。流动性既不能太强，也不能太弱，要根据上市公司自身的实际情况，实事求是，从实际出发。由于一般情况下流动性资产的盈利能力相对较低，流动性过强必将加大企业资产的运营成本；流动性过弱，资产的变现能力不强，上市公司就会有破产的可能。其中，由于流动性不足风险造成的损失对公司的影响是巨大的。因此，常常用流动性风险来指流动性不足风险，即指企业由于缺乏获取现金及现金等价物的手段而招致损失的风险。这种风险的产生一般是由于企业不能在经济上比较合理地进行筹资，或者不能以账面价格变卖或抵押资产来获取企业运转所需资金或者偿还意料之中或意料之外的债务而招致的风险。

流动性风险一般表现在以下四个方面：一是现金股利分配受到限制；二是投资计划不能如期实施而造成损失；三是日常经营出现困难，如拖欠工资、原材料短缺等使生产难以为继而造成损失；四是失去偿债能力，甚至破产。这四种损失的后果一个比一个严重。

（二）流动性风险的影响因素及其分析

影响流动性风险的因素有很多，既有外部因素，也有内部因素；既有客观因素，也有主观因素。下面从内因和外因两个方面介绍影响流动性风险的因素。

1. 内部因素

第一，上市公司主要目标之一就是要扩大公司规模。在公司规模扩大的过程中，规模不同，公司对资金占用和资金需求量之比也不同，即公司对流动性的要求不同。例如，对于大规模的上市公司而言，其融资能力较强且融资成本较低，因此对流动性的需要不高；而对于规模较小的上市公司而言，其融资能力和融资效率相对较低，成本也相对较高，因此较易受到外部大环境的影响。为了应对各种危机，应该保持相对较高的流动性。因此，公司应针对自身的规模，紧密把握规模增长与所属行业及社会的融合程度来选择流动性目标，既要避免流动性不足，也应避免流动性过剩所造成的机会成本。

第二，公司的增长机会。公司的增长机会是公司价值创造的重要来源，对企业的发展至关重要。对于高增长机会的公司，其特点是高风险、高投入和高成长，公司需要把有限的资金投入基础性的技术开发等关键环节，因此公司不需要保持高的流动性；而对于增长机会较弱的公司，其对应的市场风险较低，所吸纳的风险资本和进行股权投资的比重也不会很大，此时若想抓住增长机会，公司就必须保持相对高一些的流动性，以此来及时满足不断变化的市场交换的需要。因此，公司应根据自身的类型选择恰当的流动性，防范流动性风险。

第三，公司的资本结构。公司资本结构对流动性风险有着重要的影响，具体可以从短期和长期两个方面来分析。就短期来说，对公司流动性产生主要影响的是短期负债和短期资本之间的比例关系，比例越高，流动性风险越高。就长期来说，公司的流动性取决于全部负债与总资产的比例关系，比例越高，风险越大。

第四，公司的盈利能力。公司的盈利能力体现了上市公司获取利润和创造价值的能力，是企业继续发展的能量源泉。稳健的盈利能力能够为上市公司注入新的能量，是会计盈余与营业活动现金流量的有机统一。在短期内，盈利能力可能与流动性没有密切关联，但是就长期来看，公司的盈利能力越低，流动性风险就会越高。

第五，其他内部因素。影响上市公司流动性风险的内部因素还有以下几点：资产变现能力、资产负债的协调状况、未来现金流增长的稳定性以及股东的意志和偏好等。

2.外部因素

利率的波动对公司流动性风险也会产生重要影响。当宏观经济比较宽松时，相应的利率会比较低，此时上市公司可以很方便地筹资和投资；而当经济收紧时，公司筹资会变得比较困难，此时流动性风险也会变大。

此外，金融市场是上市公司的筹资和投资市场，金融市场是否完善与公司流动性高低也有着密切的关系。当金融市场比较成熟、监管良好时，上市公司可以迅速直接地融资和投资，从而降低流动性风险。

（三）流动性风险的防范

为了最大限度地降低流动性风险，公司应从以下几个方面做起。

第一，应提高公司管理人员流动性控制意识，树立流动性控制概念。

第二，在日常经营活动中应做好流动性风险预警，增强流动性检测，如加强对流动比率、速动比率和现金流量的管理监控。

　　第三，根据公司自身及所处行业的特点，选择恰当的资产配置比例和资本配置比例。公司可以通过控制资金周转能力、资产变现度来控制资产结构，如产权比率、负债比率等。

　　第四，公司应制定应急融资预案，建立流动性准备金，使公司在紧急状况下可以做好流动性的应急处理。

参考文献

[1] 刘淑花.货币政策、会计信息质量与债务融资[M].北京：中国财政经济出版社，2019.

[2] 周虹,耿照源.会计学基础[M].杭州：浙江大学出版社，2019.

[3] 徐伟丽.管理会计[M].上海：立信会计出版社，2019.

[4] 刘海云.会计学基础[M].北京：对外经济贸易大学出版社，2019.

[5] 杨忠智.财务管理[M].厦门：厦门大学出版社，2019.

[6] 周炜,宋小满,佟爱琴.财务管理案例分析[M].上海：立信会计出版社，2019.

[7] 蔡素兰.Excel在会计和财务管理中的应用[M].上海：立信会计出版社，2019.

[8] 施淇丰,王江洪.资本规划与价值管理[M].上海：东方出版中心，2019.

[9] 蔡宁.中国上市公司股权结构及其代理问题研究[M].北京：中国经济出版社，2018.

[10] 张广宝.上市公司并购对价与融资方式选择研究[D].沈阳：东北财经大学，2013.

[11] 马瑞清.企业融资与投资[M].北京：中国金融出版社，2017.

[12] 张蔚虹.创业企业融资与理财[M].西安：西安电子科技大学出版社，2017.

[13] 温正存.上市公司并购重组的势与术[M].北京：中国金融出版社，2017.

[14] 蒋杰编.小微企业融资攻略[M].北京：中国铁道出版社，2017.

[15] 秦绪荣.走出融资上市与股权激励的误区[M].北京：中国商业出版社，2018.

[16] 孙金钜.读懂上市公司信息[M].北京：经济日报出版社，2018.

[17] 李心愉.公司融资管理[M].北京：企业管理出版社，2018.

[18] 解云霞.中小企业融资问题研究[M].北京：煤炭工业出版社，2018.

[19] 周晓垣.股权融资整体解决方案[M].北京：台海出版社，2018.

[20] 贺志东.企业融资管理操作实务大全 [M].北京：企业管理出版社，2018.

[21] 石晗.上市公司融资方式的选择与比较 [J].财富时代，2019(10)：43.

[22] 黄晖.上市公司融资方式研究 [J].大众投资指南，2017(3)：42-43.

[23] 刘欧.中小板块上市公司融资方式的选择 [J].中国商论，2018(21)：19-20.

[24] 刘维维.中国上市公司融资方式的研究 [J].经济管理（全文版），2018(5)：267.

[25] 樊俊臣.上市公司并购重组的风险及防范措施 [J].财经界，2020(4)：58-59.

[26] 陈舒婷.上市公司并购重组支付方式综述 [J].商讯，2020(8)：144, 146.

[27] 章伟杰.上市公司并购重组定价问题思考 [J].财经界（学术版），2019(3)：34-35.

[28] 林芬.上市公司并购重组的内部控制研究 [J].中国商论，2019(20)：150-151.

[29] 涂林清.关于上市公司并购重组的思考 [J].现代营销（下旬刊），2019(4)：36-37.

[30] 赵春燕.上市公司并购重组研究综述 [J].科技资讯，2019(20)：219, 221.

[31] 宋丽娟.上市公司并购重组的商誉问题探究 [J].中国商论，2019(18)：89-91.

[32] 魏伟.关于上市公司并购重组商誉的探讨 [J].智富时代，2019(4)：30.

[33] 沈瑾，吕柳.上市公司股权结构问题分析 [J].经济研究导刊，2019(12)：69-70.

[34] 王新红，张转军.我国上市公司股权结构的特征分析 [J].商业会计，2019(6)：29-32.

[35] 杨智鉴.上市公司股权结构与公司价值分析 [J].福建质量管理，2019(2)：9-10.

[36] 杨红静.上市公司股权结构成因分析 [J].现代经济信息，2018(6)：315-316.

[37] 齐辉，陈园.中国上市公司股权结构问题研究 [J].南方企业家，2018(3)：172.

[38] 杨磊.我国上市公司的股权结构与投资效率 [J].商情，2018(16)：122-123.

[39] 杨红静.上市公司股权结构成因分析 [J].现代经济信息，2018(9)：315-316.

[40] 石依林，安文茜.上市公司财务分析 [J].合作经济与科技，2018(15)：140-141.

[41] 苏湘然.浅淡上市公司投资价值财务分析的内容 [J].环球市场，2018(9)：107.

[42] 王雅娟.上市公司投资价值财务分析内容研究 [J].现代经济信息，2016(2)：162-163.

[43] 代婧昊.上市公司盈利能力分析——以沈阳化工为例 [J].商业经济，2019(7)：163-164.

[44] 张倩文.上市公司盈利能力分析——以古井贡酒公司为例 [J].价值工程，2018(31)：87-88.

[45] 蔡茜.企业财务风险管理探索 [J].新财经，2019(16)：196-197.

后 记

不知不觉间，本书的撰写工作已经接近尾声，颇有不舍之情。因为本书是笔者在研究上市公司会计政策与财务管理数年后的一部投入大量精力与数据调研后的作品，倾注了笔者的全部心血。但是，想到本书的出版能够为广大读者了解上市公司会计政策与财务管理提供一定的帮助，笔者颇感欣慰。

本书在撰写与研究的过程中，首先通过科学的收集方法，确定了该论题的基本概况，并设计出研究的框架，从整体上确定了论题的走向，随之展开层层论述；其次，按照清晰的脉络，有理有据，多角度地看待问题并提出建议；最后，在研究关于上市公司的会计政策选择和资本结构、股权结构、并购重组的作用以及财务管理对企业发展进步的深远意义的基础上，深度剖析了具有中国特色上市公司的结构体系，探讨上市公司如何走上良性的发展轨道。

本书首先力图以相关法律为准绳，在讨论财务问题的同时，注意介绍与该问题相关的法律法规和监管政策；其次考虑不同层次读者的阅读需要，尽量用简明的语言介绍专业财务知识。

上市公司的资本结构、财务报表以及融资等一系列重要体系都不是一蹴而就的，需要人们大量地实践、探索，同时上市公司的工作人员也需要不断地自我提高，不断学习。本书在创作过程中得到社会各界的广泛支持，在此表示深深的感谢！同时，感谢创作过程中给予帮助的多位老师，因为有了他们的不懈努力与精益求精的专业精神以及对于作者的鼓励，才使这部《上市公司会计政策与财务管理研究》成书，呈现在读者面前。但是本书难免存在不足之处，希望得到各位同行及专家的批评指正。